反思经济学
rethinking
economics

# 经济学家的假设

## The Assump-tions

[美] 乔纳森·施莱弗 ● 著
Jonathan Schlefer

邓春玲 刁军 韩爽 ● 译

Econo-mists Make

格致出版社 上海人民出版社

# 各家评论

**欧洲学术期刊 *Nordicum-Mediterraneum*：**

施莱弗的专著《经济学家的假设》，将一种缺乏自省的文化暴露在我们眼前。这本书通过大量证据显示，主流经济学充斥着偏见、健忘、拒绝、漠视与无知。世纪更迭，时过境迁，但主流经济学的这些缺陷始终如故，这或许说明经济学家中间存在着某种制度化的集体幻觉。施莱弗既不是资本主义的批判者，也不是它的辩护士，他只是一个老派的求知者和求真者。他提出了根本性的问题：经济学是如何展开理论论证的？作为产出真理的试炼场，经济学这门学科的成绩单如何？

**《赫芬顿邮报》：**

经济学就像是一个有着黑历史的大家族：这个秘密族人从不会向外人提起（那可不成体统），而且即便说了外人也不会懂；但是在家族内部，人们私下里会谈起，有时还会爆发激烈的争吵，气氛变得紧张。有些事从根子上就错了，本来就不该那样。外表或许光鲜，但内里已经腐坏。这基本上就是施莱弗这本《经济学家的假设》让我们看到的。他不是第一个指出经济学的许多基本假设有问题的人。

**让 - 克罗德 · 特里谢，欧洲中央银行前行长：**

> 原子化的理性行为人无法捕捉危机时的行为。理性预期理论将宏观经济学带得太远了……我们现在有充分理由要求重新检视理论假设。

**兰斯 · 泰勒，结构主义经济学代表人物：**

> 这本书是政治经济学界的杰作。施莱弗从社会、历史和政治的角度巧妙对比了宏观经济学的两种主要方法：新古典主义和古典 / 凯恩斯主义，并表达了对后者的支持。

**罗杰 · E. 巴克豪斯，《经济学方法论期刊》主编：**

> 我怀着极大的兴趣读这本书。作者试图弄清现代经济学理论到底是怎么一回事，跟我的近著《经济学是科学吗?》希望实现的目标如出一辙。虽然目标类似，但施莱弗采取了完全不同的策略：我考察了现代经济学的几个案例；而他有更长期的历史视角，一路追溯到亚当 · 斯密，解说"看不见的手"，追问经济学家的职责。

**道格拉斯 · W. 雷，美国艺术与科学院院士：**

> 这是一本杰作。作者施莱弗是一位政治科学家，他用了半生时间去学习、研究和质疑新古典经济学。他对经济学是如此了解，他能够游刃有余地介绍复杂经济模型的关键假设，一行数学公式都没用。这本书从头至尾都是清晰与简洁的典范。它严格检视了黑板经济学背后的假设，是对经济学反思的重要贡献。

**艾儒蔚，哈佛商学院国际管理学教授：**

这本书是我读过的关于经济学家的思想和实践的最好的书。它清晰而优雅，令人惊叹。施莱弗以极大的尊重、好奇心、洞察力和才智，让读者了解经济学的模型和隐喻如何影响了公共政策辩论。经济学家作为政策制定者与公共知识分子，在公共生活中扮演着各种有影响力的角色。这本书告诉我们，经济学家提出的理论假设深刻影响着他们的公共角色。

**黛安娜·科伊尔，《极简 GDP 史》作者：**

这本书分两部分，既是总体上对现代经济学方法论的批判，也是对现已成为主流的新古典经济学的声讨。这两部分可以吸引不同的受众：职业经济学家和其他社会科学家会对前者感兴趣；而倾向于将当前经济衰退归咎于经济学的普通读者会对后者感兴趣。这本书认为传统宏观经济学的加总存在逻辑问题，对此我无法同意更多。

**贾斯丁·福克斯，《哈佛商业评论》前编辑部主任：**

迷人的作品……这本书是对经济学的严肃批评。作者特别懂行、对经济学家面临的问题了如指掌。他基本上认同弗里德曼名篇《实证经济学方法论》中的观点。

**《纽约时报》：**

这本书用通俗流畅的语言，介绍了重要的经济学模型。

这些模型按时间顺序登场，构成了一部宏观经济学的智识史。作者解说了这些模型的假设、目标与缺陷。

**《经济学人》：**

这是一本观点清晰的杰作，作者施莱弗试图让我们回到经济学最初始的原则。他写道，经济学家对我们的世界做出了过于简化的假设，他们对经济的描绘（被称之为"模型"）都建立在这些假设之上，而经济学家又用这些模型来指导现实。这本书对当前的经济争论而言，是特别有价值的补充，其内容之深刻和丰富，是一篇文章无法尽述的。

**《泰晤士报高等教育增刊》：**

这本书为普通读者而写，内容非常丰富。作者试图在一本书里探讨不同流派的经济思想，正是这些思想决定了现代经济学的底层思维。作者按照时间顺序，将古老的学术争论与当代经济事件联系在一起。这本书对经济学文献的分析让人印象深刻。作者的洞察值得我们铭记：一种更折衷、更包容的研究路径能使未来的经济学更令人信服。

**哈佛大学出版社官博：**

同样是从假设出发构建模型，不同派别的经济学家得出了完全不同的结论，这本《经济学家的假设》深入挖掘了这一现象背后的道理。这本书像一本写给局外人的经济思想指南，让我们看到经济学家的研究受到意识形态多么大的影响，他们又错得多么离谱。这本书的技术性不强，对读者数学水平零要求，这对经济学圈外的好奇读者来说可谓幸事。

## 美国学术书评杂志 *Choice*：

《经济学家的假设》非常有价值，喜欢辩论和反思、希望增长知识的读者不可错过。

## 美国书评杂志 *Library Journal*：

这本书不是关于经济思想家的历史，而是对经济学家主要理论假设的检视，从斯密到当代。作者认为，2008年之前宏观经济模型对政府政策的指导是失败的，因为经济学家误用了新古典主义理论。他将2008年的次贷危机归咎于私人金融市场的不稳定。他认为供求、技术与工会组织等因素是造成最近衰退的原因。他指出，许多人相信"有良好教育的劳动者的供给如果相对于低技能工人的供给有增加，他们的工资溢价将会下降"，然而现实恰恰相反。

## 欧洲学术期刊 *The European Legacy*：

施莱弗这本书充满洞察力，具有重要学术价值，是对主流经济学批判的重要补充。这本书能吸引正统经济学家，他们中许多人具有智识上的诚实，意识到模型假设已经到了非彻底修改不可的地步；这本书还能吸引政治学家与社会科学家，毕竟经济生活的关键特征取决于社会惯例与权力关系；哲学家也会对这本书感兴趣，施莱弗经常会提到经济思想中的伦理、逻辑与修辞等有趣面向。

**英国书评月刊 *Literary Review*：**

    这本书的作者施莱弗是饱学之士，他对新古典经济学提出了批评。经济学家随意轻率地建模，这是作者无法接受的。他对这些模型提出的批评意见是原创性的，十分老练，直击要害。

**印度第二大商报 *Mint*：**

    施莱弗流畅、机智地讲述了经济思想的演变。这本书好读也好看，任何对这一主题感兴趣的人都不要错过。

**巴巴多斯中央银行：**

    施莱弗这本《经济学家的假设》引人深思、广受好评，是对现有经济学文献的重要补充。这本书解析了经济学家的角色，以及他们政策建议背后的那些通常"看不见的"假设。

**赖建诚，《经济思想史的趣味》作者：**

    经济学最著名的假设是："其他条件不变"。若无此假设，就无法做严谨分析，然而真实世界是恒动永变的。这种方式的推理与建议，常被讥为黑板经济学，无法药到病除，也比不过企业界的经验与直觉。这本书是国际政治经济学者，从经济与历史角度，所著的宏观综述著作，解析了假设与现实之间的具体议题。

**梁捷，上海财经大学经济学院：**

    这本书是否适合刚刚入门的经济学学生阅读？我的回答

是，一定。刚入门的经济学爱好者，一定需要对经济学和经济学研究的对象有一个全面的了解。所以，我们有必要重视《经济学家的假设》。本书作者知识渊博，对经济思想史和主流经济学的研究工作都非常熟悉，所以广泛地将主流经济学的研究结果与现实相比较，最终对于主流经济学提出了严厉批评。

# 推荐序：对主流经济学的严厉批评

乔纳森·施莱弗是一位美国政治科学研究者，专业领域是国际政治经济问题以及拉美研究。按照现在细密的学科分类，他应属于政治学家，而不是一个严格意义上的经济学家。但是他在实际工作中，发现主流经济学家在公共领域犯下大量错误，且没有得到有效的反思和检讨。

经济学家所犯的错误中，很多都能归结于模型假设问题，这也是经济学方法论的研究问题。可是经济学方法论似乎很久以前就被开除出了经济学研究领域。最近 20 年，尽管经济学取得飞速发展，但是我们在主流经济学期刊上几乎见不到方法论的文章。施莱弗虽是一位政治科学家，但有感于这个问题事关重大，决定写一本书来加以讨论。这就是我们眼前这本《经济学家的假设》。

评价这本书的内容之前，我想回答两个问题。首先，这本书是否适合专业经济学家阅读？我的回答是：不一定。今天的学术分工已很细密，隔行如隔山，博弈论专家很可能无法听懂宏观经济学家关心的问题，计量经济学家可能对现实金融问题一窍不通。经济工作从理论研究到事务操作，中间可划出很多类型，各有所专。今天要求一个学者既能在一流学术期刊上发表论文，又熟悉最新的产业经济、国际贸易等现实动态，可能已经是不切实际的要求。

经济学方法论很早以前就已被排除出主流经济学领域，经济思想史亦然。今天全世界很多一流大学里的经济系学生，都没有系统性地学习过经济思想史。很多专家也许听过斯密、凯恩斯等一些名字，但并没有真正研读过他们的著作。这并不妨碍这些专家在各自领域做出重大成绩。《经济学家的假设》确实指出过去两 200 年里经济学所面临的诸多困境。而对于专业研究者而言，更重要的是知道可能突破前进的方向。

其次，这本书是否适合刚刚入门的经济学学生阅读？我的回答是：一定。刚入门的经济学爱好者，一定需要对经济学和经济学研究的对象有一个全面的了解。过去 200 年里，经济学本身一直在变，而且变动愈发剧烈。看看 10 年前、20 年前的国际一流经济学期刊，每隔几年，上面所讨论的问题、所使用的工具都会发生极大变化。所以，在没有全面了解经济学发展趋势的前提下，贸然钻入某一个领域，很有可能走入死胡同。

与此同时，经济学研究的对象也发生了巨大的变化。信息技术、互联网、移动互联网等产业，都在很短的时间内崛起，迅速改变我们的生活面貌。经济学很难预测这些革命性创新技术的涌现，但是必须对这些现象加以解释。而新现象的解释往往需要新工具。新工具并非唾手可得，很多时候经济学家就是没有趁手的工具，所以没法对新现象做出有效的解释。

所以，我们有必要重视《经济学家的假设》。本书作者知识渊博，对经济思想史和主流经济学的研究工作都非常熟悉，所以广泛地将主流经济学的研究结果与现实相比较，最终对于主流经济学提出了严厉批评。对于大多数经济学家，现在这种犀利直接的批评确实是太少而非太多。

以下我将从三个方面来分析这本书的论点。第一部分讨论作者对于主流经济学的批评；第二部分讨论主流经济学实际的研究工作；第三部分是对经济学方法论的发展趋势做一些评述。

## 一、对主流经济学的批评

经济学从诞生起就遭受批评，似乎是经受最多批评的社会科学。曾有学者写过一本《经济学及其敌人》，总结历史上对经济学的各种负面批评。经济学家对这类批评已经见怪不怪，因为经济学本身是一个含糊的概念，即使是经济学博士学位获得者们，对于经济学的看法也可能大相径庭。所以对于经济学和经济学家的笼统批评，并不会对经济学家造成直接的伤害。

作者提到，2008 年美国爆发严重的金融危机。事后，很多人对主流的新古典宏观经济学进行了批评。在这个领域，数代学者已经投入海量的人力物力，开发出不计其数的模型，并将其广泛地用于到现实预测和政策制定中。但是几乎没有什么宏观模型能在事先预测出这一次的金融危机。十年过去了，当年的这次批评是否对宏观经济学产生了什么影响？在我看来，没有产生什么影响。绝大多数宏观经济学家都并不在乎外界的批评。

因为批评大致可以分为两类，外部批评和内部批评。外部批评是专业领域以外的学者对于经济学研究的批评。批评可以是研究过于抽象、研究过于狭隘、研究未能涵盖重要问题等等。最严重的批评就是经济学理论研究与现实不符。不过，经济学家对外部批评通常选择无视，只重视来自专业内部的批评。

对于现实与理论不符的批评，最极端的反馈来自奥地利学派。米塞斯（von Mises）曾明确表示，他的经济学理论均是从一个逻辑原点推演而出，只要逻辑不错，结果就不会错。现实当然比理论假设复杂得多，不能直接与理论对应，但也绝不能用现实证明理论的缺陷。就像我们能从理论上接受，一只苹果加上一只苹果等于两只苹果，但在现实中找不到两只一模一样的苹果，自然也得不到这样的结果。

另一种广泛流传的方法论是芝加哥学派的弗里德曼（Milton Friedman）所倡导的方法论。1953 年，弗里德曼发表了《实证经济学的方法论》一文。他在这篇论文中提出，真正重要和关键的假设，都是对现实的非常不准确的描述。一般来说，理论越重要，其假设越不现实。原因很简单。如果一个假设解释得足够简洁，能够从纷繁复杂的环境中概括出共性的重要元素，并据此作出有效的预测，那么这个假设就非常成功。针对一个理论的假设而言，重要的不是它们的描述是否真实，因为凡假设都不真实，重要的是为了达到既定目的，它们是否足够好的近似。这个判断只能通过观察这个理论是否管用而得出，也就是说它能否作出足够精确的预测。

弗里德曼表达了一种实用主义的方法论态度。面对批评，如果能证明理论模型与现实结果存在较大差距，那只是说明理论模型仍不够精致，需要进一步加以改动优化。所有批评都是对经济学总体的否定，却不可能动摇经济学本身的研究。

经济学家更看重的是内部批评，来自同行的批评。经常参加经济学会议的人都有同感，经济学内部的批评是很激烈的，甚至很惨烈。同行会从理论模型的设定、模型的推导、实证模型的设定、实证结果的阐释等各个方面展开批评，只有能抵御各个角度攻击的论文，才可能在高水平的学术期刊上发表。

施莱弗并不是经济学家，所以尽管看重经济学研究的结果，却不太看重经济学研究的逻辑。他先严格划定了一个非常小的理论经济学范畴，把绝大多数经验性的经济研究排除在外，然后使用历史和思想史的内容对经济学理论进行批评。

亚当·斯密的"看不见的手"可能是经济学中最有名的一个假设，全书的论述亦从这一点开始。但是看不见的手更多是一个"暗喻"，并非从理论模型中推演而得，过去也并未有非常大的影响。20世纪50年代，阿罗与德布鲁用严格的数学方法证明了一般均衡的存在，在经济学界引起了轰动。经济学家都认为，阿罗—德布鲁一般均衡系统为经济学的科学性奠定了基础，剩下的工作只是对这套系统的修补。

事实上，一般均衡系统与李嘉图—密尔—马歇尔这一派崇尚局部均衡和经验检验的体系并不相容。一般均衡系统是由逻辑推出，非常完美，逻辑自足，无需任何现实证据来增强说服力。弗里德曼的经验主义方法论，本身也暗含了局部均衡的意味。他愿意根据现实结果来修改模型的设定，表明自己并不认定模型内在的完美，这就落入局部均衡的范式。

吊诡的是，局部均衡和一般均衡这两套理论范式都支持自由市场，都会援引"看不见的手"作为自己的思想先驱。很多读者没有察觉出它们之间的差别，甚至经济学家自己也并不总想做出澄清。久而久之，"看不见的手"就成为极端自由主义意识形态的代名词，遭到广泛批评。绝大多数经济学家都不会单纯地认为，在任何情况下，不考虑各种外部约束，都应该支持完全放开市场，使得市场自由地配置资源。自由竞争市场只是作为基础的参照理论，对于各派经济学家富有意义。

## 二、当下的经济学研究

在过去的 20 多年时间里，经济学研究方法其实发生了引人瞩目的改变。在公元 2000 年以前接受经济学教育的经济学者应该都有感触。实证方法原本只是经济研究中的辅助手段，所占比重不高，理论模型的推演才是最主流的方法。现实过于复杂，大多数情形都缺乏准确的数字描述，所以经济学家只能求助于理论模型。

但是这种情况在公元 2000 年以后发生了逆转。数据测量技术得到了快速发展。可获得数据的快速发展体现在以下几个方面：其一，实时数据。随着各种电子设备的普及，采集数据的频率大幅度提高，诸如证券交易数据等实时数据逐渐成为可供研究的重要来源。其二，地图数据。随着谷歌地图等新型应用出现，地理信息系统（GIS）逐渐普及，经济学家得以将空间信息与一般的研究问题相结合，从而挖掘出更多空间特征。典型例子如近年来卫星灯光数据的广泛应用。其三，实验室实验的数据。为克服社会科学难以进行随机化控制实验的问题，经济学家针对某些特定的经济行为设计了很多可重复实验，如最后通牒博弈、信任博弈、公共品博弈等，并获得了大量不同样本群体的数据。其四，大数据。由于互联网的快速发展，互联网公司可以获得海量规模的网络数据，经济学家也在此基础上进行了很多应用性研究。

在数据爆炸的驱动下，计量经济学也取得了长足的进展，不管是横截面数据分析还是时间序列数据分析，都有意义重大的突破。尤其是计量经济学家发明了一系列的研究方法开展因果识别研究。这就使得实证方法摆脱作为理论研究附庸的尴尬，而成为本身具有论证能力的研究方法。今天大多数经济学家都会采用实证计量方法，《美国经济评论》这样的顶级期刊也专门开设了实证应用经济学的子刊。实证方法已经彻底改变了当下经济学研究的面貌。

有很多学者表示，今天推动经济学向前的主要驱动力并非理论发展，而是实证数据。不同经济学领域的数据可得性相差甚远，所涉及的实证工具也有所不同。例如金融行业的数据非常易得，每分每秒都会产生出海量数据，远超过人的处理能力。与此同时，经济史的数据就非常欠缺，即使能找到一些，也可能存在非常严重的结构缺陷。此时，就需要包括计量经济学家在内的所有研究者共同努力，解决研究中面临的困难。

再举一例。发展经济学在 20 世纪 60 年代曾经是一个非常热门的经济学研究领域。很多宏观经济学家为此努力，发明出一系列增长模型，有的是平衡增长模型，有的是不平衡增长模型。现实很残酷，不管哪一种增长模型在实践中都没有取得理想的效果。所以发展经济学逐渐衰落下去，在此后的几十年里陷入低谷。

但是公元 2000 年以后，发展经济学突然取得了复兴。几位既有非洲、印度研究经验，又掌握最新研究方法的经济学家，开始倡导在发展中国家用实地实验或者准实验方法评估经济发展政策。设计精巧的实验方法可以有针对性地检验某种特定政策的效果，取得非常明确的因果性结论，而不会被各种复杂因素混淆。世界各地的经济学家都对此表示出浓厚的兴趣，将这类方法应用于各地的研究，促使发展经济学重新变成一门主流的学问。

实证经济学家突然发现，自己的研究不再受到理论的局限，也不再需要那么多不切实际的理论假设。重要的是寻找能有效描述研究对象的数据，并采用合理的方法对此数据进行处理。这些困难都是过去 200 年里经济学家不曾遇到的问题。

当然，数据驱动的实证方法在经济研究中大行其道，并不意味着经济学家要放弃传统的理论模型推演。现实中，很多经济学家往往同时使用理论模型与实证检验的方法，并对两种方法的结果加以比较。在很多时候，经济学家往往用实证检验的结果来校准理论模型的设定。宏观经济学中 DSGE 模型就是这类研究的典型代表。施莱弗教授对此类研究方法非常不屑，坚持认为经济学只能采用演绎方法，这种观点与许多主流经济学家的认识不符。

无论如何，当下的经济学研究仍然自信地往前推进，继续用实证和理论的方法填补过去经济认识上的缺陷。

## 三、未来的经济学研究

施莱弗教授极为博学，既熟悉历史，也熟悉经济学的发展史，所以能够熟练地在经济问题与经典经济学文本之间来回切换。但也正因如此，他对经济学的批评有些苛刻。他习惯用经典经济学理论来解释历史上一系列重大经济问题，结果都不怎么理想。他的批评大多非常精准，对只学习过基础经济学理论，却未实际开展过经济学研究的初学者而言，具有很强的说服力。

但很多主流经济学家可能会对此表示不服。经济学界始终有一种潜在的进步主义姿态。当经济学家总是将经济学与物理学做类比时，一个同步的表达就是，没有人再会去翻数十年乃至数百年前的文献，就像现在没有物理系的博士生会拿着最新的研究成果去指责牛顿文本中的不足一样。经济学家主要处理现实中的经济问题。历史问题当然也重要，那更多属于经济史范畴，需要当代经济史研究者用最新方法处理历史数据。历史已经过去，但对于历史的认识在不断进步。

作者对于新古典经济学的很多批评都可以理解。但是作者引用了一些传统看法，如："没有哪个经济理论因为被一些以经验为依据的计量经济学检验否定而被抛弃。在互相竞争的理论之间，也无法以这样的检验结果为依据而干脆利落地判断出孰优孰劣。"这种看法，现在大多数经济学家恐怕已不会同意。经济学研究必须要往前看。

经济学本身究竟是一种话语修辞，还是一种真实存在？这是一个根本性的问题。数十年前，在施莱弗所批评的芝加哥学派新古典经济学大行其道的时候，很多人都认为经济学只是一种修辞。但是 20 世纪 90 年代以后，随着方法论名家托尼·劳森（Tony Lawson）提出"经济学实在论"之后，反对后现代主义，将经济学视作真实实在，已逐渐成为学界的共识。

经济学家都承认，现有经济学理论的解释与预测能力有限。严格的统计假设或理论假设下，通过计量模型或理论模型所得到的结论，应用到其他数据样本或经济事件中，稳定性往往不尽人意。所以，经济理论并非完全的稳定的经验"规律"或因果联系，但是它能帮助我们了解经验事实中包含的特定经济关系。

实在论将世界分为三个独立的领域：经验领域（经验、印象）、真实领域（实际事件）、实在领域（力量、趋势），并以"趋势"（tendencies）代替理论所描述的一般规律（law）或因果联系（causal relations）。

经济学实在论将经济理论所描述的模型理解为一种趋势，而将对数据样本等统计学方面的研究理解为一种经验。二者与客观的经济事实间虽然有所联系，但本质上相互独立。由于不同的个体或社会条件的叠加，可能触发不同结果。这就意味着，经济模型或实验在不同假设条件下的结论，将有可能反映多种趋势。因此，为了能够真正理解某一种趋势的特征，以及多种趋势之间的作用机制，需要不断调整模型或实验的假设条件，更换数据样本，判断结论的稳定性。

施莱弗教授也许对经济学方法论的最新发展不够熟悉，但是凭借丰富的经济史和思想史的知识，他敏锐地感受到经济学研究中存在的问题，这种感受与许多经济学家不谋而合。今天的主流经济学教育，仍然采用"萨缪尔森范式"，即把经济学理论分为微观和宏观两个分支，用理论模型来塑造人们对于世界的认识。这套教育范式统治经济学界半个多世纪，至今仍有巨大的影响。

但是从 20 多年前起，各个领域的经济学家就已经开始行动了。新古典经济学所追求的理论逻辑一致性，不再是经济研究中的金科玉律。经济学家不断通过对真实数据的各种检验，加深对世界的认识，也在加深对经济学本身的认识。经济学理论已经变得多彩纷呈，并不断根据研究对象的趋势和研究方法的进步而自我改变。

在这个学习加速的时代，回顾经济学过去的发展历程，回顾经济学在过去 200 年里遭遇的各种困难，对于经济学初学者而言仍有重大的意义。经济学家为了探索更好地解释世界的经济理论，曾作了很多理论假设，留下一大堆用过的分析工具。今天的经济学家已有更好的工具，也已走到更远的地方。而那些遗留的工具不只记录下前辈们的努力，更可能给我们继续前进提供思想资源。

梁　捷

上海财经大学经济学院

# 前　言

20多年前，当我还在努力地研究经济学理论的时候，就有了写这本书的初衷。至于为什么选择了写这样一本书去解释经济理论，而不是去为世界上许多紧迫的问题，比如如何减轻收入不平等或全球变暖做些什么，提出一个具体的解决方案？因为我已经厌倦了激烈的争论——那些观点看起来总是似是而非，又无法让人完全认同。对此，经济学教科书通常的建议是什么都不做。例如，由观念比较自由的经济学家戴维·罗默（David Romer）编写的那本著名的《高级宏观经济学》（2016年版）教材。当然，这本书不可能20年前就出现，我之所以列举它，是因为以免有人声讨我在出售一本过时的漫画。基于标准的宏观经济模型，罗默估计，1990年至2050年全球气候变暖问题可能以每年0.03%的速度减缓全球经济增长。[①] 这个速度是0.03%，而不是3%。显然，如果全球经济增长的速度为每年增长3%，那么全球变暖将导致其增长速度放缓至2.97%。如果你相信这个模型，这个数字显得微不足道；如果你不相信这个模型，这样的预测就显得很愚蠢。所以我想要一些更好的框架去厘清这样的争议为何出现，以及如何构成。

---

① Romer 2006，43—44。罗默的估计是基于耶鲁大学的威廉·诺德豪斯的两个早期的努力。我引用罗默，因为在2006年他还认为这些结论能够构成一个合理的预测。——译者注

在 20 世纪 80 年代和 90 年代早期，我曾是一个编辑，是麻省理工学院《技术评论》(*Technology Review*) 的总编，这是一本关于技术领域的前沿和热点问题的杂志。在其他领域，《技术评论》还涵盖了环境问题（一篇文章中的照片上呈现了在某核武器设施中，一架推土机正在掩埋有"放射性物质"标记的纸箱）、人工智能（此领域的先驱马文·明斯基（Marvin Minsky）认为人工智能与人类智能相比，至少能达到后者一半的水平），以及军备竞赛（曾在电影《星球大战》的影响下呼声甚高，但万幸的是在美国总统罗纳德·里根和苏联领导人米哈伊尔·戈尔巴乔夫会晤后，就日渐衰微了）。

杂志经常报道的一个领域就是生产率问题。在当时，几乎所有的美国经济问题——从贫穷的童年到日本购买洛克菲勒中心，都被归咎于我们摇摇欲坠的生产率。因为在短期内缺少其他作家来完成这项任务，所以我在《美国制造》(*Made in America*) 上写了一篇文章，这是一份来自麻省理工学院工业生产率委员会的报告。我问了一个愚蠢的问题，当时的各种媒体报道对我提的这个问题甚至不置一词：生产率增长真的重要吗？如果重要，又是为什么？我能理解它在一个贫穷国家的重要性——当所生产的食品、住房、交通和其他必需品远远达不到国民需求时，生产率固然十分重要。但对美国这样一个富有的国家而言，它为什么重要？在这里，苦难和贫穷并不能归咎于生产率，而是来自分配不均——一个显而易见的问题，并且如今它变得更糟。经济学教科书宣称，任何试图解决分配不公的行为（如通过工会或最低工资），只会加剧失业或通货膨胀。[①] 他们把生产率的增长描绘得如

---

① Samuelson and Nordhaus 1989, 440, 711—712.

北极星般繁华耀眼，却没有提出任何改善它的建议。我对此表示怀疑，并探索出一些与之对立的构想。"停滞主义者"认为，美国工业有能力生产商品却无法保证卖掉它们，商品过剩、需求疲软会导致经济问题。"供给学派"经济学呼吁减税和使用其他手段刺激投资以创造良好的工作机会。"制度主义"的方法（实际上是大多数技术评论文章及美国麻省理工学院委员会的报告所采用的一种方法）则寻求具体的战略，例如，日本采取了何种适时策略纠正生产率的问题。针对这些观点，我不知道如何在它们之间做出判断。这个问题一直困扰着我。

在《技术评论》杂志社，我的位置处于新闻工作者和学者之间。我能够窥见政治经济学知识的风景，却无法找到那些哪怕是最巨大的"岩石"，更不要说推翻它们了。我审核了麻省理工学院的一门叫做"政治经济学 I"的课程（我不确定该罗马数字来自何处，因为并没有"政治经济学 II"这门课程）。该课程由政治学家苏珊娜·伯杰（Suzanne Berger）和经济学家迈克尔·皮奥里（Michael Piore）讲授，主要考察了理解经济、国家、社会之间关系的另类范式，也提供了我所寻找之框架的重要组成因素，但同时也带来了更多问题。我最终放弃了我的工作，选择去读政治科学博士学位。我不会建议理智之士在职业生涯中期去攻读博士，那是题外话。

我的专业领域是国际政治经济和拉美政治。我对拉丁美洲感兴趣，是因为我的一个阿根廷朋友告诉我："这里 10 年内发生的事情比瑞士 500 年中发生的事情还要多。"他肯定对瑞士有什么偏见，但在拉丁美洲确实发生着太多有趣的事，最近，类似的事情也隐约在发达国家发生。我在墨西哥国立大学（Universidad

Nacional Autónoma de México，UNAM）的经济学院做访问研究员期间，为我的论文做了一些实地调查。

我发表的论文《宫廷政治：执政党如何将危机带给墨西哥》(*Palace Politics*: *How the Ruling Party Brought Crisis to Mexico*) 检视了 20 世纪的墨西哥政治。悲哀的是，美国政治与其最坏的特点几近相似。在那些日子里，墨西哥政治的特点在政治精英的竞争团体之间体现出来。20 世纪 50 年代和 60 年代的合作安排确保了所有团体在政治中幸存。如果你的团体的领导者成为下一任总统，你的事业发展会比我好；但我会留在政府工作，因为我的老板可能会成为下一任总统。这一生存保证让相互竞争的团体捍卫了政治体制的更广泛利益，而不是狭隘的派系利益。部分结果（虽然这一点往往被遗忘）是，同当时的韩国一样，随着工人的生活进步，墨西哥快速稳步发展。国际货币基金组织（IMF）甚至用一篮子墨西哥货币比索支持受货币危机威胁的法郎和英镑。但从 20 世纪 70 年代开始，政治派别之间日趋激烈的你死我活的斗争使政治分裂，并爆发了经济危机，这一切的原因在于各派不惜一切代价斥巨资下更多的经济赌注以赢得支持，为最终当权铺路。

但要慎重：作为一个正牌政治学家，对社会科学中的帝国主义强权（来自各大学的经济系），我可能怀有某种嫉妒。但是，局外人的观点也有它的用途，因为我十分震惊，经济学家几乎没有注意到经济学科图景的特点，他们对其习焉不察。此外，我对经济学充满好奇。批判某些东西的时候，你需要好奇心，否则你永远不会花精力去思考，去找出它首先表达的是什么。有时，当你弄清楚它说了什么时，你的批判可能就凭空蒸发了，抑或是增强或改变了。

在博士学习的过程中，我在麻省理工学院和哈佛大学修了几门研究生水平的经济学课程，像多元微积分等。其中一门是有关国际经济学的课程，由保罗·克鲁格曼（Paul Krugman）教授讲授，那时他还没有《纽约时报》专栏作家的名望，也不是诺贝尔经济学奖得主，但那时他是一位教授，做着并不卑微的工作。上课的第一天，显然是为了吓跑商学院的学生，他警告说："如果你想学习国际贸易，需要修我给本科生开的课程。如果您想了解如何成为经济学教授，就修这门课程。"我想了解经济学教授们是怎么思考的，所以我选择了他为研究生开设的课程。克鲁格曼是一位优秀的老师，能剥离出复杂模型的核心，解释其背后的客观真理，并衡量它们何时可以或不可以应用到实际中。

我也和兰斯·泰勒（Lance Taylor）一起做过研究。在20世纪80年代，很少有经济学家重视需求的重要性。第一次和兰斯见面时，我问他，为什么他的一门讲宏观经济学的另类方法的课从课程目录中消失了。我在为《技术评论》写有关生产率方面的论文时，正需要这种方法。他打趣说："放弃是因为需求不足。"我一直与兰斯保持着联系，他离开麻省理工学院后，成了"伯纳德·施瓦茨经济政策分析中心"（Bernard Schwartz Center for Economic Policy Analysis）的主任，同时他还在"新学院"（The New School）担任经济学教授。此外，我还和默里·米尔盖特（Murray Milgate）一起做研究，他在哈佛大学任教，教授经济思想史——这是一个广阔的研究领域，我只学习其中的一小部分，以了解当代的经济学理论——后来他被安排到剑桥大学任教。

在为写作本书收集文献资料的过程中，我阅读了书中提及的经济学家的著作，尤其是其中比较深奥的数学知识上的细节。这本书不是攻击数学的长篇大论，数学十分有趣，偶尔也有用。我也简要阅读研究生水平的文章或评论性文章，因为这些文章有时能让模型更简洁易懂。当我对某篇文章有疑惑时，我发现我的问题通常是源于其在经济逻辑上的一些扭曲。当我用数学的方法对文章去逐行研究、反复斟酌时，不论我是否被说服，我确实在文中看到了经济逻辑的扭曲。我对这样的文章感到失望，即使我本来很喜欢它，却不能再阅读了。我不得不停下来甚至根本就不会写这本书。即便如此，结果也已证明，写作这本书比我想象的要更为艰难。

对于读者，我们并没有什么数学要求，但却有思路上的要求。这本书的内容是关于：当经济学家们不再赶写那些告诉人们该相信什么的报纸专栏，不再要求大学生死读教科书，不再参与公共关系时，他们在私下的生活中会做什么。其实除了这些，经济学家会提出一些有关人类世界的简化假设，建立基于这些假设的虚拟经济模型，并以此得出可以指导实际生活的启示。事实上，因为要了解现实世界的方方面面实在太过复杂，当我们思考经济学时，我们也做着和他们一样的事情，只是没那么正式罢了。我用语言解释模型的结构，因为没有人会对数学产生争议，这本书的读者也并不需要通过数学了解此书。但是，要抓住直觉，因为创建好的模型需要思想。关于模型假设真正的争论在于：如何解释它（怎样合理地将这种抽象概念解释为应有的含义）？以及它是否至少不会出现与经验完全不一致的荒唐情况？如果出现这些争论，我的方法是，正如我在《技术评论》中所提到的，不是简化问题，而是挽起衣袖进行解释。

除了广泛阅读，我还对几位经济学家进行了非正式的采访。我试图让采访范围更大却缺少系统性。例如，一位受访者是迈克尔·曼德尔（Michael Mandel），《商业周刊》的首席经济学家。几年前我在哈佛大学第一次见到他，那时候他还是理论性最强的经济学研究生。从那之后，他就转向了最偏实务的研究。与他名字听起来差不多但本人却区别很大的另一位受访者是英国伦敦大学教授迈克尔·曼德勒（Michael Mandler），他对经济理论基础有着惊人的清晰思路。托马斯·萨金特（Thomas Sargent）是"理性预期"运动的主要创始人，该理论在 20 世纪 70 年代的经济风暴中指导着经济走向。如萨金特所说，这一理论惊人地假设了一个"共产主义信仰"：上帝制定的真实的经济模型，是经济体中的个人所相信的那种模型，而这碰巧是经济学家建立的那种模型。但兰斯·泰勒拒绝这类单一经济模型包打天下的想法，他认为一种模型只对一个经济体有效，另一模型对另一经济体有效。我们对经济的思考方式，在某种程度上取决于社会惯例和阶级。我感激所有的经济学家。我希望我没有歪曲他们的意思，但请不要因为我的论点而对他们有负面的看法。

兰斯对我的这本书中断断续续的观点表现出来了持续的兴趣和支持。已故经济学家贝内特·哈里森＊（Bennett Harrison）在《技术评论》中写了一系列的文章，在我项目的早期阶段给予我帮助。迈克尔·阿伦森（Michael Aronson）是哈佛大学出版社的社会科学编辑，他对我的书寄予了始终如一的兴趣并对全书各处给出了富有思想的评论。我的经纪人埃斯蒙德·哈姆斯沃

---

＊ 贝内特·哈里森的研究涉猎众多领域。——译者注

思（Esmond Harmsworth）在关键地方为我提供了批判性（这是一个最贴切的用词）意见。拉维·阿普杜拉（Rawi Abdelal）是哈佛商学院"商业、政府与国际经济"课程的负责人。我曾在哈佛商学院做研究并写作这本书，他正好为我提供了一个极为有利的环境。别的不说，他对初稿的意见大大有助于我改善这本书的结构。两位匿名审稿人除了修正一些细节问题，还给予我一些意见，极大地提升了本书。我的父亲马克·施莱弗（Mark Schlefer），以一个非经济学家和经济学爱好者的身份给我提出了十分有益的意见。我的双亲：马克（Mark）和玛丽昂（Marion）；我的姐妹凯特（Kate）和艾伦（Ellen）；以及对我很重要的简（Jane），都给予了我最大的支持。

# 目　录

# 第 1 章　隐喻：看不见的手

亚当·斯密（Adam Smith）说，个人在市场上追求自身利益，就好像被"一只看不见的手"引导，有利于社会进步。世人对这种观点褒贬不一。他最重要的著作《国富论》（*An Inquiry into the Nature and Causes of the Wealth of Nations*，1776）将市场描绘成强大的经济发展引擎，但也会产生危害。在斯密那个时代，他警告说，如果允许英国的银行收取8%—10%的高利率，那么银行就是在把钱借给"败家子和投机者"了。[1] 随之而来的投机活动将导致金融崩溃，就像1772年艾尔市的苏格兰银行倒闭一样。因此，他敦促监管机构将利率限制在5%以内，这样银行只会寻求"清醒的"进行良好投资的客户。他说："以防火势蔓延，建设防火墙是义务，尽管这是对自然自由的侵犯。而此处提及的对银行交易的监管也与之相同。"[2]

20世纪90年代和21世纪初，大多数经济学家与斯密不同，他们未曾意识到放松银行管制可能导致金融危机。巴里·艾肯格林（Barry Eichengreen）是加利福尼亚大学伯克利分校的经济史学家，他撰写了大量有关金融危机史的内容，他也没有像他自己形容的那样天真。他对经济史学专业的共同观点做出总结："我们认为，由于央行政策的变化引起了低水平且持续的通货膨胀，

1985 年之前活跃的经济已成为历史，让位于被优雅地称为'大稳健'（Great Moderation）的新时期。我们认为金融机构和市场是可以自动调节的，投资者可以很大程度上甚至完全地自由。"[3]

"金融经济学"（finance economics）直接导致了这一自满的思想。自 20 世纪 60 年代发展至今，"金融经济学"已经形成若干正式的金融模型，并为其创建者赢得了六个诺贝尔奖。2003 年，该领域百科全书的编辑宣称，金融经济学已经"在很大程度上影响世界各地公共政策的制定，对下一个百万亿美元衍生品行业的发展起到了至关重要的作用"，"甚至无处不在地影响着企业的管理方式"。[4] 殊不知，至 2008 年，所谓的衍生品行业产生了很多不良资产，而且，那是 100 万亿美元，而不是区区 1 000 亿美元。百科全书的编辑在描述这项成就时，并没有说可能是喜忧参半，而是说纯粹的好。

在政府就职的经济学家主张削弱金融监管。美国财政部长劳伦斯·萨默斯（Lawrence Summers）、美联储主席艾伦·格林斯潘（Alan Greenspan）和共和党参议员菲尔·格拉姆（Phil Gramm）都拥护 2000 年的《商品期货现代化法案》（*Commodity Future Modernization Act*）。该法案解除了对经常演变成不良资产的金融票据的管制。[5] 上述三位都拥有经济学博士学位。格拉姆不是严格意义上的经济学家，格林斯潘是经济领域的实践者，不是经济学界的经济学家。而萨默斯作为哈佛大学最年轻的终身教授之一，也是主流经济学的领军人。[6] 只剩下商品期货交易委员会主席布鲁克斯利·伯恩（Brooksley Born）试图避免灾难，不巧的是，她是一位律师，尽管竭尽全力，但依然被强制出局。[7]

2009 年 1 月，美国经济学会大会召开。我参加了由五位杰出经济学家组成的座谈小组，讨论当时正肆虐的全球金融危机。他们已经找到了合理解释，将责任归咎于贪婪的华尔街银行家、无能的华盛顿监管部门和愚蠢的美国债务人。还有什么新发现？难道这些是昨天才出现的吗？可是他们甚至没有问，是否自己的思想可能也曾推波助澜。这个问题并不在经济学家之间的讨论日程上。但我仍希望他们对自己的思想会多一点反思。

在本书中，我讨论我们如何看待经济，为何我们经常对经济产生分歧，以及可能更好地理解经济的方法，但我格外注重经济学家的思想。正如约翰·梅纳德·凯恩斯（John Maynard Keynes）在 1936 年写道："讲求实际的人相信自己不受任何知识分子的影响，但他们却常常成为已故经济学家的奴隶。"[8] 成为经济学家的奴隶是危险的（或成为任何人的奴隶都是危险的），但了解他们说了什么是有用的。健在的与已故的经济学家们可分为很多不同的流派，他们信奉不同的观点，他们坚持不同的意识形态，他们经常制定出清晰之至的公式来讨论经济思想，论辩是非。关于我们如何看待经济的问题，我将追溯到 200 年前亚当·斯密时期，从那儿开始说起，过程也没有完全遵循时间历史的顺序，可能会时而倒叙，时而插叙。

在回顾过去之前，本章我会研究"看不见的手"的隐喻：分散化的市场交易就像被一只"看不见的手"引导，通向稳定的最优经济。这只是一个纯粹的隐喻，这对很多读者来说可能听起来很奇怪，因为经济学家从未建立严格的模型来演示分散化的市场如何实现稳定的经济，更何况是最优经济。严格的模型是指根据理论家自己的标准建构的他们能够接受的模型。"看不见的手"的隐喻不是经济思想的全部。历代都有经济学家不相信它；也有前沿理论家明确地否定它。但是，"看不见的手"隐喻似乎很适合作为第 1 章的重点，因其塑造了许多主要的经济学主张。

这个隐喻奠定了导致 2008 年金融危机的错误思想的基础。但是，我对危机的具体原因和迅速扩张，以及威胁希腊、冰岛和葡萄牙的主权债务危机不感兴趣。我关注的是经济学家思考的方式。除非"看不见的手"的思想发生改变，否则我们无法想出可行的方法以解决一系列问题。显著问题之一就是重新调控金融行业。但即使当局将"看不见的手"的隐喻从他们的大脑中抹去，并给全球经济带来一定的稳定性，其他的由这个隐喻造成的问题现在却正在凸显，就像退潮时岸边渐渐漏出的岩石。

例如，市场决定收入分配的见解，依赖于"看不见的手"的隐喻。因为，如果没有这个隐喻，市场自身不能决定任何工资分配，更遑论最优的工资分配。保罗·A.萨缪尔森（Paul A.Samuelson）是世界上最具影响力的经济学家之一。在 20 世纪 80 年代中期，他宣称：工会和最低工资法会导致失业，而"具有完全灵活工资特点的劳动力市场，不会出现劳动力不足或者非自愿性失业"。[9] 如此杰出而思想深刻的经济学家怎么会对纯粹的隐喻如此武断，我很疑惑。里根改革得到萨缪尔森等民主党经济学家的支持。但当里根改革攻击工会、最低工资法，以及最低生活保障工资有助于保护工人与跨国公司谈判中工人权益的观点时，遭遇了一小股势力的反对。最近，麻省理工学院的经济学家弗兰克·列维（Frank Levy）和彼得·泰明（Peter Temin）提出，这次对劳动者群体的打击导致数十年每况愈下的收入不公。[10] 长期收入水平持平，使得中产阶级不得不抵押他们的房产进行借贷，最终促成了 2008 年的危机。无论如何，一旦危机影响到借贷，收入不公就会逐渐成为对社会的持续威胁。

## 金融自由新时尚

金融自由化是 20 世纪 70 年代出现的包括航空、通讯、能源和其他产业的广泛自由化潮流的一部分。这场创新是由两党共同倡导的。最先在美国提出自由化的不是共和党人，而是民主党经济学家阿尔弗雷德·E. 卡恩（Alfred E.Kahn），时任吉米·卡特（Jimmy Carter）总统政府民航局的主管。他曾说，"我真的不知道两架飞机之间的区别。对我而言，它们都是长着翅膀的边际成本。"[11]

事实证明某些行业放松管制是有益的，但是毋庸置疑，最铤而走险的投机活动是在金融领域。保罗·萨缪尔森与威廉·D. 诺德豪斯（William D.Nordhaus）合著的《经济学》（Economics）是最畅销的经济学教科书，1989 年再版时，他们没有阐述亚当·斯密对解除利率管制的担忧。而是引用中世纪反高利贷法并宣称："在早期，有利率的借贷是犯罪"。[12] 他们指责任何设定利率法定上限的观点："对于信用卡或车贷而言，18% 的年利率似乎偏高，但这个利率几乎不能承担管理成本和违约风险。利率上限太低的结果是什么？是资金枯竭。"1978 年最高法院裁定，取消中世纪时期对信用卡利率的限制，而他们甚至没有考虑这项裁定在 10 年之后可能带来的消极影响。裁定生效后，信贷公司提高利率，美国联邦存款保险公司的一项调查结果显示，破产申请率是原来的 4 倍。[13] 根据萨缪尔森的观点，卡特总统签署了一项法律，提高银行账户的利率上限，并禁止各州限制抵押贷款利率。[14] 罗纳德·里根（Ronald Reagan）总统签署《加恩·圣·加曼法案》（*the Garn-St. Germain Act*），解除对储蓄和贷款银行的限制。这两项法律是奠定 20 世纪 80 年代末的储蓄和贷款危机以及 2008 年金融危机基础的帮凶。

发展中国家为金融实验提供了肥沃的土壤。1973 年，奥古斯托·皮诺切特将军（General Augusto Pinochet）在智利实行独裁统治，因为对经济治理没有概念，他求助于"芝加哥男孩"(los Chicago boys)。"芝加哥男孩"是拉丁美洲人对那些从芝加哥大学毕业，主张自由市场的年轻智利经济学家的昵称。[15]（他们喜欢这个名称中的英文单词"boys"，因为它比西班牙语的同义词更顺口。）"芝加哥男孩"解除金融管制，吹出了金融泡沫。有着类似"食人鱼"和"鳄鱼"这样的绰号的商业寡头，利用从银行贷款购买本公司债券，吸引了大量的国外投机者。[16]1982 年，智利的金融纸牌屋崩塌，《经济学人》称其为"经济灾难"。智利政府发表声明称国外投资者的投机失败了。[17]不久，国际货币基金组织（IMF）和纽约的多家银行对智利施加压力，保释外国投资人全身而退。1973 年，智利社会党主席萨尔瓦多·阿连德（Salvador Allende）留给智利达 70 亿美元的债务，到 1982 年，"芝加哥男孩"使其扩大到 3 倍。[18]皮诺切特相继解聘四任财政部长后，终于找到一位识时务的人选。[19]智利一方面保留有用的自由市场改革和国家产业政策，宣扬自由市场制度，另一方面却悄然对国际金融资本流动布控，经济发展得有声有色。

国际货币基金组织的工作人员多是顶尖大学的三流毕业生，他们虽然拥有经济学博士学位，却德不配位。他们抱守着残留的"华盛顿共识"，与发展中国家盲目乐观的政客一道，着手推行金融"自由化"。[20] 经济学家称其为"自由化"（liberalizing），而不是"解除监管"（deregulating）。因为，在他们富有想象力的世界里，发展中国家不应该只是提高利率上限和使全球金融资本自由流动，更应该实行"审慎的"（prudential）监管。他们将保证银行在框架下运行，以降低风险。[21] 当然，在多数发展中国家中事与愿违。经济学家假定，美国已经建立了先进的审慎的监管体系，而事实是在那当时美国并没有这么做。卡洛斯·迪亚兹·亚历杭德罗（Carlos Diaz Alejandro）是位独具一格的经济学家。1985 年他写了一篇很有预见性的文章，名为《再见金融抑制，你好金融危机》（*Goodbye Pinancial Repression, Hello Financial Crash*）。文中强调指出：自 20 世纪 30 年代以来，1994 年墨西哥经济危机、1997 年亚洲经济危机、1998 年俄罗斯经济危机和 2001 年阿根廷经济危机对经济的冲击是最严重的。

金融自由化是这些危机的重要原因。1998 年，经济学家首次对金融自由化的影响进行综合研究。约翰·威廉姆森（John Williamson）和莫利·马哈尔（Molly Mahar）发现："有足够的理由相信，该进程会导致金融危机"。[22] 然而不是别人，正是经济学家威廉姆森提出了"华盛顿共识"一词。[23] 作为金融自由化的促进者之一，世界银行发现，该政策对危机可谓火上浇油，"信贷膨胀，弱化了企业和政府的力量，并影响房地产发展"。[24]

贫穷国家显然因没有进行"审慎的"监管而导致失败。克林顿政府不畏失败，通过了两项开创性的金融自由化政策。其中之一，就是我曾经提到过的经过一波三折才通过的 2000 年的《商品期货现代化法案》。此外，著名经济学家还主张废除 1933 年的《格拉斯—斯蒂格尔法案》（*the Glass-Steagall Act*）。该法案旨在大萧条时期保护银行业。劳伦斯·萨默斯预言："到20世纪末，旧制度将尘埃落定，21世纪金融系统将被新的法律基础取而代之。"[25]《格拉斯—斯蒂格尔法案》将商业银行（存取款）和投资银行（金融工具交易）分离。这使得商业银行和保险公司，如美国国际集团（AIG），利润高企，高风险投机猖獗。

《华盛顿邮报》和《纽约时报》报道称，经济学家广泛支持废除《格拉斯—斯蒂格尔法案》。亚当·斯密认为如果银行为所欲为地收取利率会导致不良贷款，而这一观点却遭经济学家嘲笑其冥顽不化。[26]他们坚称，并非是银行的投机活动导致大萧条时期11 000家银行倒闭。[27]在《美国货币史》（*A Monotary History of the United States*）一书中，诺贝尔奖得主米尔顿·弗里德曼（Milton Friedman）和经济学家安娜·J.施瓦兹（Anna J.Schwartz）认为是美联储政策不力，导致大萧条，而非不受管制的私人融资。[28]该观点受到广泛支持。[29]比如，金融经济学家本·伯南克（Ben Bernanke），担任美联储主席前曾任职于联邦储备金监察小组，在2002年弗里德曼的90岁寿宴上盛赞道："我要对米尔顿和安娜说，对于经济大萧条时期的问题，你们是对的，美联储难辞其咎。我们非常抱歉，也很感激，并且不会再重蹈覆辙。"[30]2008年，弗里德曼的学说又谴责了时任美联储主席的伯南克，说他言行不一，做了自己承诺不会做的事，从而引发金融危机，试想当时伯南克该多震惊。危机爆发初期，政府曾试图重新对金融进行监管，然而收效甚微。在任何情况下，惯性思维都将完胜纸上谈兵。如果不能消除"看不见的手"的这种惯性思维，其依然会导致未来的金融危机。

## 寻而不见的"看不见的手"

《纽约时报》专栏作家保罗·克鲁格曼和纽约大学教授努里埃尔·鲁比尼（Nouriel Roubini）等经济学专业人士指责道，某些劣质的模型导致经济学家误入歧途。但问题远非如此。令人费解的是，经济学家已经建立了某些可以进行危机预警的模型。这些不是模糊的模型。它们属于"一般均衡理论"关于市场基本属性的重要研究课题。数十年前就已经得出结论，"看不见的手"只是一个隐喻。即使完美市场也不能引导经济趋于均衡，因为其本身就是不稳定的。该结论不容置疑。

此处我不是表达个人观点，只是陈述众所周知的结论。毋庸置疑，经济学家总是希望得出独树一帜的结论。19世纪70年代开始，理论家就准备建立"看不见的手"的模型。他们想演示，个体在市场上追求自身利益的交易行为，以及企业利润最大化的行为，是怎样引导经济趋于稳定和优化的均衡的。但那些理论家未能成功。恰恰相反，经过一个世纪的努力，在20世纪70年代初，他们得出结论：除非做出完全难以置信的假设，否则任何机制都不能引导分散化决策的市场趋向均衡。

1954年，诺贝尔奖得主斯坦福大学的肯尼思·阿罗（Kenneth Arrow）和加利福尼亚大学的杰拉德·德布鲁（Gerard Debreu）经过一番努力后，创建并发表了一般均衡模型。一般均衡模型研究经济整体中各种市场间的相互作用。阿罗和德布鲁确实证明，假设在充分发挥市场竞争性和行为者理性的情况下，存在一系列能够使供求均衡的价格。然而，从未有人能够证明，

"看不见的手"可以推动市场价格趋于这种水平。而仅有的能使供求均衡的一系列价格也是偶然出现的。在模型中，存在无数可能的系列价格，因此这样一组特殊的价格出现的可能性为零。

弗兰克·哈恩（Frank Hahn）是剑桥大学的一般均衡理论学家。他给"看不见的手"建立模型的努力做出总结："没有充分理由证明，存在引导经济趋于均衡的力量。"[31] 当然，经济学家会提及"供求规律"。"这时看不见的手确实起作用。当某种商品的需求大于供给时，价格会上升；当供给大于需求时，价格会下降。"但这种规律也并不完全可信："如果仔细地斟酌，会发现这其实是一个非常复杂的动态系统。最终研究会发现，价格体系并不必然引导经济趋于均衡。事实上，结果适得其反：只有在极其特殊的假设基础上才会出现这种好结果。"[32] 而所谓"极其特殊"的假设，哈恩是指一种基本不存在的情况。

一项工程学类比有助于说明这一点。"看不见的手"的隐喻认为，市场经济就像客机，尽管航空旅行危险性很高，但客机至少能够保持空气动力学稳定。当遭遇强气流时，它们会微调航线。一般均衡理论认为，经济更像军用飞机。当遭遇气流时，如果"遥控"计算机制导系统没有连续发出改变航线、躲避灾难的指令，军用飞机就不会轻微改变航线，直至飞机失去控制，化为碎片。

## 越来越奇怪

深入研究一般均衡理论和"看不见的手"的隐喻是有益的。任何严谨的经济学理论文章都包含关于一般均衡理论的几个章节，比如哈尔·范里安（Hal Varian）的《微观经济分析》（*Microeconomic Analysis*），但是，非经济学家可以以甚少听说这个理论为由而被原谅。当物理学家在媒体上就其研究理论的基础争论不休的时候，经济学家则只在媒体上发表研究结果。我研究了 1981 年至今的《纽约时报》文章索引，其中 199 个关于"弦理论"，只有 11 个关于"一般均衡"。而且大部分只是作为标题或在内容中一带而过。此外，"一般均衡"这个短语有两次被当做"书呆气"和"无法理解"的同义词，只有一名记者试图用两句话解释这个短语。为什么一般均衡理论没能声名鹊起？我猜是因为其没能为"看不见的手"的隐喻提供一致的理论基础，而经济学家未能如愿，自然冷落了它。

一般均衡理论学家假设完美市场，并不是因为他们真的相信市场是完美的。[33] 而是他们希望建立理想的"看不见的手"的模型，在该模型结构基础上增加可观测的"不完美"因素，如垄断、工会、保护主义等。肯尼思·阿罗曾说，他的博士学位考试主要集中在不完全竞争，而且他相信，"竞争性均衡并不能很好地描述经济"。[34] 因此，建立一般均衡模型的目的，在于"解释理论上应该如何"。准确地说，即为了获得完美的市场经济，需要做出哪些方面的假设？

阿罗和德布鲁为了塑造经济学家所谓的"竞争市场"和"理性人"，做出了数十个假设。个体、企业和商品千差万别。[35]"理性"的个体可为所欲为，无论多么荒诞不经。我可以喜欢吃麦当劳，而你的食谱可能取决于你的宗教信仰。但如果我们是"理性的"人，我们就必须言行一致，如果我喜欢 A 多于 B，喜欢 B 多于 C，那么我就不能反过来喜欢 C 多于 A。企业可以有多样化的生产技术。但如果做出"竞争市场"的假设，那么，作为对任何实体经济来说都非常重要的规模收益递增理论就行不通了。规模收益递增是现实存在的，比如，汽车生产厂家生产 10 万辆车的单位成本远低于只生产 1 万辆的单位成本。递增收益使得个别企业可以锁定市场并实行垄断价格，因此，规模收益递增理论就被假设排除在外，以创造竞争市场的理想条件。

根据阿罗和德布鲁的假设，商品按照地域和日期区分。比如，2020 年 1 月 1 日运至波士顿的牙膏跟同日运至澳大利亚的牙膏是不同的商品，因为后者显然成本更高。商品也会受"自然状态"的影响。雨天时的伞与晴天时的伞是不同的商品。你可能会根据天气状况而决定购买某种商品。你甚至可以签署一份合同，约定如果你未来失业了，将得到多少补偿。此时，你的工作状态就被视为自然状态的一个方面。换言之，你可以投保任何东西。[36]

基于这些假设的阿罗-德布鲁模型经济是如何运转的呢？个体之间实际上没有直接交易，而是进行虚构的拍卖。在任何生产或消费活动发生之前，"拍卖人"给每个商品报价。所有"代理人"回应，在该价格上他们愿意生产或者消费多少商品。如果某种商品供不应求，拍卖人会提价；如果其供过于求，拍卖人会降价。

根据对个体、企业和市场的假设以及使用拍卖机制，阿罗和德布鲁证明了所有的商品至少存在一系列"拍卖人"不需要再更改的价格。在这一系列价格上，消费者愿意根据偏好随意购买，企业也愿意按需生产并实现利润最大化。这就是所谓的"均衡"。

该论证应用了一条重要的数学定律：即拓扑结构的"不动点定理"。举个物理学例子，不动点定理认为，如果往杯子里倒咖啡，然后搅拌，等它沉淀下来，咖啡中至少存在一个无限小的点与其最初的位置是一样的。这个点就是不动点。当我第一次见到将这个理论应用到经济学中时，我既惊喜又担忧。一种几何结构是怎么牵强附会地用来证明经济学的中心命题的呢？但是数学确实是一种终极的抽象，以至可以用相同的定理描述完全不同的现象。

阿罗和德布鲁发明了一个虚构的模型来代表经济，就像一个多维的咖啡杯。该模型上的每一点对应某一系列价格。假设，将一个点向右移动一个单位，对应某商品的价格就升高一个单位。实际上，如果行为人告诉拍卖人，在某一价格上，他们的需求量将高于企业愿意以该价格进行生产的量，那么，拍卖人就会向右移动这个点以提高价格。通过往复不断的来自企业和消费者的反馈，拍卖人就会一直搅动这个点不断移动。但至少有一个点是保持不变的。当拍卖人确定这个点所对应的一系列价格之后，消费者的需求量等于该商品的供给量。这就是经济均衡。证毕。

这个均衡就是"帕累托最优"，是由19世纪意大利经济和政治理论学家维尔弗雷多·帕雷托（Vilfredo Pareto）发明的概念。假设每个人都拥有部分商品。帕累托最优是指资源配置的一种状态，在不使任何人境况变坏的情况下，不可能再使某些人的处境变好。鉴于阿罗—德布鲁对自由贸易的设定，最优化的结论就是用另一种方式重申：如果你有我想要的东西，我有你想要的东西，那么我们可以通过自由交换各取所需。当没有人能够通过自由交换受益时，经济就是最优的。

"看不见的手"的隐喻是如此有影响力，以至于经济学家认为拍卖程序可以带来稳定的经济：他们认为，拍卖人报价，行为人做出回应后，拍卖人调节价格，这样经济就可以势不可挡地趋于均衡。[37]可事实上，这个模型做出的假设只是看起来像能够引导市场向均衡方向发展。因为除了其他方面，它阻止了一些不稳定的假设。在实际情况下，如果猪五花肉有涨价的预期，你可以买期货，但在阿罗—德布鲁的模型中，如果你买猪五花肉的期货，可能会有一货车的五花肉送到你门前。而且你还不能卖掉它们，因为所有的销售活动在拍卖过程中都是最终的，没有二次拍卖。

然而，阿罗和德布鲁发表该模型不久，理论学家就开始怀疑在竞争市场中拍卖程序不能使经济趋于均衡。1960 年，耶鲁大学的赫伯特·斯卡夫（Herbert Scarf）说阿罗—德布鲁经济模型中价格体系不稳定。[38]随着该模型的假设基础逐渐消失，直到20 世纪 70 年代，有三篇革命性的的论文发表，其中一篇正是杰拉德·德布鲁所作。麻省理工学院理论学家富兰克林·费希尔（Franklin Fisher）评价说，这些论文打破了"最后一丝希望"。[39]经济史学家马克·布劳格（Mark Blaug）赞成说，"与'稳定性问题'休戚相关的争议从未解决"。[40]塔夫斯大学的经济学家弗兰克·阿克曼（Frank Ackerman）说："经济周期、经济混乱等因素都可能破坏经济。一般均衡理论不仅不能实现可靠的稳定，甚至其本身的动态性能都超乎想象的差。"[41]

值得注意的是，为什么单点定理不能应用于证明拍卖程序像是被一只"看不见的手"引导，使经济趋于均衡呢？该定理只是说，在代表经济体的多维咖啡杯上的无数个点中，恰巧存在一个固定点，在该点上某商品能够实现供求均衡。只有在极特殊情况下，拍卖人的报价就是能实现供求均衡的价格。但是不动点定理没有说，拍卖人调节价格的规则可以引导价格达到供求均衡那个不可思议的水平。随着拍卖人推动数不胜数的商品价格上下浮动, 经济可能会一直搅动。选择正确的价格以实现所有商品供求均衡的过程就好比占卜一样, 在咖啡杯被搅动前, 就知道咖啡中无限小的点将最终恰好落在其最初的位置。

存在几种假设可以保证阿罗—德布鲁模型稳定。一种可能性是假设所有的商品都是"总替代品"(gross substitutes)。[42] 比如, 黄油和人造奶油就可看作是总替代品。当黄油的价格升高, 人们可以购买人造奶油作为其替代品。如果每一件商品都存在一种总替代品, 那么阿罗—德布鲁模型就可以稳定。比如, 如果汽油价格翻了两番, 人们将需要更多的以柴油为燃料的城市越野车作为替代品。但是这个观点不可信。费希尔告诉我说, 所有的商品都是总替代品的假设, 跟"圣诞老人"是虚构的情况一样。[43]

某些经济学家可能认为, 我前面提到的军用飞机的比拟不恰当, 或者反对阿克曼的说法, 但任何知识渊博的理论学家都不会赞成阿罗—德布鲁的模型是稳定的。因此, 经济学家误用了"均衡"这个词语来描绘了一个不均衡的状态。经济学的均衡是经济趋向稳定的状态, 其揭示了经济学家对经济发展的美好希望, 而不是经济学家已经通过可靠的模型确认的一种机制。不断的反复重申"均衡"只是自我欺骗, 也欺骗了他人, 只会让大家相信完美的市场经济是稳定的。

## 经济学家在想什么?

宏观经济学家研究经济的整体运行, 他们是如何忽略一般均衡理论学家对于"看不见的手"的隐喻的消极结论呢? 首先, 宏观经济学在 20 世纪 50 年代和 60 年代萌芽，那时多数经济学家仍然相信"看不见的手"在经济中起着至关重要的作用。所谓的凯恩斯主义经济学家成为主流（暂且不提他们的模型与凯恩斯本人的观点究竟有多大关系）。他们坚信市场是可以自我调节的，但有各种各样的因素阻碍市场向优化的均衡发展。比如，工资和商品价格是"黏性"的，它们的调节速度不像强有力的"看不见的手"能够保证的那样。结果导致经济表现糟糕。政府可以在经济"微调"中扮演重要角色，加速优化均衡的进程。

对于黏性价格和工资为何会导致如此大的麻烦的原因，一直没有定论。正如德克萨斯大学的詹姆斯·加尔布雷斯（James Galbraith）说，在秋季学期"微观经济学"课对行为人最优化的介绍中，你学习了价格和工资如何自动调节供求均衡。过了个寒假，那些课程内容可能就被遗忘了。在下学期的"宏观经济学"课堂上，你就会学习黏性价格和工资会导致严重衰退。[44]

罗伯特·卢卡斯（Robert Lucas）因为注意到上述"寒假现象"而获得诺贝尔经济学奖。他质疑黏性价格的观点。如果小零件的需求下降，小零件生产厂家的产品销不出去，为什么不降价销售？他也不能理解黏性工资。降低工资能够降低生产成本，增加销量，保住工作，可为什么工人拒绝减薪？即使人们对供求变化有敏感的回应，经济周期还是会出现，这一定有什么原因。在1972 年，卢卡斯构建了一个假设"看不见的手"起作用的模型。当厂商察觉到"看不见的手"的作用时，它们就会即刻调整价格以平衡供求。它们试图将市场推向瞬间均衡。但中央银行把事情搞砸了。它通过干预货币的供求愚弄了厂商，因此厂商错误判断实际价格。因为厂商被愚弄，所以他们对价格的调节是次优化的，最终导致经济繁荣和衰退。因此，无能的政府做出的试图熨平经济周期的努力，实际上正是导致经济周期存在的罪魁祸首。卢卡斯的模型支持了弗里德曼关于政府导致大萧条的论断。

宏观经济学家们开始建立模型试图展示"宏观经济学"与"微观经济学"之间的联系。"微观经济学"研究厂商和消费者在自由经济中做出最优决策，"宏观经济学"研究繁荣和衰退的经济周期。尽管市场具有竞争性，这些模型完美描绘了"看不见的手"作用下的经济。然而，各种因素都能够影响"看不见的手"。周期性技术的革新和停滞等外部冲击可能导致经济的增长和衰退周期。或者，市场自身的不完全性，如央行对货币供给的不适当管理或者垄断厂商拒绝降价，都能导致经济周期。

如果一般均衡理论学家都不能建立"看不见的手"的经济模型，那么宏观经济学家是如何以"看不见的手"为潜在基础建立模型呢？与阿罗—德布鲁模型不同，他们的模型没有明确区分消费者、厂商和商品，而是使用集合或者同化它们。比如，将玉米种子、机械工具、软件和所有其他生产性投入统一称为"资本"（capital），用"$K$"表示。最重要的是，他们将多样化的个体也同化成"代表性行为人"（representative agent），或者以两到三个行为人代表某一群体，比如一个工人和一个退休人员。因此，尽管宏观经济学家宣称，他们的模型以优化的个体为"微观基础"，但其真实性仍然比广告词还不可信。如果把所有的个体和商品都同化为总体模型，那么在数学原理上就很容易地建立稳定的方程式，但这只是纯假设。如果愿意，你可以随意在确定的方程式基础上建立稳定的模型。

经济学家夸耀他们新建立的"动态随机一般均衡"（dynamic

stochastic general equilibrium）模型，这个短语让人既震撼又敬畏。[45]此处，"动态"和"随机"两个方面并不重要，但我依然迫不及待地想满足读者的好奇心。这些模型的"动态"方面表现在它们不是想捕捉经济的静态画面，而是像电影一样一帧一帧的动态情况。而"随机"方面则表现在它们假设经济受随机的冲击影响，比如，技术革新或停滞。"随机"这个词语来自希腊语"*stokhos*"，意思是"目标"。随机的过程就好比向目标扔飞镖，可能击中目标也可能击不中目标。因此，"动态随机一般均衡"模型描绘的是随着时间一帧一帧变化的经济，可能受随机冲击的影响，而且将所有的市场都当作瞬间和永恒地均衡。简称为"DSGE"模型。曾经这个简称比全称更容易让人接受。尽管一般均衡有了一个很好的名字，但这些模型完全忽略了关键的一般均衡的不稳定的结果。不仅如此，关于这个所谓的科学理论最奇怪的一点是，他们是建立在对"看不见的手"原理的纯粹信仰之上。

尽管这些模型以简化的假设为基础，但数学上却煞费苦心。也许是数学理论诱使经济学家忘记这些模型本质上就是同义反复：经济模型是稳定的是因为它被假设是稳定的。结果导致，经济学家对市场的自我调节能力越来越乐观。[46]以伯南克为代表的央行行长也使用 DSGE 模型，经济学家将这些模型当成"大稳健"时期的救命稻草。罗伯特·卢卡斯在 2003 年美国经济学会的会长演讲中称："实际上，避免经济萧条的中心问题已经解决。"[47]

经济学家未能对即将发生的危机做出预警的原因在于对"看不见的手"的隐喻的信心。艾伦·格林斯潘在获得经济学博士学位前已经是一位知名的金融顾问，因此他对待形式化的经济学较之他的同事更为谨慎。他承认，并非经济学模型而是"理想主义"使他相信"到目前为止自由竞争市场是组织经济运行的最佳方式"。[48] 许多经济学家也是这样思考的，只是他们没有意识到这一点。

## 经济学家如何遗忘？

为什么20世纪70年代宏观经济学家的模型中"看不见的手"原理扮演了比过往更重要的角色，而与此同时一般均衡理论学家正放弃这个原理呢？部分原因在于社会学科的专业分类不同。宏观经济学形成一门独立的学科；微观经济学也是一门独立的学科。一般均衡理论只是微观经济学的一个分支。即使一般均衡理论也研究整体经济运行，但仍只是被当作微观经济学的一个部分，因为其并没有将个体的消费者、厂商和商品加总为一个集合体。因此，哈尔·范里安虽然在《微观经济分析》中阐述了一般均衡理论，但它却与宏观经济学相距甚远。

而且，稳定性只是一般均衡领域内的一个课题。范里安在《微观经济分析》英文原版的第398至400页阐述了一些数学上的不稳定的结果，但没有认真讨论其重要性。第398页用微积分形式进行解释，过程令人头晕眼花以至于很容易忽略正式结果。我就忽略了。邓肯·弗利（Duncan Foley）是"新学院"中一位研究领域非常广泛的理论学家，在与他的谈话中，我提到我不记得在范里安的书中提到过一般均衡理论的不稳定性。他向我保证有，并说："你忽略了。"[49] 确实如此，我在重读范里安的书时找到了。

范里安书中的那三页关于一般均衡理论不稳定的结论，应该是所有毕业后想成为宏观经济学家的研究生都可能遇到的典型问题。迈克尔·曼德勒是伦敦大学的理论学家，他注意到注重实际的经济学家对一般均衡理论知之甚少："研究生只有一门课设置了3周的课程，且常被认为太偏重数学，是为学霸准备的。"同样地，学术界也并不鼓励一个分支学科的人去担心另一个分支学科的问题。曼德勒说："这么做也不会获得什么学术奖励。"只有在宏观经济学家想要为了在刊物上发表模型或获得终身职位时，才会为了充实自己的实力而注意研究一下一般均衡理论。

而且，最优秀的宏观经济学家也并非忽视了一般均衡理论不稳定的结果。他们是如何应对的呢？弗兰克·阿克曼说："一般均衡理论在数学上的失败，对已建立的理论来说，是巨大的冲击，很多经济学家很难接受如此巨大的影响。"[50] 他们简单地采用几种"拒绝方式"。久经世故的研究者们低声附和，却没有书面承认"没有人"再相信一般均衡理论的稳定性了。阿克曼补充说："该专业已经进一步发展到博弈论、复杂性理论、演化分析框架，还有其他的技术的阶段。"应该有人告诉那些为美联储创建一般均衡理论模型的无知的人，行家早就去研究其他更大更好的东西了。

米尔顿·弗里德曼曾告诉富兰克林·费希尔（Franklin Fisher）说，他认为研究一般均衡理论的稳定性一点意义都没有，因为经济显然是稳定的，如果不是，那"我们都在浪费时间"。[51] 费希尔嘲讽说，经济学家本来就是在浪费时间，而他对经济一直稳定这一观点显然不敢苟同。准确地说，经济从未稳定，因为商品价格，比如黄金或石油，是一直在波动的，即便是下一秒的价格都是不可预测的。

　　除了实在无法避免的时候，经济通常确实能够避免灾难性的波动。那么，通常是什么拯救了经济呢？即使假设市场具有完全竞争性，理论学家试图建立"看不见的手"的模型仍然失败，这具有很强大的讽刺意味。如果从19世纪晚期开始，经济学家都未能建立模型描述"看不见的手"是如何推动完美市场趋于均衡的，我们为什么要相信这种机制是存在的呢？也许是市场之外的东西避免了灾难，比如社会规范、金融监管或前美联储主席本·伯南克的好心情。弗里德曼所谓的市场能自我调节，以及无能的政府货币政策导致大萧条的说法，不仅在实践中是错误的，在理论上也是错误的。

## 理性投机者

　　阿罗—德布鲁模型如此抽象，以至于遗留了一个重要的问题未解答：为什么虚拟的完美市场经济是不稳定的？富兰克林·费希尔研究应用经济学和理论经济学，并且担任司法部对微软的反垄断诉讼的首席经济顾问。他提出了一个更为实际的一般均衡模型，这个模型或许能提供答案。长话短说，答案就是投机。25年前，费希尔的《均衡经济学的非均衡基础》(*Disequilibrium Foundations of Equilibrium Economics*) 一书出版，当时此书叫好却不叫座。费希尔作为一位任职于顶尖大学受到广泛尊敬的教授，为什么他的书没有受到更多的关注呢？我猜想这是因为经济学家只是不想听到更多关于所谓一般均衡的问题。

费希尔的模型比阿罗—德布鲁模型做出更多实际的假设。他用中央电脑代替拍卖人报出起拍价，并允许人们在生产和消费过程中持续交易。他考虑到了垄断价格的可能性。他还引入货币，而阿罗—德布鲁模型只有实物交易。他希望在真正意义上展示出市场是怎样引导经济趋于均衡的。他假设经济起初是不均衡的，然后考察分散化的贸易是否就像被一只"看不见的手"引导，使经济趋于均衡而且价格不再变动。他未能成功地证明一个经济将达到均衡，但他的论证方式却是引人入胜的。

在研究经济是否会实现均衡之前，请先思考是什么使经济失衡，即为什么价格会变动。首先，市场的外部冲击会使价格变动。1970 年前后北海发现大量石油储备以及 1979 年伊朗革命石油停产使得油价变动，其他商品价格也随之变动。其次，带来价格变动的可能是技术革命。过去几十年，集成电路设计和生产的提高极大地降低了电脑的价格。互联网建立全新的广泛的互联网服务，创造新的商品和大量需求。哈佛经济学家约瑟夫·熊彼特（Joseph Schumpeter）认为，创新打破了所谓市场均衡的"经济循环"，促进了经济发展。

如果只是类似的外部冲击会打断经济循环，那么"看不见的手"的隐喻原理不会受到影响。"看不见的手"的原理只需假设市场内部交易会促使经济趋于均衡即可。如果技术革新或发现新能源是来自市场外部的冲击，那么市场本身可以恢复至均衡的经济循环，进而实现完美的自由市场。

问题在于，市场并非恢复经济循环，而是更深入地打破了经济循环。以互联网为例，一家企业有一个创新性的想法，说服了投资者，雇用了员工，然后开始赚钱了。另一家企业也有一个想法，但这个想法注定失败，这个注定失败的结局并不能马上得知。这家企业也同样地做了最初的准备，开始了经营活动，同时也在给互联网泡沫中打气。没有明显的界限显示革新在哪里停止而泡沫在哪里开始存在的。正如格林斯潘在 2000 年 1 月时说，想象一下 2010 年人们会如何评价当下的经济：

> 可以设想，我们到时候可能会得出这样的结论：世纪之交的美国经济，正经历着百年难遇的创新加速，它推动着生产率、产出、企业利润与股票价格，以几代人都未见过的速率飙涨……又或者，我们在 2010 年回头看的时候，也完全可能把我们目前所经历的一切，视作人类历史上屡见不鲜的盲目乐观的投机泡沫中的一次。当然，还有一种可能性是我们无法排除的，那就是：我们后来会发现上面两种情形中的要素这几年中在同时发挥作用。[52]

无论是正确或错误的纯预测，经过市场的作用，都会破坏均衡。假设一位主要的小麦经销商预测干旱将影响明年收成，于是提高了价格。该经销商购买小麦期货，推动市场。其他小麦期货的所有者获得意外的收获，并用于额外投资。如此一来，价格持续变化，而不是趋于均衡。

如果从另一个角度看问题，思考经济理论中理性的个体是如何行动来推动经济趋于均衡的。他们必须意识到经济现在已经失衡，即供求在现有价格时不均衡，然后他们会试图在预期的价格变动中获利。[53]如果麦金托什（Macintosh）系列的苹果电脑在货架上堆积，而科特兰（Cortland）县的苹果已经售罄，投机者会利用科特兰苹果赚取利益。他们会把科特兰苹果的价格抬高，超过想吃这种苹果的消费者愿意支付的价格。这个现象同样也出现在 21 世纪初期美国的房地产市场上，并且在商品市场上也一直存在。金融机构采用复杂的技术来预测价格走势，并根据预期做出回应，无论这些预期正确还是错误。这些技术通常是由获得博士学位的数学家开发的，他们从不关注一般均衡。理性的个体所采取的为了推动价格实现均衡的行动，可能会引发经济泡沫，而不是推动经济趋于均衡。

"看不见的手"的隐喻只是导致金融危机的一个因素。但是，如果想象一下注重实际的经济学家向所有人承认，"看不见的手"只是一个隐喻，那么政策制定者就不会破坏所有可能使经济稳定的因素了。经济学家如何思考才是关键问题。他们应该阐明他们不知道什么，而非只宣传他们认为他们知道的。此外，他们还应该解释他们观点的基础假设。后续章节中，我还将讨论若干关键的、会引发经济学观点争议的假设。

# 第 2 章　经济学家是做什么的？

保罗·萨缪尔森在其著名的教科书《经济学》中，将经济世界比喻成牛顿物理学的宇宙。尽管他对政策决策会涉及价值判断这一点做出让步，比如解除租金限制会伤害个体，但有利于经济发展，但他承诺说会专注于经济科学的因果关系。他坚持称："实证经济学（positive economics）描述经济学中的事实和行为。"[1] 这正是他的研究重点。在该领域中的问题可能会"简单或复杂"，但它们"只要通过引用事实就都可以解决"。沃尔特·尼科尔森（Walter Nicholson）在另一篇著名文章中言简意赅地告诉学生们："实证经济学家们相信，经济学作为一门学科成功的原因之一在于，它能够成功地模仿物理学家们的实证研究方法，而不是像其他社会科学一样，采用具有价值取向的规范方法。"[2]

经济学家们极力声称他们的学科像物理学，这听起来有点儿底气不足。你听说过物理学家们向世界夸耀物理学像经济学吗？更重要的是，当他们这样谈论经济学的时候，萨缪尔森、尼科尔森，以及其他经济学家们就曲解了他们在做什么和经济学是什么这两个问题。从亚当·斯密到卡尔·马克思，从约翰·梅纳德·凯恩斯到米尔顿·弗里德曼，经济学家们一直在寻求通过建立经济模型来了解经济。他们对我们栖息的经济世界做出简化的假设，然后构建虚拟的经济，也就是基于那些假设的经济模型。他们通过利用这些虚构的经济模型得出我们栖息其中的现实经济世界的实用结论。

几乎经济学家们做的每一件事都基于某个模型。比如，供求决定价格就是一个模型。石油的价格有两条曲线，其一是上升型的"供给曲线"，即石油价格升得越高，石油生产商就想泵出越多的油。这条曲线是虚构的，旨在描绘在不同的石油价格水平上，任意时间点生产商愿意泵出的石油量。其二是下降型的"需求曲线"，即石油价格降得越低，企业和消费者就想买得更多。这条曲线也是虚构的，旨在描绘在不同的石油价格水平上，任意时间点企业和消费者愿意购买的石油量。这两条曲线的交点，即在某一价格上石油生产商愿意生产的石油的量等于企业和消费者愿意购买的量，那么这个点就决定了原油的实际价格和产量。

我们所见的只是在虚构的曲线图中应该相交的点，即所谓的实际石油价格。没有人曾经见过供给或需求的曲线，因为它们只是模型。它们可能有用，但不应该被错误地当成是对现实情况的真实反映。如果你对实际的汽油价格和消费变化情况进行一段时间的追踪，你就会发现实际上会有一些循环或者是"之"字的趋势，这跟虚构的供求曲线一点也不像。[3]

此外，一些影响石油价格的因素与模型并不一致。比如，铝冶炼厂属于高耗能产业，为了规避可能出现的石油价格上涨，它会与生产商签订石油买卖合同，在未来一个给定的日期以固定的价格购买石油。石油生产商卖这些合同，他们同样通过购买这样的合同进行投机。他们掌握关于石油价格的内部信息，如果一个钻井平台爆炸了，这个钻井平台的所属企业会在公众获取新闻之前知道这个消息，但这种行为违反反对内幕交易的法律。商品交易员亚历山大·埃尔德（Alexander Elder）描述了拜访一位在跨国石油公司交易柜台工作的朋友的情景，他说："公司门口的安检比肯尼迪机场更严格，过安检之后穿过一条玻璃幕墙的走廊。许多工作人员在电脑前操作进行石油产品交易。我问我的朋友他的交易是否会对冲或者投机，他直视着我的眼睛说，'是的'。我又跟他确认了一遍，他同样给了我肯定的回答。"[4] 当石油公司在石油价格上投机，他们会改变价格，但却没有供求曲线。对供求模型的复杂检验可以被模拟，但需要其他模型做基础，有的检验会涉及统计学，然而同样地，统计学的数据也可能受到挑战。

　　教科书中的经济学听起来像是物理学，是因为它模糊了理想化的经济模型与现实中杂乱无章的经济世界之间的界限。经济学的模型确实像物理学，而现实却并非如此。为了求得经济学真谛，这个界限是绝不能忽视的。萨缪尔森在其教科书中不仅没有明确这个界限，甚至都没有解释什么是经济模型。哦，我不夸大其词了！在我碰巧读过的第13版中，萨缪尔森与合著者威廉·诺德豪斯在附录第977页中，给出了模型的简短定义。

　　理想化的经济学模型与现实的复杂经济世界的混淆，深深地困扰着学生们。有的学生感觉上当受骗了，就好像看着舞台上魔术师在表演，而真正的工作却在视线之外。其他的学生相较于混乱的日常世界，则更喜欢舞台表演。学生们接触到的是这样的经济学，对此明德学院（Middlebury College）的戴维·科兰德（David Colander）惋惜地说："有的学生喜欢经济学，并乐观地认为经济学家们有些事情要说而未说；而有的学生不喜欢经济学，并悲观地认为经济学家们有些事情该说而未说。"[5]

模型并非实际经济的多维全景图，充其量是部分的二维视角图。我的很多言论可能有争议，但这点不会。罗伯特·卢卡斯是最具创造性的模型创造者之一，他讲述了他大学时代接触到遗传学家格雷戈尔·孟德尔（Gregor Mendel）的基因遗传模型。[6] 他很喜欢孟德尔模型，因为"你能做出令自己都惊喜的预测"，尽管不是在实验室中通过养殖果蝇进行实验得出的。（经济学家们确实不擅长在现实世界中成事。）整个周末，他都在乐此不疲地撰写一篇比较模型的预测与课堂实验结果的论文。他的一个朋友周末不在，也没有写论文作业。卢卡斯答应让朋友借鉴他的论文。他的朋友说卢卡斯忘记了讨论"互换"（crossing-over）是怎样解释模型和实验结果间的实质性差异的。卢卡斯回答说："互换是狗屎，是我们无知的标签。"他坚持把他论文的专注点单纯地放在孟德尔模型上，并增加了一部分讨论那些试验误差能够解释的差异。而他的朋友则附加了一部分关于互换的。最终他的朋友得了 A，而卢卡斯得了 C-，论文上的评论是："这是一份非常好的报告，但你忘了互换。"互换实际上是一个事实，它发生在减数分裂中染色体间互相交换物质。但卢卡斯的轶事出色地证明了模型创造者们的潜意识中有很强烈的冲动去忽略那些不能支持他们模型的事实。

正如卢卡斯所说："建立理论模型表现了我们对世界的认知过程中不可避免地要忽视一些事实和其他理论，或者说把它们放到一边。这做起来可能有点儿难，因为事实就是事实，有时我潜意识里就会直接过滤掉一些数据和其他的理论。"我不太赞同卢卡斯，但我喜欢他在谈论模型时的坦诚态度。他曾说模型是一种"机械的模拟经济"，一个"仿人机器人"，一种"思维实验"。[7]

必须将其与现实分开，因为"在实际中我们能够计算出的所有模型的公式都无限接近事实，而究竟哪一个公式能够生产出可靠的模型则需要判断、检验和运气"。[8]

## 究竟为何要用模型？

经济学家因使用抽象的模型受到很多批评。比如，肯尼迪政府学院的公共政策教师理查德·帕克（Richard Parker）认为"经济学家的任务就是使用演绎推理与形式主义，但他们过分依赖代数而且逃避复杂的事实"。[9]经济学专栏作家罗伯特·库特纳（Robert Kuttner）抨击经济学家们忽视事实时说："经济学，尤其是宏观经济学，吸引了大量的数学理论家，可是他们对实际的经济状况一无所知。这些天才少年们经常在30岁之前就获得了终身教授职位。他们通过滥用模型而互相激励，可是这些模型又通常是根据不基于经济事实的假设而得来的。"[10]

库特纳和帕克所言极是。但研究者仍有充分理由考虑使用模型。其一，无论你同意与否，想了解经济学家思想的核心，必须研究其模型。萨缪尔森以一种与在课堂上完全不同的口吻对经济学家同仁们说，"可以利用事实揭露理论学家们的隐藏点，削弱其理论依据"[11]，"在经济学中，需要利用一个理论去消灭另一个理论"。他所谓"理论"即指模型。经济学家们的观点、出版的教科书和给出的专业建议在公共关系中得以运用。作为经济学家，他们的工作就是建立模型。他们的模型深深地影响了政治辩论和其他社会科学。

就像莫里哀的小说中绅士们出口成章而不自知一般，我们在用模型思考，却浑然不觉。未经过滤的事实太复杂，掺杂不相关的细节，难以理解。为了理清头绪，我们忽略那些不相关、不重要的事实，专注于有利于解决问题的关键事实，并试图理解这些事实是怎样形成一幅完整连续的图画来解决问题。简言之，我们想出了一个模型，我们应该想出一个模型。

常识无法替代模型。所谓"常识"（common sense），只是不明确甚至模糊模型的集合，与任何正规模型一样，常识也只能给出简单的正确或错误的结论。常识的问题在于当你我对常识的认知不一致时，其不能作为统一指导。我们认知不一致的原因在于做出了没有紧密联系或者内部不一致的冲突假设，然后又用这些假设来解决冲突争议。如果我们试着通过清晰的模型表达我们的常识观点，就能清楚地和有逻辑地阐述我们做出的假设，或者至少能够看清我们不认同的是什么。

为了使相同的观点差异化，假设的重要性人尽皆知：结论依赖于假设。无论模型多离谱，却可使我们从假设得到结论。如果没有模型，假设就只是假设而已。你通常可以建立一个模型得出任何预期的结论，也可以基于任何预期的假设建立模型，这是事实。但你不能同时以任何你想要的假设得出任何你想要的结论。模型可以检验思考过程：无论模型的虚构程度如何，它至少限定我们与经济世界保持一致。

值得注意的是，模型也可能靠不住。当经济学家们做出一些假设，捕捉到了重要信息的同时，而另一些假设则可能是愚蠢的。接下来该做的就是确定，哪些假设可以捕捉我们对世界的洞察，而那些假设则是愚蠢的。不巧的是，这并非易事。这个过程不可避免地涉及逻辑判断和意识形态。之所以会涉及意识形态，是因为模型是简化的，强调部分事实的同时忽略另一部分事实，而这种简化过程就是固有的意识形态。尽管有意识形态差异，关于清晰的假设和模型的争论仍然存在理性辩论的空间。在本书中，我将列举一些关于假设和模型的主要辩论，以及关于我们可以明智地选择什么样的标准来判断假设和模型好坏的辩论。

## 忘却了过去的人

大多数关于经济学的讨论都将其视为一套自成体系的不断向前发展的理论，几乎不必回顾那些被麻省理工学院的奥利维尔·布兰查德（Olivier Blanchard）悲惨地称为"思想史垃圾箱"的东西。[12] 本科教材经常被我吐槽，它们将经济学简单地一维化；一项 2007 年的调查显示，经济思想史的课程已经全部从研究生专业中取消了[13]。阿姆斯特丹大学经济思想史学家马克·布劳格将专业歧视总结为这样一句话："别提什么思想史，拜托，我们可是经济学家。"[14] 经济思想史不是垃圾箱，而是一座活的博物馆。它向思想提出挑战，它对挑战做出回应。

在讨论经济学观点时，我决定以一种非同寻常但也并非独一无二的方式，访问这座活的博物馆。我从亚当·斯密开始，以不拘泥于时间顺序的方式，将对立的假设和模型进行比较，根据主题需要时而向前时而向后，论述一些尖端的成果。

然而，我们这本书并不是经济思想史，而我也非历史学家。我关心的是经济学家先驱们的假设、模型和观点，我通过阅读他们的作品了解这些内容（没有历史学家会质疑这一点），并用来阐述当今的经济问题。我对 200 年前的假设和模型与 2 年前的假设和模型一视同仁。我会问这些假设是否合理，这些模型是否合理解释了经济或者经济的某些方面。

为什么采用这种不拘泥于时间顺序的方法来讨论经济学观点呢？一方面，我发现这种方式更有趣。比如，我无法忽视现代教科书式的经济学，而又无法与之产生共鸣。如果我试图解释这些空洞的理论，就需要写冗长而无聊的章节。但早期思想家伪造借用别人的观点，将其改头换面之后，牵强附会地纳入现代教科书理论（后文将会论述），其中会经历怎样的挣扎是我可想而知的。有时，这些早期思想家能得出惊人的见解，有时他们也会遇到令人费解的问题。我怎么才能够描述或者区分出那些永恒的真理，而不是一系列简单反应、借用的观点、小发现或者问题呢？

更重要的是，我追溯到 200 年前的先驱思想家的原因在于，他们提出了基础的问题，并参与了一些已经被现代主流所忘记的重要争论。事实上，在阅读了大量的现代经济学书籍并了解了一些对关键原理的批判之后，我发现那些批判已经被前人以更清楚和更严谨的方式说明过了，但不幸的是它们被扔进了布兰查德所说的历史垃圾箱。如果经济学像物理学一样是"实证"科学（或者是像经济学家所认识的物理学，因为我不确定物理学家是否会承认经济学家对物理学的认识），那么就不需要对历史进行回顾，但经济学并非如此。经济学更像是政治哲学，是理论维度和道德维度的紧密结合。如果你讨论自由主义，你至少会追溯到约翰·洛克（John Locke）；如果你讨论保守主义，你至少会追溯到埃德蒙·伯克（Edmund Burke）。政治思想不能有效地简化为一个纯粹的理论，经济思想也是如此。

# 第 3 章　寻找模型

　　亚当·斯密让人既爱又"恨"。《国富论》体现了一位智者为理论研究而进行的非常周密严谨的观察。他开创了古典政治经济学的先河，亦称"古典经济学"（classical economics）。他的后继者大卫·李嘉图（David Ricardo）进一步将该古典经济学发展为清晰的模型，而我认为李嘉图的后继者卡尔·马克思却使其变得更复杂了。古典政治经济学假设收入在利润和工资间的分配不是由市场供求决定，而是由社会决定。斯密和李嘉图认为是社会惯例决定的，而马克思认为是阶级斗争决定的。不管怎样，古典政治经济学将此主要经济事实归为非市场的社会因素决定。市场进而决定商品价格、资本投入量、工人数量和经济增长速度。古典经济模型尽管粗糙，但时至今日仍发挥作用。我会对其做进一步说明，并讨论以其为基础的更复杂的现代模型。

　　然而，斯密在研究古典经济学时却迷路了。在后续章节中，我将讨论我认为好的、坏的或者中性的假设和模型。本章中，我会着眼于缺少模型会带来的问题。斯密做出了互相矛盾的假设，而无论你支持他的哪一种假设，他都未能建立一个模型。由于缺少连贯的假设和模型，他倡导的"天赋自由"体系和反对的"重商主义"都陷入了无尽的麻烦中。所谓"重商主义"是指政府给

予商人、制造商和中世纪的行业协会强大的支持与补贴。如果他
建立了连贯的假设或完整的模型，那么他可能会更具影响力。

## 重商主义的弊端

亚当·斯密曾是格拉斯哥大学伦理学教授，其后担任苏格兰
海关专员。正如他在《国富论》的序言中写道，这是一部关于社
会冲突的大戏，绝望中蕴含着希望，从古代一直延伸至未来。[1]
他除了曾在法国呆了两年辅导一位年轻的公爵之外，甚至不曾踏
出过格拉斯哥、爱丁堡和伦敦。他研究了从拜占庭王朝到美国殖
民地、从中国到秘鲁的经济。在美国独立战争前夜，他预测到会
随之而来的工业革命。他构建的社会除了简单交易行为，还停留
在手工业时代。当时最早的纺织业发明，就是随后成为工业化主
要力量的纺车。[2] 斯密关于制针工厂中劳动分工能极大增加产出
的描述，就好像儒勒·凡尔纳（Jules Verne）科幻小说中的情节。
他预测，一个工人一天至多能生产 20 根针，如果 10 个工人分别
只负责生产工艺中的一个环节，最终一天可以生产 48 000 根针。[3]
当然，这在当时被当做是异想天开。

正如所有重要的经济学家一样，斯密也同时肩负制定政策解
决社会问题和发展理论支持那些政策的重任。抽象理论和具体政
策借此得以结合，他的政策关切是更显而易见的。《国富论》表
明了他的"天赋自由"的主张。所以，你怎么能质疑他的道德初
衷？他支持自耕农、工匠和纺织工，还有那些受欧洲殖民者剥削
的土著。[4] 他说："穷人们，多是老弱妇孺，散居在国家的各个角
落，得不到支持和保护。"他反对有权有势的垄断者还有那些支

持他们的政策，他明确警告称："即使为了娱乐和消遣，同业者也很少集会。但当有针对公众的阴谋或者恶意哄抬物价时，情况就大不相同了。"[5]

部分被斯密认为蔑视天赋自由和阻碍进步的法规是中世纪时期的。每一笔交易都要依法登记，任何人想要从事一项工作要当七年的学徒。谢菲尔德的刀匠大师只能有一个学徒；诺福克的织工能有两个学徒。[6]《济贫法》中的"贫"是指"普通人"，其规定每个教区为区内失业者和老弱病残提供救济。[7]为了防止乞丐进入本区，《居住地法》阻止普通人在非居住的教区找工作。斯密呼吁废除这些做法："那么贫穷的工人失业后，就可以在不同的行业或者其他区域寻找工作，而无须担心被驱逐或获刑。"[8]

斯密极力反对重商主义，并将其描述成受大商人操控并为其所用的经济体制。[9]重商主义将国家财富等同于金银储量。他哀叹道："富裕的国家，就好比富人，是那些持有更多钱币的国家。"[10]贵金属的积累方式就是通过对外贸易。托马斯·孟（Thomas Mun）所著的关于重商主义的《英国得自对外贸易的财富》（*England's Treasure by Foreign Trade*）一书，已经成为"政治经济制度的一个基本准则，不仅适用于英格兰，而且适用于所有其他商业国家"。[11]

西班牙和葡萄牙直奔攫取金银的路径："愚蠢和不道义似乎成为他们建立第一个殖民地的原则和指导方针；盲目追求金银矿的愚蠢和觊觎他国财产的不道义帮助他们实现了原始财富积累。却葬送了从未伤害过欧洲人的那些地区人民的善良和慷慨。"[12]

由于英国本土重金属储量极少，所以，英国打算通过出口其他商品完成金银的积累。著名案例就是与葡萄牙的纺织品和波特酒贸易。英国向葡萄牙自由出口纺织品，从葡萄牙自由进口波特酒。现代经济的童话故事将其描述成互利共赢的贸易。事实上，如斯密所述，英国视这项贸易为重商主义政策中实现黄金积累的"重头戏"。[13] 只有当英国人都严重酗酒时才能实现这项双向贸易的平衡。因此，在这项不平衡的进口贸易中，葡萄牙不是通过出口波特酒，而是通过每周向伦敦运送价值 5 万镑的黄金来支付纺织品的进口的费用。[14]

英国部署贸易政策以促进出口，限制进口，并支持能占领国外市场的产业。斯密说，这些政策促进"有利于有钱有权者的产业"的发展，"那些能够促进贫困和弱势群体的行业常常被忽视或压制"。[15] 鼓励亚麻纱进口的目的，在于压低妇女在家自制纱的价格。同时，从事纱纺布生意的"超级生产商"，通过提高关税阻碍进口并骗取出口补贴的方式，保持布料高价。[16]

英国建立了著名的贸易公司攫取外国的财富，允许"南海公司""汉堡公司""俄罗斯公司""土耳其公司""非洲公司"等专门与世界上某一地区从事特许贸易经营。[17] 斯密指控道，垄断贸易是这些重商主义企业成功发展的"唯一引擎"。[18]

斯密讲述了从 17 世纪初伊丽莎白统治时期开始，东印度公司的一系列野蛮的行径。该公司获得与印度进行丝绸、靛蓝、茶和鸦片贸易的特许经营权，最终为了获得更多财富对印度进行统治和掠夺。在 17 世纪末，缺少竞争者带来了"悲惨的结果"，东印度公司强行在印度提高这些商品的产量，同时降低出口英国的价格。在 1702 年几乎破产的东印度公司由于国王的帮助而生存了下来。[19] 随后东印度公司获得更多的专营权，它再次盈利而且欲壑难填。它获权在印度建筑商贸据点，随后又以战争威胁占领

马德拉斯、本地治理市和加尔各答等地区战略要地。[20] 时至 1769
年，其年利润达 320 万英镑，大部分是在印度掠夺而得，小部分
是贸易利润。[21] 可悲的是，该公司存在的意义只是为公司官员提
供"更多攫取财富的借口和更严重腐败的掩饰"。在 1773 年，东
印度公司再次沦落到破产边缘，该公司请求"政府怜悯"而给予
140 万英镑的贷款。[22] 国会同意贷款申请，同时批准其重组计划。
长话短说，到了 1784 年，当斯密的《国富论》第 3 版出版时，
该公司陷入"前所未有的危机，为防止直接破产，再次沦落到向
政府求助的地步"。[23]

最让斯密感到义愤的，是东印度公司对印度骇人听闻的统
治："出于道德的原因，没有哪个统治者能像这家贸易公司的大
多数所有人一样，对臣民是安居乐业还是生灵涂炭，对领土经
营是好是坏，对自己身为统治者应该感到荣誉还是耻辱，如此漠
不关心。东印度公司前无古人；就世事之道而言，它也将是后无
来者。"[24]

## "天赋自由"体系

斯密抨击赋予贸易公司垄断权利、对制造商的保护和补贴以
及限制中世纪行会的政策，认为其违反自然规律，又效率低下。
首先，我们需要了解斯密对"自然"（natural）的定义。资本可以
投资在农业、制造业和贸易中。斯密说，按照自然规律，"任何
正在发展时期的社会中大部分资本首先应投资在农业，其次是制
造业，最后是对外贸易"。[25] 他宣称这不仅是自然规律，也是最有
效的资本配置方式。投资农业能够最大程度创造工作机会，并最

大限度增加国家年产值。"仅次于农业的，是投资在制造业，这同样能够刺激劳动效率，进而增加年产值。三者之中，投资于出口贸易收效最微"。[26] 因此，天赋自由体系不仅在道德方面更胜一筹，斯密声称，通过遵循事物的最优的自然秩序，还能够提高经济效率。

斯密通过引用"看不见的手"的隐喻表达了这一观点，尽管"看不见的手"只说明了国内工业的发展优先于对外贸易，而忽略了农业。但这一部分引文仍能够充分表达斯密对国际贸易的轻视：

> 每一个人都竭力充分利用其资本支持国内工业发展，然后再力求工业生产价值最大化；每一个人都竭力劳动以使社会年收入最大化。的确，这些人的本意一般并非是为了增加公共财富，而且也并不知道自己究竟贡献了多少。他之所以支持国内工业发展而不是国外工业发展，目的只在于保障自身安全；通过竭力支持生产发展创造最大价值的目的也只在于保障自身收益。这种情形同很多其他的情况一样，就像被一只"看不见的手"引导来尽力达到一个并非他本意想要达到的目的。这个并非出于本意的结果对其他社会来说也并非总是最坏的。[27]

## 什么是价值？

为了战胜重商主义，斯密必须击溃黄金是价值的终极衡量标准的观念。他需要以另一种价值和分配理论取而代之。他需要一套衡量商品价值或者说价格的理论，以及如何在获得利润的资本家、获得工资的工人和获得土地或自然资源租金的地主之间分配总收入的理论。

他开始将"使用价值"（value in use）和"交换价值"（value in exchange）区分开来。[28] 斯密指出："任何东西都没有水有用"，如果没有水我们会死，"可是水却什么都买不了，任何东西都不会被用来交换水；相反，钻石几乎没有使用价值，但常有人使用大量的其他东西来交换钻石"。他先不提使用价值，而是解释了交换价值。为什么一颗钻石能换来大量的其他东西，而水却换来很少其他的东西（而且事实上几乎什么都换不来呢）？

市场供求影响价格在斯密时期已是老生常谈了。按照斯密的说法："某特定商品的价格受市场供给量和需求量调节。"[29] 他认为供求影响短期价格："公众的哀悼行为（如哀悼一位国王去世），导致黑布价格上涨。有大量存货的商人的利润就会增加。"[30] 但斯密认为供求机制不会长期控制价格。它只确保市场价格逐渐趋于"自然"或者说正常价格："无论什么因素阻碍价格持续稳定，但价格永远是趋于稳定的。"[31]

什么决定商品的自然价格？约翰·洛克的《政府论（下篇）》（Second Treatise of Government）是美国独立宣言的哲学基础，斯密根据洛克的思想提出了劳动价值论。该理论应用于"早期蛮荒社会"，那时还没有人占有自然资源或积累资本。在那种情况下，斯密说："为获得不同物品需要付出的必要劳动量之间的比，成为不同物品间交换的唯一代价标准。"[32] 如果狩猎杀死一只海狸需要的时间是杀死一只鹿的两倍，那么一只海狸值两只鹿。[33]

在资本主义社会，生产不仅需要劳动，还需要资本，即厂房、货船、工具。此外，农田或煤等自然资源，也就是斯密归纳为"土地"的资源被统称为财产，且不再免费使用。因此，每件商品的"自然"价格一定是各部分的集合，即工人劳动的自然工资、资本家资本的利润和地主土地的租金。[34] 这种计算似乎是明智的。支付购买商品的价格应包括劳动、资本和土地成本。

问题在于：是什么决定了"自然"工资、利润和租金？斯密提出了一个经典理论，李嘉图对其作出进一步明确。他说每一个社会都建立了工资结构保证工人能获得"必需品"。必需品的定义是社会最低要求，而不是生理最低要求："我理解的必需品不仅是维持生命存活的不可或缺的东西，还包括一个国家传统认定的哪怕是最不雅的人都不能缺少的东西。"[35] 在当时的英国，国家传统认定皮鞋是必需品："最贫穷的有信仰的人，无论男女，在公共场合不穿皮鞋都会觉得羞耻。"而这一点在法国人看来就觉得没必要，一个人在公共场合穿着木鞋或光脚也不觉得丢脸。

此处"自然"的含义容易令人误解。斯密、李嘉图和马克思曾用这个词语代表过许多意思，但自然工资指的并不是满足生物生理存活的最低要求工资。我坚持使用"自然"这个词语，是因为如果使用其他词语代替可能会引来更多的误解。但所谓自然工资是由社会决定的。

当然，不同职位的报酬也不相同。跟现代宏观经济学模型一样，斯密假设特殊工种的工资几乎是标准工资或自然工资的数倍。[36] 比如，煤矿工人的工资是普通工人工资的两到三倍，因为他们的工作异常艰辛。斯密指出，律师收费高昂，是为了补偿他们受教育所花费的时间和学费。这种调整只有在交易行为实现

"完全自由"的情况下出现；而类似学徒身份的情况会干扰这种调整的实现。[37]但由于这只是一种用于理解经济运行的类比，斯密就忽略了那些干扰因素。

然后，斯密对利润和租金进行说明。资本利润类似工人工资，根据不同类型的资本而有所不同。比如，当企业将资本投入在风险较高的地方，那么收益率自然相对较高。[38]如果犯罪率高，经营旅馆的风险就高，那么该行业的利润就额外高。有的贸易公司享有垄断专营权，也会赚取巨额利润。如果没有这些特殊的条件，那么企业就会赚取自然的利润率。无论如何，社会建立了这种"正常或平均利润率"体系。[39]但斯密没有解释这种体系是如何建立的。

斯密对于租金的解释不够清楚。在当时，地主通常占有土地并租给农场主耕种。斯密说，地主必须留给农场主足够的剩余，以支付劳动的自然工资和所投入资本的自然利润，所谓资本包括农具、种子和其他投入。"在分配完自然工资和自然利润之后，无论剩下多少的产品或者超出多少价格，都将成为地主的租金收入。"[40]换言之，斯密认为租金等于从售价中扣除工资和利润成本。但他也说售价等于租金加上工资和利润成本。这个逻辑是循环的。当工资和利润一定，任意规定租金，则租金决定售价；任意规定售价，则售价决定租金。这讲不通。

## 另一个故事

《国富论》的全称是《国民财富的性质和原因的研究》[41]。斯密后来回忆说"政治经济学"就是研究"国民财富的性质和原因"。[42] 为了增加国民财富，他的政策建议是建立基于"天赋自由"的经济体系，并且剥夺贸易公司的重商主义的特许经营权，停止给予制造商保护和补贴，取消行业限制。他相信这些特权提高了受保护行业的利润，压低了工资，同时还使国家本身变得贫穷："当一国绝大多数人民都贫穷且痛苦时，社会就不会繁荣昌盛。"[43]

英国在印度的殖民地，很好地证明了特权是怎样造成一个高利润、低工资的贫穷国家的。斯密说："在孟加拉和其他英属殖民地的东印度公司如此迅速而轻易地就获得了巨额财富。在那些几乎被摧毁的国家中，因为工资非常低，所以资本利润非常高。货币利息相应地也十分高昂。在孟加拉，货币常以40%、50%或者60%的利息借贷给农民，然后农民再以收获的农作物偿还。"[44]

当斯密想要为建立"天赋自由"的经济体系提出政策建议时，他发现了问题。"天赋自由"的经济体系关于分配的最初的假设，是社会惯例决定自然工资和利润的分配比率。因此他将关于分配的假设改变为以供求为基础，这与他最初的假设前后矛盾。另一种假设假定资本积累越快，也就是我们所说的投资水平越高，对劳动的需求就越大，因此工资越高：

> 对以工资收入为生的劳动的需求……随着每个国家的收益和资本的增加而增加，而且如果没有每个国家的收益和资本的增加，它将不可能增加……并非国民财富多，而是国民财富持续增长才会引起劳动收入提高。因此，并非在最富有的国家，而是在最有活力，发展最快的国家中，劳动的收入才是最高的。英国目前当然比北美任何国家都富有得多。但

北美国家任何一个地区的劳动收入却远高于英国。[45]

在斯密的另一个假设中，他假定投资的供求决定利润，但其变化的趋势却与工资相反。他说："资本利润的增加或减少与导致劳动工资升高或降低的原因是一样的，但这些原因的影响却不同。资本增加，会提高工资，却会减少利润。"[46] 他使用垄断行业的论据证明他的论断："当许多富有商人的资本都投入到相同的行业，它们之间的竞争自然就会降低利润；在一个社会中，如果所有不同的行业都有类似的资本增加，那么相同的竞争也会产生同样的效果。"

斯密认为，如果美国例证了什么是高投资和繁荣，那么曾经的中国就例证了什么是滞后的投资和痛苦。所有曾去过中国的人都说它已经"长期处于停滞不前的状态"，或者说，没有投资的状态。[47]"富人凭借垄断"坐拥巨额利润："据说中国的货币利率是12%，而且普通资本的利润一定要足够高，才能够支付高额利息"而仍有富余。[48] 同时，"某些发展中国家的贫困人口的生活远不如欧洲国家大多数的乞丐"。[49]

## 国民财富

斯密的投资供求决定收入在利润和工资之间分配的假设，与他最初的社会惯例决定分配的假设互相矛盾。为使人信服，斯密可能会争辩说社会惯例的影响是长远的，而投资供求的影响是短期的。但他又声称，滞后的投资导致了中国高利润低工资的状态持续了非常长的时间。一旦类似的收入分配模式长久地施行，那么社会惯例除了束手无策还能起什么作用呢？那精心创建的社会惯例决定分配的说法根本不可能起作用。

更糟糕的是，即使斯密放弃社会惯例决定分配的理论，坚持投资供求的假设，他仍然缺少一个模型来支持他的"天赋自由"理论体系。除了关于经济周期的短期模型，斯密确实从未考虑过建立一个时间框架，也没有关于投资（或资本增加）、工资或利润水平的模型。的确，在《国富论》中确实没有类似模型。

为了证明任何类似的模型都不可信，可以举一个例子。在21 世纪初的 10 年里（与斯密的年代形成鲜明对比），中国的投资水平平均是美国的两倍（中国是 GDP 的 39%，美国是 GDP 的 16%），且中国的工资增长速度远快于美国，但中国的平均工资水平却是美国的 1/10（中国是每年 4 333 美元，美国是每年 41 463 美元）。[50] 我们简直没有合理理由相信，像中国一样的发展中国家，无论投资的增长速度多么快，其工资水平可能超过像美国一样的发达国家。

斯密对于投资的自然秩序和不同产业效率的论断也有待考证。农业真的比制造业生产率更高吗？制造业真的比商业生产率更高吗？这种判断的依据是什么？如果没有远距离贸易打破传统秩序，如果仍然通过奴隶劳动耕种土地，欧洲能够从中世纪时期开始迅猛发展吗？

更严重的问题是斯密想促使利润率降低。在斯密那个年代，只有资本家有积累并进行投资；他甚至从不认为工人们也可能会投资。除了当时极特殊的情况，如果利润降低，资本家怎么进行持续的积累与高比率投资？[51] 事实上，斯密给自己的论证打了个死结。

从历史的角度来看，尽管道德上反对，但垄断贸易、保护主义和补贴会破坏经济增长的说法仍不明确。事实上当今所有发达国家都是通过部署这样的产业政策才达到目前的水平。[52] 证据之一就是在斯密发表《国富论》之后几十年的英国。英国迫使葡萄牙为其生产的纺织品提供市场难道只是意外吗？当然不是。英国在其所有的殖民地中只允许进行最小规模的生产制造也不是意外。英国借此强迫它们从殖民国家进口工业制成品。实际上，英国建立了"一个伟大的帝国"，正如斯密嘲弄说，"唯一目的就是使整个国家都变成客户，有义务从不同的生产商的货船上购买商品"。[53]

遭斯密控诉的享有最多保护和补贴的行业，事实上被证明领导了英国的工业化。比如："我们的羊毛制品生产商不仅通过禁止从其他国家进口羊毛织品而获得垄断市场，而且同样以禁止活羊和羊毛的出口而获得垄断的货源。"[54] 如果有出口商出口了英国的优种羊，"初犯要永久没收所有货物，判一年监禁，然后要选在市镇的贸易日一天砍掉其左手，并钉在那里"。[55] 再次犯罪就会直接判死刑。那些刑罚到了斯密那个时期在一定程度上减轻了。但为了防止外国人仿制英国的纺织设备或工具，任何出口商或运输船的船主都将被罚200镑，这在当时可是一笔巨款。[56]

反驳斯密的"天赋自由"的经济政策的证据之二就是美国，它从英国学到了很多。在19世纪末20世纪初，美国崛起逐渐成为世界主导的工业力量，这背后是其建立的对工业制成品进口的贸易壁垒。[57] 当美国政府不断地推进铁路建设，逐渐覆盖整个新英格兰地区，主导其工业化进程的不仅是建立交通和通讯（通过电报）网络来支持工业，还有通过为钢铁、玻璃、发动机、电气设备和其他工业制成品提供巨大的市场。

消费优先于生产是斯密著名的论断之一："消费是所有生产的唯一终点和目标；生产者的利益应附着在对消费的促进之上。该论断是如此不言自明，以至于试图证明该论断的行为都是荒谬的。但在重商主义体系中，消费者的利益通常会连续不断地牺牲给生产者的利益；所有工业和商业的最终目标是生产，而不是消费。"[58] 许多现代经济学家都支持这种观点。从亚历山大·汉密尔顿（Alexander Hamilton）到卡尔·马克思再到约翰·梅纳德·凯恩斯，这些反对者们出于许多不同的原因，来证明生产应优先于消费。

# 第 4 章　当经济学遭遇社会问题

在亚当·斯密出版了《国富论》之后的半个世纪里，受工业革命和美国、法国政治革命的影响，英国受困于国内。毫无疑问，保守党发起了反革命运动。正如哥特复兴寻求重建那些正在消失的建筑，政治保守派也在寻求复苏腐朽的社会秩序。这种社会秩序不由个人主义和市场引导，其主导因素被浪漫主义诗人和保守党员塞缪尔·泰勒·柯尔律治（Samuel Taylor Coleridge）称为"国家精神"。[1]在革命与反革命斗争期间，大卫·李嘉图（David Ricardo）在 1817 年出版了《政治经济学及赋税原理》（*The Principles of Political Economy and Taxation*），以维护并发展斯密的自由政治经济学说。我们先来认识李嘉图的政策问题，再讨论其模型似乎是十分必要的。

历史学家不喜欢"工业革命"（industrial revolution）这个词语，因为它容易使人联想到那些蒸汽动力和大规模生产的夸张场景，而不可逆的完全破坏了过去古雅的生产方式。但事实上，蒸汽动力直到 19 世纪 10 年代才成为编织业的主要生产要素，直到 19 世纪 40 年代才成为纺织业的主要生产要素。[2]甚至直到 19 世纪中叶，作为制造业的中心的伦敦仍然采用手工方式生产布料、化学品、纸张和其他商品。

　　然而，这个国家确实经历过工业革命。它以圈地运动为开端，城市贵族将农民们曾经用来放羊、种地、捡柴的土地用栅栏围起来。据 19 世纪研究工业革命的历史学家阿诺德·汤因比（Arnold Toynbee）说，在斯密时期每 10 年约有 6 万英亩的土地被圈起来，而到了李嘉图时期，圈地速度超过前者 10 倍。[3] 汤因比引用李嘉图的话说，在一个教区，一位卡那封勋爵圈起了一块土地，"这块土地曾是 14 个农场，现如今建成了 14 个家宅"。[4]

　　你可以通过咆哮的窑炉和浓烟滚滚的工厂看到工业革命，是它们点亮了英国画家透纳（J.M.W. Turner）笔下的工业风景画。有个神话笑话：有一次耶稣来到英格兰打算建立一个新的以色列，威廉·布莱克（William Blake）于是问："耶路撒冷是否就建在此地，在这些黑暗的撒旦般的磨坊中间？"从 1780 年到 1850 年，英国生铁产量增加了 35%；棉花出口量增加了 32%。[5] 农民因为圈地运动而流离失所，不得已去到利物浦和曼彻斯特这样的工业城市。历史学家博伊德·希尔顿（Boyd Hilton）写道："所有大型工业城市都有妓院、酒吧、贼窝、肮脏的法院、贫民窟、污水坑、垃圾区、粪堆，还有危险的充满野狗、狼和老鼠的街区。"[6] 工业化教区在那几十年"可能是自黑死病之后最不适宜生存的时期"。[7]

　　反对工业化的声音充斥着政治和文学领域。保守党诗人柯尔律治和激进党人布莱克都不赞成施行斯密的"自然权利"，即工人有权离开他们的教区并选择在工业城打工。保守党作家托马斯·卡莱尔（Thomas Carlyle）曾抨击政治经济学为"悲观科学"（dismal science），他曾在一篇著名的文章中使用大量的感叹号以示愤慨，使一页纸上的感叹号比别人一本书中的感叹号都多。他在文章中使用"悲观科学"一词试图论证，自由放任将"导致后代的缺陷和残疾，滋生电影中像月球生物的怪物、随意堕胎、野蛮暴政等这些前所未有的灾难"！无论他列出那些恐怖事物的用意何在，他的文章都为"悲观科学"这个词语添加不幸的色彩。他论证的目的并非复辟英国制度，因为其于事无补。他的题为《黑鬼的问题》(*The Nigger Question*) 的文章，为了加勒比海的奴隶劳工这一最野蛮而绝非传统的社会制度辩护。

李嘉图是自由主义的支持者，同时也同情工人。他反对两部由保守党议会通过的法律。其一是 1815 年颁布的《谷物法》(*the Corn Laws*)，阻止小麦进口。"谷物"(corn) 指的是一个地区的主要粮食，在李嘉图时期的英国指小麦，而不是美国玉米。李嘉图认为那些法律是给富有的土地所有者的赠礼。制定《谷物法》的原因可追溯到 1793 年，英国参与拿破仑战争，导致小麦进口被切断，地主发现他们可以向自己的佃农收取更高的租金。汤因比举例说在埃塞克斯有一块土地，在 1793 年时租金是 10 先令，到了 1812 年增长到 50 先令。[8] 汤因比还感叹说它对农业工人的影响简直是"灾难性"的。工人"感受到高物价的压力，工资不断降低，他又失去了自己的应有权利"。[9]《谷物法》在战争后通过，并保护了地主的既得利益。

斯密反对大商人和制造商侵犯国家利益，而李嘉图则因为《谷物法》而抨击地主。当今所谓的自由贸易（你只需一句话概括定义自由贸易，而不是几千页的论文）常被认为是有益于跨国贸易的。李嘉图将保护主义的《谷物法》当成有益于地主而损害工人的法律。他写道，地主"从未如此富有，因为食物又少价格又贵"，"然而，只有当能够买到便宜的食物时，所有其他人才能受益"。[10]

李嘉图也反对《济贫法》。传统的济贫法要求教区向老弱病残提供救济，或者在救济院安排工作。随着圈地运动和自给农业的萎缩，贫困者急剧增加并形成了农业无产阶级，也导致了工业失业率提高。在拿破仑战争之后小麦价格高涨，英国南部的乡村开始给予工资补贴保证家庭收入。[11]这也是一项合理的脱贫措施，但在当时有学者和政客视其为暴政。[12]雇主可能根据补贴的差额而削减工资，而工人可能会因补贴而失去工作动力。[13]受补贴的家庭也常常会定居在救济院而且一直待在那里。卡尔·波兰尼（Karl Polanyi）在其《大转型》（*The Great Transformation*）一书中对这种社会保护做出前所未有的尖锐而有力的抨击。根据对李嘉图时期的智者和政客的评论文章的研究，他捕捉到他们对《济贫法》持有的悲观态度。他写道："在几千年的安定生活中人们形成的行为准则和自尊自爱在救济院的淫乱中逐渐消失。"从布莱克到卡莱尔，从市场经济拥护者哈丽雅特·马蒂诺（Harriet Martineau）到马克思主义者弗里德里希·恩格斯（Friedrich Engels），每个人都相信"人类的形象在经历过可怕的灾难后荡然无存。"[14]

托马斯·马尔萨斯（Thomas Malthus）是李嘉图的朋友，他认为人类无节制的性冲动会导致人口快速增长，甚至超过社会的供养能力。李嘉图认为救济院中"早婚早育"现象，会使情况更加恶化。但他比地主对救济院中的居住者有更深的怜悯之情。因为救济院已经成为非常重要的机构，他提醒说"废除救济院应该一步一步来"。[15]

李嘉图出身于西班牙裔犹太人家庭，他与一位教友派信徒结婚并获得巨额财富,成为了股票"经纪人"——也就是操盘手和做市商。他毫不费力地进入了伦敦学术界。[16]他在《纪事晨报》(*Morning Chronicle*)上发表的关于纸币的通货膨胀的文章引起了政治经济学家詹姆斯·穆勒(James Mill)的注意。詹姆斯·穆勒就是约翰·斯图亚特·穆勒(John Stuart Mill)的父亲。詹姆斯·穆勒后来鼓励李嘉图写作了《政治经济学原理》(*Principles of Political Economy*)一书。李嘉图在一个伦敦俱乐部中认识了马尔萨斯,二人一直保持着亲密的朋友关系。但李嘉图文集的主编和定稿人皮埃罗·斯拉法(Piero Sraffa)和莫里斯·多布(Maurice Dobb)认为他对政治经济学最大的影响在于他在数学、化学和地理方面的自身修养。

李嘉图除了在废止《谷物法》和逐步取消救济院等实际问题方面的贡献,在理论研究方面也有自己的建树:理顺亚当·斯密不一致的漫谈,形成一个一致的模型,尽管他从未使用过"模型"这个词。他在《政治经济学原理》一书中明确阐述了古典政治经济学的定义。李嘉图的《原理》可与斯密的《国富论》相媲美。斯密的《国富论》从多角度描绘了世界经济的全景图,其中也包含他自己敏锐的感知和矛盾的想法。李嘉图的书没有那么文雅,却十分敏锐、犀利和严谨。

李嘉图从未利用公式表述他的经济模型,但他却通过十分清晰的数字实例来解释,以便于读者能够理解其中应用的代数。皮埃罗·斯拉法在其1960年的一本十分简短但重要的书中列出了这些代数关系。与斯密的才华横溢却常常矛盾的想法不同,李嘉图的古典经济学的模型能够帮助他直接有力地得出结论。

## 李嘉图的假设

将李嘉图的古典经济学模型的假设,与所谓新古典主义模型的标准现代假设进行对比,是十分有用的。先说一说"新古典主义"这个术语的含义。我们所知的新古典主义理论,最初兴起于19世纪晚期英国和欧洲大陆的学术界,逐渐发展成今天教科书中的经济学。对于这个派别,一个更合适的名字应该叫"反古典主义"经济学,因为这个理论由一系列反对李嘉图的思想组成。但我仍会使用"新古典主义"这种标准用法以避免混淆,而不是再造一个名称。不得不说,新古典主义作为一套严谨的理论,在20世纪经历了重大变化。但教科书中简化的新古典主义模型和实际应用中的模型变化并不大。除非特别注明,我所阐述的新古典主义经济学指的是教科书中的版本。

萨伊"定律"是李嘉图主要的假设之一,其也被应用在新古典主义模型中。萨伊定律是以法国经济学家让-巴蒂斯特·萨伊(Jean-Baptiste Say)的名字命名,并因为萨伊而为世人所知的假设(这又是一个用词不当,因为它是一个"假设",而不是"定律"。)萨伊定律假设所有的收入,包括资本家的利润和工人的工资,都用于购买商品。研究萨伊定律的隐含含义的有效方法,就是想象一下如果并不是所有的收入都花光,其后果会是怎样,举例来说就是假如资本家没有将所有的利润收入都用于购买设备投资,而是保留了一部分英镑存在保险箱里。结果就是被古典主义经济学家称为产品的"普遍过剩"(general glut)。再次投入经济的货币数量将少于所生产商品的价值。由于这种差额,商品要么会滞留在货架上，要么必须降价处理。如果商家卖不出货物或者被迫降价销售的话，他们就会减少投资并削减工资。那么经济就会萎缩。

这个情节的现代版本就是银行在中央银行有存款准备金，而不是将现金都放贷。比如，美国的银行在联邦储备银行的存款准备金已经超过法律要求，从2008年1月的10亿美元飙升到2010年6月的10 000亿美元。[17] 银行存款准备金的目的之一是需要它们保持偿债能力，否则借贷者的信誉不良。当潜在的借贷者，包括公司和消费者，可消费的金额比正常少了10 000亿美元，那么经济就会萎缩。

萨伊定律声称不会出现产品的普遍性过剩。其承认在某一领域会出现某种产品的供给过剩（比如当消费者转向移动电话，座机电话的需求就会下降），这会迫使商人从该领域转移到其他领域。但不会出现经济总体的普遍过剩。[18] 亚当·斯密在萨伊之前，就证实了萨伊定律，他充分地阐明："在所有安全的国家，每一个有常识的人都将致力于利用任何其可支配的资本换取现时的享受或者未来的利润。"理性人使用他的"资本"通过购买消费品换取现时的享受，通过直接投资于生产或者借给那些会投资于生产的人获取未来的利润。"如果一个在安全国家的人，不把他的资本直接或者间接地投入到上述三种方式中，那么他一定是疯了。"[19] 由于所有的收入都被花费了，每一件被生产出的商品都以正常的，或者叫"自然的"的价格销售。经济无障碍地继续进行，那么就不会出现经济衰退或萧条。

萨伊定律在资本主义经济中似乎是不现实的。工业革命带来了经济的繁荣与萧条。所有的储蓄都必须投资显然是不合理的假设，而经济周期性的繁荣与萧条也是显而易见的事实，对这两种现象的反应都被认为这是短期的现象，不会影响经济长期的发展趋势。萨伊定律在经济周期变化过程中也会持续地起作用。在繁荣时期，资本家（以及现代经济中的消费者）可能会借贷并花费比他们的收入更多的钱；在萧条时期，他们可能会增加储蓄并在投资和消费上花费比他们收入更少的钱；但在这个周期里，繁荣与萧条两种情况被平均了，从平均的角度看，也有萨伊定律会影响长期经济表现的说法。让我们暂时搁置这个争论，稍后再议。

李嘉图的古典主义模型与新古典主义模型之间主要有两个不同的原理假设。最关键的一个就是他与斯密共享的一个主要的假设，认为长期，或者称为"自然"的工资不是由市场决定的，而是由社会惯例决定的。就这一点而言，我也认为有一定道理，而且稍后我会进一步联系现代模型对其进行说明。再次强调的是这个假设是关于社会惯例，而不是生物生理存活的要求[20]：

> 不难理解，劳动的自然价格即使以食物和必需品估值，也不是绝对固定不变的。同一国家的劳动价格在不同时间有所不同，不同国家之间也存在实质性差别。本质上是根据人们的习惯和传统而定的。如果一个英国工人的工资不够养活全家人，且只能居住在水泥小屋而无法改善居住条件，除了购买土豆不能够买其他食物，那么他会认为自己的工资低于自然水平；然而，在那些"人命廉价"的国家，这些十分自然而且适度的要求都被认为是奢望。目前在一座英国别墅中能够享受到的所有便利，在曾经都会被认为是一种奢侈。[21]

　　社会惯例决定工资的观点被很多非经济学家的人接受。比如，美国北达科他州的民主党参议员拜伦·多根（Byron Dorgan），在 1994 年一次参议院委员会听证会上，说美国工资水平一直是在"劳工与雇主之间就如何将收入在租金、利润和工资分配的无数次斗争中"形成的。最终的"政治均衡"导致了国家收入的分配比例。[22] 多根在租金方面可能有其他的理论，但是在利润和工资方面他十分赞同李嘉图的观点。无独有偶，一位《纽约时报》记者路易斯·尤奇特尔（Louis Uchitelle）在 2003 年认为，利润占国内生产总值（GDP）的比重越来越高，因为劳工地位"越来越弱，无法阻止许多公司将生产所得全部收入囊中"。[23] 尽管大多数现代经济学家一直都很抗拒接受一些机构组织（诸如工会、最低工资法和高管薪酬委员会）基本上决定了工资水平的观点。但自从 20 世纪 70 年代以来，在美国和其他国家收入不平等现象呈现出非同寻常且持续不断地恶化的情况时，像麻省理工学院的弗兰克·列维和彼得·泰明这样的经济学家，都开始重新考虑李嘉图的观点，并逐渐与他为伍。[24]

　　李嘉图关于社会决定工资的假设含义是指，社会和市场在一个经济体中是紧密交织在一起的。市场起到至关重要的作用，但却不存在市场独霸的情况。一个经济体无论其效率高低，都无法脱离社会结构而独立存在。相比之下，新古典主义理论只承认个人的偏好通过市场起作用。每个个体知道什么对自己有用或者无用：哪些商品优于其他商品。个体之间不仅意见不一，甚至他们对于商品有用性的标准都不一致。因此，新古典主义理论认为是市场单独创造了一个经济体，甚至不承认"社会"的概念。

此外，李嘉图对于技术的看法也与现在主流观点不同。他假设无论"技术水平"发展到什么程度，只有一种生产技术会被熟知并运用。会计师事务所雇用会计，每人配备一台最先进的电脑并安装体现最新会计准则的软件。一家厂商的技术可能在某一方面不同于另一家厂商，也可能是他们使用不同的软件，但这些差异很小，就一个模型而言可以忽略不计。相比之下，大多数的新古典主义模型假设，即使在一个确定的技术水平条件下，每家厂商都有广泛的方法可供选择。一家厂商可以雇用更多的劳动而减少资本投入，或者反之亦然，能够生产出同样的产出。举例来说，尽管我不知道具体怎么操作，一家会计师事务所可以雇用更多的会计而使用较少的信息技术，或者反之亦然。新古典主义有关技术的假设是说厂商可以选择投入更多资本，雇用较少的劳动，或者反之亦然，这一假设是为了支持供求决定工资和利润这一观点。古典主义假设厂商在一定的技术水平下，只能选择一种方法生产商品，不能简单地选择投入更多劳动且投入更少资本，或者反之亦然，这种假设暗中破坏了供求的说法。[25] 这一假设支持了社会惯例在一定程度上决定收入是怎样在利润和工资之间分配的观点。

李嘉图的模型与新古典主义模型之间也有两个相似的假设。每个工人的工资，比如日工、律师和矿工的工资，应该是一个已知的标准工资水平再乘上一个系数。因此，模型只需要处理标准工资。模型也会将垄断行业排除在外，投资者将从一个行业转移到另一个行业。[26] 这暗示存在一个整个经济体的利润率。这些假设并非没有问题，但我会在后面讨论它们，因为它们并不是李嘉图的古典主义模型和新古典主义模型的显著差异。

## 李嘉图的模型

李嘉图在阐述他的模型之前，曾说他甚至不会尝试去说明独特商品的价格，比如"罕见的雕塑、画作、稀有的图书和硬币"，因为他们不能被再生产。由于这些物品的供给是固定的，他们的价值完全取决于"不同的财富和倾向"，用现代的话说就是那些需要它们的人对其"有用性"的评价。[27]由于李嘉图不了解那些人的财富和倾向，而且这类商品对整个经济体来说只是小部分，因此他忽略了它们并转向那些能够持续生产的商品。

正如斯密一样，李嘉图假设供求影响短期波动，但不会影响长期模型。供求只会导致商品价格、工人工资、资本利润趋于"自然"，或者长期的水平。[28]正如斯密所说，由于是社会惯例决定工资，因此"自然的"一词并不准确。我会说"自然的""正常的""常规的"或者"长期的"价格。

与斯密不同的是，李嘉图利用社会惯例决定工资这一假设建立了一个模型，条理清楚地阐述其决定利润和租金的观点。从土地或者更广泛地称为自然资源的租金开始。[29]李嘉图认为土地与资本、与劳动有本质区别。其一，资本和劳动可以持续地永远地增长，但土地和自然资源一旦被创造就全部固定下来了。其二，资本和劳动代表人类参与了经济生产；土地的贡献没有人为干涉。换言之，"劳动"代表工人的智慧和身体参与了生产；"资本"代表资本家投资的工厂和船只，是生产的必要工具；土地和其他资源都是大自然的馈赠。当然，那些被称为"地主"的人可能会建筑仓房或改良土壤，但仓房和改良的土壤成为了生产性资本。当他们做出这样的投资，实际上地主就成为了资本家。地主只是声称占有资源。无论是 1817 年的英国绅士还是 2011 年的沙特王子，他们只是通过继承获得资源的所有权，这些资源可能是在历史上他们的先辈们通过野蛮的方式抢夺的。或许所谓历史也并不遥远，在李嘉图时期的地主仍在进行圈地运动，不断地驱逐土地上的平民。

如果土地的"原始的、坚不可摧的生产力"是自然创造的，那么为什么地主要收取使用土地的租金？在肥沃的土地还是随处可得时，没有人支付租金，就像现在没有人支付使用空气的租金一样。空气是化工厂的重要原料，更不用说其对生命的重要性，然而因为它是"取之不竭，用之不尽的"，所以没人会支付租金。[30]随着人口增长，所有的肥沃土地都已经被耕种，二等土地就必须被开垦。那些在二等土地上工作的人中，农业工人要获得正常的劳动工资，投入谷仓等资本的人要获得正常的利润，否则他们就会进入其他的行业。他们的工资和利润决定了粮食价格。拥有肥沃土地的地主看到了这一点，在投入相同的劳动和资本的条件下，他们的土地能够比二等土地增产 10%。地主向租赁土地的农场主多征收 10% 的租金，使农场主和农业工人分别获得正常的利润和工资。当所有的二等土地被耕种，三等土地就必须被开垦。为了养活所有人，最贫瘠的土地也必须被开垦，此时在这种土地上耕种的人的正常工资和利润决定了粮食价格。拥有二等土地的地主多获得 10% 的租金；那些拥有一等土地的地主，就多获得 20% 的租金。以此类推。[31]

这只是童话世界中一则荒诞离奇的故事吗？我认为不是。在 21 世纪，最重要的自然资源是能源。巨量的免费能源资源可供使用，比如风能和太阳能，只待企业家投入资本和劳动开采。当然，太阳能光板、风车和其他设备造价不菲。由于开采和精炼石油的成本相对较低，石油公司必须支付租金租得油田，以获得这种成本较低的可开采资源（美国油田归国家所有，需要向政府承租，是个例外）。太阳能和风能也并不是唯一的可供使用的免费能源。这种情形存在于从已经废弃的油井中抽提石油，也存在于从已经废弃的矿山中提取矿产。比如，化工厂不得不进入旧的油井中抽提体量巨大但分布分散的资源。这些就类似于今天的零租金土地。由于开采这些资源就跟开采太阳能和风能一样，与开采储量丰富地方的资源相比，需花费更多的资本和劳动，因此储量丰富资源的所有者就会收取租金，这与地主收取土地租金很相似。

因此，李嘉图解释说，租金是支付给占有相对丰富储量的自然资源的所有者的一种垄断性补偿。粮食、石油或矿产的价格是由在可获得的最贫瘠的自然资源中生产这些商品所需的劳动的自然工资和资本的自然利润决定的。[32]

完成了对租金的解释，李嘉图需要对另两个生产要素的收益进行解释，即劳动和资本。怎样决定劳动和资本的收益呢？当模型中的商品种类越来越多时，这个问题变得越来越复杂：李嘉图说，这些商品包括工人的"食物、生活必需品和便利品"，以及有钱人消费的奢侈品，还有企业所需的生产资料等等。工厂和农场通过多年积累而形成的固定资产也带来了更多的问题。斯拉法证明了所有这些问题都能够在李嘉图的模型中得到解决。但为了简单起见，就像李嘉图最开始那样，我们假设在整个经济体中只有一种商品小麦，或者按照李嘉图的说法，叫"谷物"。资本家种植谷物；他们用谷物支付工人工资；他们种植并收割谷物；他们储存足够的谷物作为来年的种子和工资。当收获的谷物有剩余时，就成了他们的利润。所有的价值都通过单位谷物来衡量。

这个模型听起来过于简化而且十分可笑对吗？正如我在第 1 章中提到的，现代的"动态随机一般均衡"（DSGE）模型就只有一种经过加总的商品。事实上那些单一商品模型似乎没有影响到宏观经济学家。他们将所有的商品称为"谷物"并没有对模型产生任何实质性影响。李嘉图至少曾经担忧过他的单一商品模型会过于理想化，而且试图纳入多样化的商品，如小麦、羊、衣服、马车、车轮、蒸汽机等。虽然他没能完全解决这个问题，但斯拉法在 1960 年解决了。为了简便起见，这里坚持使用单一谷物经济。

经济体中收获的谷物将在利润和工资之间进行分配。经济法则没有规定全部的收成将如何分配，除了规定利润必须低于全部收获，工资必须低于全部收获，而且利润与工资之和等于收获的全部之外。李嘉图提出社会惯例决定正常工资，因此，将符合习俗的工资金额（通常为一定量的谷物），乘以工人数量，就是整个经济体的总工资。资本家在年初预付工人工资，并提供种子。他们的总投资就是工资和种子的花费。到了收获的时候，超过这些投资的部分就是他们的利润。用总利润除以总投资就得到了利润率。

利润率和工资率之间的关系再简单不过了。李嘉图说："谷物在农场主和劳工之间分配，如果后者占比例较大，那么剩余能分配给前者的就较小。"[33] 这种反比例关系在斯拉法的模型中也有所应用。

　　萨伊定律将李嘉图的模型完整化。工人将全部收入花费在消费品上，资本家将所有的利润用于投资，要么用于购买明年的谷物种子，要么雇用工人耕地。(这是一个极端的假设，在现代社会工人不可能将所有收入都用于消费，资本家也不会将所有利润用于投资，至少他们还需要吃饭，但这并不影响该模型结果。即使工人工资中用于储蓄的比例低于资本家的利润中用于储蓄的比例，只要所有的收入都花费在消费或者投资上，那么结果都是一样的。)[34] 高利润带来高投资、更快的增长和更多的就业。

　　李嘉图不相信充分就业将是必然的，或至少是可能的。在新古典主义模型中，资本家可以投入较少的资本并雇用更多的劳动而获得相同的产出。只要工资足够低，那么资本家雇用所有他可以雇到的工人是有利的。在李嘉图的经典模型中并非如此。因为李嘉图认可萨伊定律，假设资本家会将所有的利润投资于生产，且雇用所需数量的工人。但这只适用于只存在一种生产技术的情况。在这种情况下，如果有剩余劳动力，那么他们只能去救济院或者被饿死。事实上，为何李嘉图明知穷人数量逐年增长的情况下仍然假设充分就业的条件？[35] 他在"机械化"("On Machinery")一章中清楚阐明，失业会一直存在：生产率提高，会导致工人永久失业。李嘉图是指短期市场波动过后的长期经济状况，这是他一如既往的观点。[36]

## 李嘉图正确与否？

　　李嘉图极其关注良田的消耗，用现代的语言来说就是指自然资源。随着人口和生产的扩张，大自然馈赠的良田却不会增长，因此粮食价格高涨。地主对使用土地收取高昂租金。在现代社会中，随着石油产量触顶，能源价格高企。石油输出国组织（OPEC）及其他资源所有者获得垄断利润，李嘉图称之为"级差租金"（escalating rents）。在其模型中，工人实际购买力不变，因为社会传统决定了他们的工资能够购买多少谷物，或者在多商品种类的模型中购买多少商品。此外，租金上涨会剥夺资本家的利润，正如在 20 世纪 70 年代发生石油危机期间出现的那样。最终，投资停止，减少经济增长和雇用。

李嘉图承认，技术进步会使马尔萨斯主义的资源枯竭论岌岌可危。利润降低的趋势被验证具有周期性，农业技术的发展解放了部分劳动力，进而降低谷物价格。[37] 从李嘉图时期开始，技术就领先于马尔萨斯的"幽灵"一步。农业发展供养着增加的人口，开发化石燃料和其他能源资源保证了工业化进程。但这场竞赛仍在继续，在我们寻找可持续能源的过程中仍希望超越马尔萨斯危机。

耶鲁大学德高望重的教授威廉·诺德豪斯根据新古典主义模型认为，上述危险其实不用太过担心。资源枯竭会使增长率降低 0.25%。[38] 为何诺德豪斯会认为其影响会这么小？标准的新古典主义模型假设在一定技术水平下，厂商有几种方法可供选择，其可以选择投入更多的资本雇用较少劳动，或者反之亦可。诺德豪斯对自然资源做出相似的假设。假设厂商具备一定知识以及能力，能够在投入更多资本或劳动或者自然资源以得到相同产出的方法之间选择。换言之，这个模型假设可以通过技术发展支持资本或者劳动投入替代自然资源的短缺。这个模型假设的恰恰是我们不知道的事情。在另一篇相关的文章中，诺德豪斯预计到 2050

年全球变暖会降低经济增速，每年降低微不足道的 1/300 个百分点，并反对减少温室气体的政策。[39] 李嘉图不认为技术发展能够以任何一种方式弥补自然资源不足。他的模型给出现实的警告，所需的技术可能会也可能不会及时地被开发出来。

李嘉图对《谷物法》的反对在其模型中可见一斑。如果《谷物法》阻止谷物进口，会导致租金、利润、投资和雇用成本增加。[40] 与之相反，谷物自由进口能够扩张谷物供货的区域，降低价格。资本家能够维持工人的实际购买力，同时获得高利润并进行投资。李嘉图说："在那些可耕地最肥沃、谷物进口限制最少、农业技术发展迅速，以及在不增加劳动的同时产量成倍增长的国家，财富积累速度最快，租金增长速度也最缓慢。"[41]

李嘉图对当时的英国是否有好的建议呢？他认为英国即将成为世界工厂，这一看法非常正确。那些贫瘠、多石的土地在拿破仑战争期间不得不用来耕种。正如模型推断的那样，租金高企，《谷物法》使得战后租金依然停留在高水平。[42] 正如李嘉图担心的那样，很难判断租金是怎样深刻地挤压生产投资的。比如，从 18 世纪晚期到 19 世纪中期，英国棉花出口增加三分之二。但面包的价格却前所未有的昂贵，实际工资增长滞后。[43] 这是一个很好的经济模型。

李嘉图的古典主义模型也有明显的遗漏。其中之一就是，萨伊定律甚至否认不稳定的需求会导致周期性萧条并阻碍工业革命进程的可能性。但模型发现了重要问题，它承认自然资源枯竭的威胁，而新古典主义模型却不以为然。古典主义模型允许权力平衡的变化以及关于个人所得的社会观点使得收入分配产生偏差，而这个社会观点是指不断变化的规范和标准，它不取决于市场因素。李嘉图对国际贸易优势的解释非常著名。国际贸易的优势只有在总需求能够在长期影响增长的情况下才起作用，而李嘉图的观点对于当时的英国和现代经济来说都具有重要意义。总之，在建立经济模型方面，李嘉图做得非常好。

## 如果存在很多种商品

我陷入了单一谷物商品模型的陷阱：谁会用谷物买谷物呢？李嘉图在其 1815 年发表的《论低价格谷物对囤货利润的影响》（*An Essay on the Influence of a Low Price of Corn on the Profits of Stock*）一书中讨论过这些问题。他认识到单一谷物商品的问题，并在其《原理》一书中努力寻求解决方法。

如果我先将李嘉图的观点放在一边，假想一个存在两种商品的模型。每年初，农场主的投入包括购买谷物种子的资金和工人的谷物工资。因此，在这里谷物仍然是作为支付工资的东西。当然，农场主在每年末会收获谷物。生产商生产的制成品，我称之为"铁"。每年初，他们投资一定数量的铁，用来生产更多的铁。（用铁生产铁是一种比喻，避免引入更多的物品使事情变得复杂。）生产商也用谷物作为工人工资，因此他们会将每年生产的一部分铁换成谷物。他们将剩下的铁储存起来用于明年的生产。

现在允许进口便宜的谷物。首先，这对生产商来说发生了什么呢？他们每年投入相同数量的铁，支付工人相同数量的谷物工资（工资是由社会惯例决定的），并生产等量的铁（生产技术没变）。但是他们能够支付更少的铁换取便宜的进口谷物支付工资。由于剩下的铁变多了，他们的利润也增加了，可以增加投入了。

其次，这对地主来说发生了什么呢？那些拥有最贫瘠的土地的地主运气不太好：这些贫瘠的土地不再值得耕种，因为其生产所得的谷物将不够支付正常的工资和利润，而且还需要与便宜的进口谷物竞争。这对他们而言太糟糕了。最后，这对农场主来说发生了什么呢？那些耕种经营最贫瘠的土地的农场主受到压榨，他们面临便宜的进口谷物的竞争。他们将现有的谷物出售并转移到制造业（记住，这是一个模型；资本能够在行业间自由转移）。这对其他的农场主来说是好事。他们的生产过程保持不变：他们投入等量的谷物种子，支付工人等额的谷物工资，并收获等量的谷物。但随着租金的降低，他们能够储存更多的收获的谷物，因此他们的利润率相对于生产商现在的利润率而言要高。

古典主义模型对贸易和技术进步有有趣的启示。如果贸易或者技术进步仅仅降低了有钱人使用的奢侈品的成本——如李嘉图所说，"红酒、天鹅绒、丝绸和其他昂贵的商品价格应该降低50%"——那么利益就被限制在那些特定的商品中。只有当一个国家能更有效率的生产工人们消费的"食品、必需品和便利品"时，才会有更广泛的影响。今天，类似汽车这样的需要能源进行生产或者运行的消费品也包含在内。在这种情况下，利润和投资都增长，工人也能够保持他们的购买力不变。[44]

为了处理马尔萨斯的问题，李嘉图希望社会能够支持逐渐提高工资："有人性的朋友都会希望所有国家的劳动阶级都有机会享受舒适和幸福，应该鼓励他们凭借自身的努力以完全合法的方式实现。这才是防止人口过量最好的保障。"[45]事实上，如果糟糕的生活条件会导致乱交和总人口的剧增，想要提高生活水平的愿望一定会鼓励工人少生孩子，从而降低人口增长。[46]

这个观点正确吗？现已被普遍接受的人口转型论认为，当社会发展到工业革命的高度，收入会增长，人口寿命会延长，人口数量会剧增。当收入水平接近现代中等收入国家，如墨西哥，养育孩子的成本增加，因为孩子不是劳动力，他们的教育需要花钱，因此家长们开始少生孩子，那么人口增长的速度水平就会下降。墨西哥的人口事实上呈平稳状态，在一些欧洲国家已经出现负增长。李嘉图的观点捕捉到一些真理，但在工业革命时期并不适用。

工人阶级越庞大，人口的增长速度会下降，这是李嘉图的社会学假设，它已经超出了李嘉图的经济学模型的范围。换言之，经济学模型不涉及工资与人口增长之间的关系。它只是简单地假设传统的工资和其他已知因素，并将它们纳入决定利润、储蓄、投资和增长的因素中。社会学假设高工资会降低人口增速，但这并不是模型本身的一部分。这给我们一个教训。在运用一个模型的时候，不要只关注模型本身，还需要注意那些被纳入模型的外部假设。

正如目前中等收入国家的现状，假设高工资会降低人口增速。根据李嘉图的模型，最终会导致更快的或者更慢的经济增长吗？具体视情况而定。一方面，高工资会占据总收入较大份额，降低利润、投资和增长；另一方面，由于高工资降低人口增速，会降低对自然资源的压力，并降低租金。资本家保持高利润收入，增加投资并促进增长。由于高工资通过一个渠道降低了增长，在另一个渠道又加速了增长，因此正如经济学家所说，它的净影响仍是不确定的。"不确定"（indeterminate）是一个非常恰当的词汇：它在经济学领域的含义就是该词汇的日常含义。为了证明在李嘉图模型中的高工资的净效果，须静态地比较两种相互对立的机制中哪种更占优势。我们在这里不会做这个比较。李嘉图可能会这样回应：鉴于情况的不确定性，又考虑到他将马尔萨斯的资源枯竭视为一个持续的威胁，因此，支持适度的收入增长就成为一个折中的既人性化又实际可行的方式。

在完成对李嘉图的模型和理论的讨论之前，我还想提一点关于他对减税的观点。他声称，"没有任何税收不会减少积累的力量（即资本）"。[47]向资本家征税会直接侵占利润和投资。向工人征税也有同样的效果，因为资本家有义务增加工人的工资从而将被征税的部分补回来，这样才能保证工人按照社会惯例应该得到的实际工资。虽然他不是一个减税的狂热支持者，李嘉图仍然用了好几个章节的篇幅试图寻找一个可征税的来源，而且不会影响利润。惊奇的是居然被他找到了，就是向租金征税。这只会减少地主从土地使用金中所获得的租金。李嘉图承认，这个问题是非常实际的。地主收取的费用叫做"租金"，事实上租金既包括土地本身的纯租金，又包括投资在谷仓和其他用来改良土地的投资的利润。因此，事实上，向所谓的"租金"收税影响的是农业投资，所以它的影响可能与其他税收一样。

# 第 5 章　追逐幻想

在 19 世纪 20 年代，一群自称为"李嘉图派社会主义者"的英国小册子撰写者，通过李嘉图的模型，表达了工人阶级对资本主义的抨击。[1] 尽管李嘉图认为资本家与工人共享社会发展的成果，但他的模型中社会阶级的框架显然为资本家与工人的阶级斗争留下空间。托马斯·霍奇斯金（Thomas Hodgskin）试图通过他的著作《反对资方要求，为劳方辩护》（*Labour Defended against the Claims of Capital*），劝阻议会通过 1825 年的反劳工法案。他认为工人与资本家之间的冲突毋庸置疑："工资与利润是此消彼长的关系。换言之，就是当利润降低时，工资升高；当利润升高时，工资降低。因此利润，或者说资本家在国民产出中所占的份额，与工资，即工人所占份额成反比。"[2]

霍奇斯金的观点类似于马克思的劳动价值论：只有劳动创造价值。他说："一件外套、一双鞋子或者一块面包，这些人类生存必需品的真实价格，是由一定数量的劳动决定的。"资本家从中榨取不必要的利润："劳动者为了获得一件外套、一双鞋子或者一块面包，他需要付出的劳动超过生产这些产品所需要的自然劳动，大量的劳动剩余都归于资本家。在劳动者获得外套之前，他需要支付很多利息（也就是利润率），如养羊农场主的利息，羊毛原材料经销商的利息，衣服生产商的厂房、工具的利息和工人工资等。"[3] 由于利润是加在真实价格之上的一种剥削，霍奇斯金拒绝认为"国民产出中归属资本的那个较大的份额，具有丝毫的正当性"。

李嘉图派社会主义者并不满足于牛津大学或者剑桥大学的课堂上的辩论，而是开始在工业化城市中通过针对技术工人的"讲习所"（mechanics institute）对他们进行经济学教育并动员他们。[4] 工人阶级的运动扩大了这些小册子撰写者们观点的影响，同时这些观点又成为工人运动的推动力。1832 年的改革法案只赋予了地主和有产阶级选举权，在那之后，伦敦工人协会草拟了人民宪章要求男性普选，无记名投票和其他的改革方案。运动的领导者团结了"工人"，而不是"公民"，反对对工人的剥削。[5] 民主人士发起了一系列抗议活动，提交议会的一项审议中有 320 万个签名，还引发了一场大罢工，最终以 15 000 人被捕而结束。在 1848 年的 4 月，随着抗议活动席卷整个欧洲大陆，大约 150 000 位宪章运动者聚集在伦敦要求投票，有关当局调遣了 4 000 名警察和 85 000 名武装人员。[6] 政府拒绝了他们的请愿，并逮捕了主要组织者。

英国工人阶级运动和李嘉图派社会主义者本质上都是革命者，他们伸张正义。霍奇斯金写道："这不是一场体能持久力竞赛，并不是谁站的最久谁就胜利，而是一场理性和道义的竞赛。工人能够迫使他们的管理者妥协，但他们必须证明他们的要求是正义的。"在《反对资方要求，为劳方辩护》的末尾，他表达了"最终的胜利一定站在正义这一边"的希望。

卡尔·马克思受李嘉图派社会主义者鼓舞，对李嘉图推崇备至。[7]新古典主义经济学家认为收入是在利润和工资之间分配，以及商品的价值由个体的主观偏好决定。而马克思则和其他的古典主义经济学家一样，认为分配和商品价值是由社会决定的。马克思赞同这样的观点：工人的购买力包括了"历史的和道德的因素"，且购买力被设定在历史层面，而不是生存层面。[8]

与李嘉图不同的是，马克思坚持劳动决定价值的理论（亚当·斯密的观点并不十分明确）。[9]马克思认为商品的价值是由生产该商品所需要的必要劳动时间决定的。当然，价值显然包含资本家的利润，但这种观点显然是肤浅的。正如剑桥大学的莫里斯·多布所说，劳动价值论揭露了事物肤浅的"外在伪装"或者"市场面貌"之下的"隐藏的本质"和"内在形式"。[10]由于资本家占有生产资料，他们对工人提出不平等的条件，并要求工人工作时间超过与生产商品的劳动价值相等的工作时间。资本家将多余的劳动榨取为"剩余价值"。[11]

## 前后矛盾的模型

马克思的著作涉及的领域十分广泛，从哲学到政治，且大部分都自成一体，与劳动价值论关系不大。但劳动价值论仍然影响深远，包括对一些新古典主义模型的影响。正如经济史学家乔治·斯蒂格勒（George Stigler）的一篇论文中提到，在实践中只要接受"93%的劳动价值论"，就不会错得太离谱。[12]劳动比黄金更适合衡量价值，因为其波动幅度较小。但马克思不满足于只有93%的正确；他想要的是科学上和哲学上都完全正确。他坚持劳动价值论是分析经济的唯一"科学的"方法，并讽刺他的批评者是因为"害怕向有价值的科学研究方法道歉"。[13]

当然，劳动价值论也有不适用的情况。比如生产两种不同的商品可能需要相同的劳动时间，但需要长短不同的生产时间。两个生产商为了获得相同的利润率（利润率是指每年的投资回报率），生产过程花费时间较长的生产商必须收取更高的价值。

比如，假设整个经济体内的利润率是 10%。[14]（在长期的古典主义模型中，所有行业的利润都是相等的。）一个牧羊人每年雇用 20 个帮手，年初支付 20 个劳动年工资，年末卖羊毛。一个牧场主雇用 10 个牛仔两年（同样也是 20 个劳动年），但第一年年初提前支付 10 个劳动年的工资，第二年年初再支付 10 个劳动年的工资，然后在第二年年末卖牛。那么牛的价格必须比羊毛的价格高 5%。因为牧场主必须提前两年支付工资，而不是提前一年支付工资。为了保证先支付了一半工资的第一年也获得 10% 的利润率，牧场主必须比牧羊人多收入 5%。

聪明的劳动价值论的支持者可能会争论说马克思根本不会遇到麻烦。两种不同的商品即使通过相同的劳动时间生产出来，因为经历了不同的生产时间而具有不同的价值，但他们的价值仍然可以通过劳动时间来衡量，就像可以通过英镑来衡量它们的价值一样。

如果利润率变化了，那么马克思就遇到麻烦了。在牧羊人和牧场主的例子中，假设经济体内的利润率是 20%。那么牛的价值就要比羊高 10%，而不是 5%。随着利润率的升高，牛的价值相对于羊的价值也要升高。[15]劳动年作为衡量价值的标尺，就要像橡胶尺一样进行延伸。劳动时间不能成为价值的固定衡量标准，因为在这个衡量标准中无法计量利润因素。

马克思自己也意识到这个橡胶尺问题,后来马克思主义者称之为"转化问题"(transformation problem),尽管马克思可能用另一种方式表达。这个问题一直不太受关注,直到一位十分聪明而且风度翩翩的马克思主义者保罗·斯威齐(Paul Sweezy)在1946年《资本主义发展论》(*Theory of Capitalist Development*)一书中再次将其提起。我曾经有幸到他位于新罕布什尔的家中拜访过他。他引起了一场马克思主义者与反马克思主义者之间长达数十年的争论,保罗·萨缪尔森也参与其中。重点在于"转化问题"无法以马克思自己认可的观点解决。[16]支持者试图通过重新解释劳动价值论的方法拯救它。在《经济和意识形态》(*Economics and Ideology*)一书中,罗纳德·米克(Ronald Meek)承认"转化问题"不能够以马克思想要的方式解决,但他说:"商品的均衡价格依然是'间接地'和'最终地'由整个经济体中的物化劳动总量按照特定的比率决定的。"[17]上帝啊!我相信我曾经确实理解了他的意思,但我不想解释。如此拗口的一句话无法表达马克思的劳动价值论的真谛,马克思的写作总是思路清晰,而且,我认为非常高雅。我不认为米克的说法是对劳动价值论的合理的解释。[18]

劳动价值论的问题不是利润分配是否公平的问题,而是理论的问题。无论价值还是价格都不能始终只用劳动时间衡量。[19]马克思对劳动价值论十分重视,并试图在他的古典模型中建立劳动价值论,马克思不仅意识到了劳动价值论中存在的转化问题,而且承认他未能解决这个问题,尽管他希望能够解决。但他所做的这一切都值得称赞。亚当·斯密曾经有过类似于劳动价值论的观点,但非常模糊。他曾试图超越当时"原始的野蛮的社会状态",

但他却从未意识到他自己的理论是多么混乱。而马克思不同，他坚持了一种理论构想，尽管他未能建立一个完整的模型来支持他的理论构想。劳动价值论已经成为历代马克思主义的政治家和理论家的信仰，他们将其奉为科学。有时这种信仰的力量甚至超越了客观实际的判断。

然而，劳动价值论的失败可能会动摇约翰·洛克的自由主义和独立宣言的哲学基础。洛克认为，既然在早期的"自然状态"下，是劳动创造了所有的价值，那么个人占有和遗传财产也是一种自然权利。而且，洛克还假设在资本主义产生之前，存在一种自然状态，那时个人生产和交换商品是根据不同商品的劳动内容进行的。这可能是对人们所熟知的中世纪欧洲的教会和庄园经济最不可思议的解读。如果现实中从未存在过这样的以劳动为基础的经济，而且劳动价值论在理论上说不通，那么自由主义的基础是什么呢？如果利润不可避免地要抬高价格，部分人类祖先通过掠夺得来的自然资源的租金也会被抬高，那么所谓的这些财产的自然权利看起来似乎不再那么理所当然了。这个问题可能要用一本书来解释，所以现在先不讨论。

# 第 **6** 章 乌托邦

随着李嘉图派社会主义者们唤醒了英国的工人阶级，学术派经济学家和他们的政治同盟者（通常也是同一个人），开始担心了。[1]甚至连李嘉图的密友詹姆斯·穆勒也在一封信中承认对霍奇斯金的演讲深表担忧："如果他们继续发展下去，最终可能会颠覆文明社会。"[2]时至19世纪30年代，经济学家政客们开始用早期的新古典主义理论将社会从古典主义理论的影响中解救出来，然后又用个人效用最大化理论取代了早期的新古典主义理论。[3]

乔治·波利特·斯克罗普（George Poulett Scrope）是国会议员，他写了不计其数的小册子，因而获称"小册子斯克罗普"。他曾提出一个问题："李嘉图的政治经济学是否能够使工人在艰苦的条件下不断地工作，同时只获得很少的食物？"[4]他问过李嘉图，却依然没能找到"一种方法能够让那些几乎未受过教育、只具备一些基本常识的工人，在悬殊的贫富差距越来越引人关注的情况下，通过某些途径获得公平"。因此，有些事情仍需进一步探究。

芒蒂福特·朗菲尔德（Mountifort Longfield）是都柏林三一学院的政治经济学教授，也是爱尔兰枢密院的一员。他反对李嘉图的社会惯例决定工资水平的观点，并宣称"工人的工资取决于其劳动的价值"。[5]立法委员会或者工会提高工资的行为百害而无一利，因此正确的思想必须阻止这一行为。他早在1833年的一次演讲中说道："劳动者是被告知他们的利益最大化是通过工业化得以实现，还是被告知要通过暴力瓦解资本主义才得以实现，这在某种程度上取决于在座的每一位。"[6]

纳索·西尼尔（Nassau Senior）是牛津大学的政治经济学教授，也是辉格党的顾问。他也许是那些经济学家政客中最重要的一员。他提出商品带来的"快乐"就是它的价值，他认为资本家通过"节欲"而促进生产，他用"节欲"（abstinence）一词为资本家节省的行为增添了道德色彩。[7]他认为"节欲之于利润，就像劳动之于工资"，同样应该获得报酬。[8]他的政治经济学观点使得他反对工会，并起草了1834年《济贫法修正案》，这是一部臭名昭著的法案，因为它终止了工资补贴，使贫困家庭不得不去救济院。[9]

19世纪在英国出现的新古典主义理论似乎对这些经济学家政客们的顾虑做出了回应。它拒绝了社会惯例决定资本家和劳工之间的收入分配的假设，而是将其置换为原子式的个人和厂商的假设。消费者为了实现效用最大化，可能会购买更多的橙子和较少的苹果，或相反。同样的，厂商为了成本最小化，可能会在市场上的生产要素之间做出选择，投入更多资本和较少的劳动，即更高程度的机械化和更少的工人，或相反。这种纯粹的个人主义选择决定了资本和劳动之间的收入分配，还有商品价格。在这个理论中完全不存在社会概念。

政府当局和新古典主义理论在欧洲其他国家的融合并不理

想。在 1848 年，欧洲大陆掀起大规模的中产阶级运动，工人阶级运动也随之兴起，卡尔·马克思和费里德里希·恩格斯发表了《共产党宣言》(*The Communist Manifesto*)。保守派政治家镇压了这场运动，但其影响使得欧洲社会没有十分拥护早期的新古典主义思想。在德国，著名的钢铁和黑麦政治联盟（由工业家和房地产老板组成），是由总理奥托·冯·俾斯麦（Otto von Bismarck）虚构的，该联盟为制造业和农业提供贸易保护，并为工人提供社保。

然而，部分新古典主义理论的观点仍在欧洲大陆得到传播，而且孕育着一项战胜马克思主义的政治使命。奥地利经济学家欧根·冯·庞巴维克（Eugen von Böhm-Bawerk）不仅抨击了劳动价值论，还揭露了其政治图谋。庞巴维克警告说："斗争的关键在于人类社会该以什么系统组建"，劳动价值论的重点是关于"该分别打击和拥护哪一个阶级"。[10] 回顾 1901 年，瑞典隆德大学教授克努特·维克塞尔（Knut Wicksell）曾评价称，社会主义者认为资本家是"生产的寄生虫，他们的报酬是对劳动力的剥削"。他提出，"建立新的交换价值理论不仅具有抽象的理论价值，更具有实际的社会意义"。[11]

## 新经济学

正如所有经济学理论，新古典主义理论也是对社会和政治情况的反映，但如果只将其看做是这种客观反映，那么就会忽视其中的智慧力量。英国伦敦大学学院的教授威廉·斯坦利·杰文斯（William Stanley Jevons）收集了各种早期的新古典主义观点并归

纳整理成强有力的论据，他于 1871 年发表的《政治经济学理论》
(*The Theory of Political Economy*) 一书是新古典主义理论发展
的里程碑。他甚至在 1879 年的第 2 版中，介绍了现代意义上的
"经济学"一词。他建议采用"方便的一个词的""经济学"，替代
"原来麻烦的两个词的""政治经济学"，来作为我们科学的名称。
起初这种叫法是在他的同事之间一种非正式的用法。[12] 他希望"经
济学能成为被认可的一门科学"[13]，就像牛顿物理学一样。尽管
他从像纳索·西尼尔一样的反劳动价值论的经济学家政客那里吸
取很多观点，但读过杰文斯的书后就会发现，他对新的经济学的
科学思维方法的关注多于对社会运动的关注。

杰文斯寻求将经济学与所有历史学科区分开，比如"斯宾塞
的社会学"。[14] 他认为经济学应该是演绎科学，从公认的假设发展
到合乎逻辑的结论，假设应该是任何理性人都能够接受的。他认
为我们都能够接受诸如"每个人都会选择明显较好的东西"；"人
类需求早晚都会满足"；"长期劳动使人越来越痛苦"这样的观
点，他提出，"从这些公理中，能够推出供给和需求的规律，以
及较难的概念、价值和所有贸易相关的复杂结果的规律，只要有
充足的可用数据"。[15]

杰文斯有很好的理由进行演绎。约翰·斯图亚特·穆勒曾提
出，经济学家们如果试图通过观察归纳出结论是会陷入麻烦的。
反驳这种观点的论据之一就是举例，比如在药物测试中就能够通
过观察归纳出有说服力的结论。在药物可靠性测试中，具有相似
年龄、健康状况和其他特性的人被分成两组，一组给药物，另一
组给安慰剂。杰文斯提出，在经济学中，只需要一种因素改变，
假如是自由贸易和保护主义之间对比，那么其他所有经济因素保

持一致。但所有经济因素不可能保持不变：

> 为了证明自由贸易对英国的有益影响，必须保证英国在
> 除了废除对贸易的负担和限制之外，其他的所有环境都保持
> 不变。但是，显然在自由贸易被引入英国的时期（《谷物法》
> 在 1846 年废除），很多其他的繁荣因素同样在起作用，比如
> 发明的进步、建设铁路、大量的煤炭消费，以及扩张殖民地
> 等。尽管自由贸易的有益结果是巨大的且毋庸置疑的，但很
> 难后验地证明这些益处由自由贸易而不是其他因素带来。我
> 们之所以相信自由贸易是有益的，是因为它由一些几乎确信
> 的事实前提演绎推理而来，使得我们满怀信心地期待这样的
> 结果，而且在实践中也不存在与我们的期待冲突的事实。[16]

李嘉图也进行合理的演绎，但杰文斯拒绝了他的具体假设：
"要获得一个真实的经济系统的唯一希望就是抛弃李嘉图学派的
复杂且荒谬的假设。"[17]正如在物理学中的物体遵守定律一样，有
关个人和厂商的效用最大化的假设也会成为新出现的经济科学的
定律："正如所有的物理学定律都或多或少地体现力学基本原理
一样，经济学的所有分支和部门都遵循某一特定的基本原则。研
究出这种基本的原则就是本书的目的所在。"[18]在牛顿物理学作
为模范科学的一个世纪里，经济学试图效仿它。乔治·斯蒂格勒
说，在分享新古典主义社会思潮的历史中，权威的新古典主义理
论史的第一阶段使经济学"从一项艺术，在很多方面更像文学，
转变成一门越来越严肃的科学"。[19]

新古典主义理论的奠基人是大学教授。19 世纪 70 年代有三

位教授被认为是新古典主义的先驱。杰文斯就是其中之一。在1874 年，瑞士的洛桑大学政治经济学教授里昂·瓦尔拉斯（Leon Walras）出版了《纯粹经济学要义》(*Elements of Pure Economics*)，试图通过数学逻辑建立一般均衡模型。在 1871 年，维也纳大学的政治经济学教授卡尔·门格尔（Carl Menger）出版了《经济学原理》(*Principles of Economics*)，以不太数学化的方式对新古典主义观点进行阐述。斯蒂格勒挑选出 10 位新古典主义的创新者，除了一个人之外其他的都是教授；那个不是教授的人先是一位大臣，而后成为一位教授。[20] 作为"历史的爱好者"，历史学家马克·布劳格说："经济学逐渐开始成为一门专业的学科，有自己的圈子、组织和期刊。"[21] 经济学家进入大学并稳定下来，使大学成为"综合性大学"，并逐渐在各个分支中发展各自的领域。

　　首先，我将讨论关于效用的新古典主义假设，因其最初由经济学家发展而来，其次，我会讨论有关生产的假设。我将从杰文斯开始讨论，一方面因为他以英文写作，另一方面因为他为效用论寻求哲学基础的努力十分有趣。我有时也会往前跳到 1901年克努特·维克塞尔的《政治经济专题》(*Lectures on Political Economy*) 一书。早期新古典主义理论十分混乱，他却理顺厘清各种说法。[22] 他非常有趣，因为他有创见地权衡了古典主义经济学的一些说法。

## 奇怪的新想法

　　新古典主义对经济学的发展做出了重大贡献。在质疑新古典主义之前，首先要理解它们，尤其是新古典主义关于"效用"定义的假设以及理性人是如何寻求将其最大化的。对这些假设的误传非常广泛。比如，社会主义者艾伦·沃尔夫（Alan Wolfe）有一项被认为是具有"开创性"的成果，《纽约时报》报道称，经济学家认为"人类是纯粹的个人利益的计算器……无论时间、空间、性格和文化的差异如何"。[23] 沃尔夫到底是怎样发现效用的这种特点的？杰文斯强调不存在客观的全宇宙通用的衡量效用的标准。他说他从未试图"以任何单独的瞬间……去比较存在于两个不同的主观意识中的感觉"。相反，他坚持："每个主观意识都……无法用另一个主观意识去解读，任何感觉也不存在所谓的共同特性。"[24] 加里·贝克尔（Gary Becker）曾以经济理性的研究成果而获得诺贝尔奖，他宣称个人"无论是自私还是无私、忠诚还是不忠，甚至是自虐狂，都会以自己偏好的方式将福利最大化"。[25]（强调部分为他本人所加）。所有的经济学家的基本要求是一致性。如果喜欢 A 多于 B，而喜欢 B 多于 C，你就不能反过来喜欢 C 多于 A。我也可以喜欢 C 多于 B，喜欢 B 多于 A，只要我仍然是前后一致的。我们的偏好确实会由于我们的文化或个人性格而不同。[26]

功利主义认为，我们会寻求自己的快乐或幸福，而公共政策应该给最大多数的人提供最大幸福。功利主义早在杰文斯发表《政治经济学理论》一个世纪前就出现了，但它仍然非常模糊。你如何衡量幸福，还有究竟什么是"最大多数人的最大幸福"？杰文斯给这个概念一个定义。他假设每个个人定义的快乐，或者"效用"（Utility），都是完全根据个人的标准。无论个人说他或她自认为的效用是什么，对他或她自身而言都是事实。我们每个人都判断自己的效用；没有外部标准告诉我们什么是效用。因为不同人对效用有不同的理解，那么你就不需要通过将不同人的效用相加来确定消费者的需求，更不能确定整个经济体内的消费者需求。

杰文斯以水为例解释了"效用"的含义。一方面，他说，"一个人每天需要一夸脱的水维持生命"；另一方面，我们支付很低的价格购买水，或者说免费获得水，意味着我们根本未给它的效用多高的估价。他解决了亚当·斯密在100多年前提出的悖论，证明效用并不是以商品的固定数量来衡量：很难证明水比钻石具有更大的效用，反之亦然。商品的效用在一定程度上取决于我们拥有该商品数量的多少。我们拥有的第一加仑的水具有重大的效用，但我们拥有的水越多，每一加仑的水所提供的效用就越少：

> 每天几加仑水的效用包括做饭和洗漱。但当水供应满足这些使用需要之后，增加任何的数量都是相对无用的。综上所述：一定数量的水是不可或缺的；在此基础之上额外的水的效用就有所差异；当超过一定数量之后水的效用几乎为零；甚至会产生副效用，也就是说，持续供应同样的物质可能带来不便和坏处。[27]

为了说明新古典主义模型是怎样指导我们将效用最大化并决定我们自身对商品的需求，我借用了维克塞尔的一个比喻。[28]这个比喻听起来有点儿愚蠢，但却是个很好的模型。一位开荒种地的农民收获了200蒲式耳（计量谷物等的容量单位）的谷物，而且直到明年之前他都不会再收获更多。他储存了40蒲式耳的谷物作为种子，40蒲式耳作为明年的口粮，还有40蒲式耳用于养活了40只鸡，因为他认为这些鸡带给他的效用比多吃40蒲式耳的谷物更高。他还用了40蒲式耳的谷物酿造了10桶的威士忌，最后的40蒲式耳的谷物喂养一只鹦鹉，因为鹦鹉能够陪伴他，这比多吃这么多食物更好。这是他对自己的谷物的分配方式。然而，另一个开荒种地的农民却有不同的分配方式。她也收获了200蒲式耳的谷物，但在储存了40蒲式耳的谷物作为明年春天的种子之后，她留了60蒲式耳的谷物作为口粮，20蒲式耳的谷物养鸡，20蒲式耳用于酿造威士忌，最后的60蒲式耳用于养活她可爱的鹦鹉。

这两个农民都是根据个人偏好，对谷物进行了分配获得了最大的效用。如果他们认为从用于酿酒的谷物中拿出一部分用于养鸡，或者反过来，能够获得更多的效用的话，他们会这么做。在谷物分配过程中，做口粮、养鸡、酿酒，或者喂养鹦鹉这些可行的选项中，如果他们认为有其他的分配方法能够提高效用的话，他们会那么做。

有几点需要注意。这些农民有不同的偏好，所以无法判断第一个农民从喝威士忌或者其他的选择中获得的效用大于第二个农民消费任何物品所获得效用。杰文斯说："每个人的意识相对于另一个人来说都是个谜，人与人之间不存在共同的感觉。"事实上，因为他们之间不同的偏好，即对效用不同的认识，这些农民对于口粮、鸡、威士忌，或者鹦鹉的陪伴的需求都是不同的。

然而，每个农民自己都在以自身偏好作为内心的标准对不同的选择进行衡量。正如杰文斯所说，在同一大脑中，一种选择正在与"另一种选择"进行比较。[29]农民不会试图去衡量谷物在不

同的使用方式后所得到的总效用。当农民所拥有的谷物仅够维持
生命的情况下，谷物的总效用就等于生命本身。但消耗一定额外
的蒲式耳的谷物的效用可以与消耗这些谷物用于养鸡所得到的效
用进行比较。

　　这些农民试图从用于每种替代用途的最后单位蒲式耳谷物中
获得相同的效用。比如，第二个农民从 60 蒲式耳的口粮、20 蒲
式耳养鸡、20 蒲式耳酿酒和 60 蒲式耳养鹦鹉中所获得的效用是
相同的。如果她感觉在喂养鹦鹉的 60 蒲式耳的谷物中所获得的
效用小于用于酿酒的 20 蒲式耳的谷物的效用，那么她可能减少
用于喂鹦鹉的谷物，而用它们酿酒，这样就能增加她获得的整体
效用。

　　上述农民的故事适用于在一个模型中，个人效用的最大化，
以及当鸡、威士忌，或其他的商品按照固定的谷物定价时，确定
这些商品的需求量。[30] 也就是说，就像这两个农民收获了 200 蒲
式耳的谷物，他们不是用这些谷物喂养鸡和酿造威士忌，而是将
谷物拿到市场上，用 1 蒲式耳的谷物换取 1 只鸡或者 1/3 桶威士
忌。假设他们的偏好不变，这些个人面对的是相同的交换比率，
因此他们将做出相同的选择。

　　有以下两点需要解释：其一，到现在为止我们没有试图理解
为什么商品以那些比率进行贸易，比如 1 蒲式耳谷物换 1/3 桶威
士忌；我们只探究个人在面对那些比率时会如何反应。实际上，
在市场上的商品，已经以谷物的形式被标记了价格。其二，商品
以单位蒲式耳的谷物进行标价，因为模型假设 1 蒲式耳的谷物值
10 镑、15 镑，还是 150 比索都无关紧要；只有其他商品与谷物
的交易比率才是关键。微观经济的模型通常以这种"现实的"方

式塑造。货币将作为一种后添加的东西在后来才处理。

在我们的模型中每个个体都将他们的效用最大化，他们想要最终从每个商品上得到的"最后效用程度"（final degree of utility）是相同的。用杰文斯的话说，"最后效用程度"就是用自己拥有的最后 1 蒲式耳谷物交换其他商品所获得的效用。就货币而言，如果我估计最后 1 美元用于买菠菜所带来的效用小于用最后 1 美元买西红柿，那我会买西红柿。我潜意识中追求的是使我在每一种商品量上所得到的最后效用程度相等，而对此我完全不自知。

今天新古典主义的惯用法是"边际效用"（marginal utility）而不是"最后效用程度"。当你获得更多的商品，你从额外的一个单位的商品中获得的边际效用减少。经济人希望从最后 1 美元中获得的边际效用，或最后 1 蒲式耳的谷物，花在每个货物上都相等。

## 你为效用计数吗？

难道我们被一个小戏法蒙骗了吗？杰文斯总结说："我不得不说人类将永远无法直接测量人心的感觉。一单位的快乐或者痛苦甚至都很难保持。"[31] 稍后，在同一段中，他暗示说："我们不能够知道或者衡量重力的自然性质，就像我们无法测量一种感觉。但是，正如我们能够通过钟摆的摆动发现并测量重力，我们也可能通过人类心智的判断估计出感觉的相等性或不等性。"等一下！我们能够十分精准的测量重力。重力是一种通常以牛顿为单位的力。在地球表面，1 公斤相当于 10 牛顿的向下作用的力。

效用能够以某种效用单位来衡量吗？ 19 世纪的新古典主义

者的作品中表达出似乎存在这种单位，尽管他们承认他们的衡量单位可能和别人的不同。实际上，有的人可能用公里衡量效用，有的人可能用英里衡量效用。麻烦在于零英里就是零公里，但有的人的零点的效用并不是另一个人的零点的效用。换个比喻来说，有的人可能用摄氏度衡量效用，有的人可能用华氏度衡量效用。摄氏0度相当于华氏32度，而且从那一点之后的变化也是以不同的比率进行的。但即使能够从摄氏度转换成华氏度，而且在很强的数学能力的支持下可能做到。但一个像是温度计的计量表，或者更合适地称之为"基数表"，仍然是一个有效的衡量数量的工具。很难理解19世纪的新古典主义者大胆地声称效用是一种像温度一样可以基数计算的量，但只要效用是一个有基数的量，他们大多数的计算就是有效的。[32]

到了20世纪30年代，经济学家拒绝使用基数效用的概念。他们用偏好的思想发展了现代效用理论。假设有不同的商品分别标记A、B和C，我可以排名，说我最喜欢A和最不喜欢C，但我不能量化我喜欢A超过喜欢C多少。字母顺序是一种常见的排序方式。英文单词"aardvark"在单词表里的顺序先于"aardwolf"，但你不能说先于多少。现代经济学家假设我们会根据自己的偏好对商品进行类似简单的排序。

并非巧合的是，当经济学家放弃对物品的效用进行基数计量的时候，他们发现这种概念并不必要，甚至在对消费者行为建模时，根本没什么用。在这里，用文字来表达比较复杂，但即便19世纪的新古典主义者确实假设基数效用的存在，他们也不需要这个假设来模拟我们如何在不同的商品中分别分配我们的货币，甚至决定整个经济层面的需求。[33]放弃19世纪的新古典主义者的效用可用基数来计量的设想，消费者行为理论会变得更加复杂，但依然有效。我有时在谈到效用时就仿佛它是基数效用并能够用一定的效用单位来衡量，经济学家们也经常这么做，但这只是一种说法的习惯。即使没有这种单位，相同的事情也可以以一种更精确的方式阐述。

## 供给、需求和均衡

我讨论了新古典主义的效用最大化的假设。它描述了当商品价格一定时，个人会如何反应，举例说就是假定了多少蒲式耳的谷物能换 1 桶威士忌。但新古典主义的模型是如何决定市场中商品的交换价格（即多少蒲式耳的谷物交换 1 桶威士忌的交换率）以及商品总需求的（在该交换率下需要交换多少桶威士忌）呢？

为了建立新古典主义市场模型，需要供求曲线。在我曾旁听的一堂经济学课程中，麻省理工学院经济学家鲁迪格·多恩布什（Rudiger Dornbusch）提出一项十分有用的建议："当有一条向下趋势的曲线时，需要另一条向上趋势的曲线。"这句话也有可能被我说反了，但具体我记不清了。商品价格通常是纵坐标，在不同价格上，该商品的供给量或者需求量通常是横坐标。当商品价格下降，人们就会想买得更多，因此需求曲线会向下。当商品价格升高，生产商想卖得更多，因此供给曲线会上升。

杰文斯从未画出供求曲线。阿尔弗雷德·马歇尔（Alfred Marshall）是与杰文斯同时期的杰出的英国维多利亚时代的经济学家，他比杰文斯活得更久。他经常因为发展了供求曲线而获得赞誉。[34] 他更倾向专注于经济学的实际应用，他回避一些笼统的说法，在他多次再版的《经济学原理》(*Principles of Economics*)一书的末尾注释中善于运用数学方法进行解释。他注重实际应用的做法值得盛赞，但这也导致他的一些理论模糊。[35] 我采用的供求曲线的说明来自严谨的理论学家维克塞尔。顺便说一下，他也是通过文字对重点做出解释，尤其是对微积分部分的解释更是精准。[36]

如果一个人获得的效用无法与另一个人获得的效用相加，那么新古典主义理论是如何衡量市场对一种商品的需求的呢？ 19世纪的新古典主义者承认不同个人的效用无法简单相加，因为我用摄氏度来计量效用，而你用华氏度来计量，所以将两个效用简单相加获得的是毫无意义的数字。但新古典主义模型不是将效用相加。在给定价格下，新古典主义模型将所有个人对商品的需求量加总求和得出市场总需求量，比如威士忌或者鸡，市场总供给量也可以这样加总求和。如此一来，威士忌的桶数和鸡的只数就能够相加了。

为了建立整个市场需求曲线，可以从个人在不同价格上对一种商品的需求开始。仍然用蒲式耳的谷物来计量价格，假设一个农民在市场上按照不同的交换率用谷物交换鸡。一只鸡可能值 1 蒲式耳谷物，或者 1.5 蒲式耳谷物，或者 2 蒲式耳谷物，如此一来，农民为了将个人效用最大化可能购买不同数量的鸡。比如，按照我先前假定的交换率，1 蒲式耳谷物交换 1 只鸡，这个农民可能交换 40 蒲式耳的谷物交换 40 只鸡。如果需要 2 蒲式耳的谷物交换 1 只鸡，那么他就需要用 80 蒲式耳的谷物交换 40 只鸡。这些鸡对于他来说并不值得这么多的谷物，因此他就会少买些

鸡。根据他个人的偏好，他可能会决定用 20 蒲式耳的谷物交换
10 只用来在特殊场合吃的鸡，然后留 10 蒲式耳的谷物作为粮食，
再用 10 蒲式耳的谷物换威士忌来放松一下自己。

当以蒲式耳谷物计量的鸡的价格升高，农民就少买，或者当
价格降低，农民就会多买。他对鸡的需求曲线是下降的趋势。之
前提到的第二个农民对鸡的需求曲线也是下降的趋势，尽管根据
她的个人偏好，她的曲线是完全不同的。

如此一来，整个经济体的需求就很容易判断。假设以蒲式耳
谷物计价的鸡的价格一定，个人根据自身对鸡的需求会将自己的
效用最大化。即使一个人获得的效用不能与另一个人的相加，在
一定价格上，他们对鸡的需求是一定的，且能够被相加：数一数
鸡的数量就可以。当价格一定，将所有个人的需求相加就获得了
市场需求。[37] 就这一点来说，即使每个个人的偏好只能够通过像英
文字母排列的顺序来表示，而没有基数效用，也毫不影响这个理
论的成立。因为每个个人的需求曲线是下降的，所以整个市场的
需求曲线也是下降的，或者称之为"总需求曲线"。

正如多恩布什的建议，现在我们需要一条上升的曲线，也就
是供给曲线。我暂且不讨论关于生产的问题，但即使在纯交易经
济体中，仍然存在供给曲线。再次假设不同的个人将谷物、鸡和
威士忌带到市场上交易。为了简化这个问题，假设每个人只带一
种商品到市场上交易，要么是谷物，要么是鸡或者威士忌。问题
在于这些个人是如何将他们带到市场上的商品交易后获得他们喜
欢的最佳商品消费组合的。

假设一个养鸡的农民带来 20 只鸡。假设仍然用蒲式耳谷物
来计量鸡的价格，当价格一定时，她将提供多少只鸡用来交换谷

物？如果价格非常低，假设一只鸡只能交换到 0.1 蒲式耳的谷物时，那么她可能不会交换谷物而是直接将鸡带回家吃。如果鸡的价格升高到一只鸡换 0.5 蒲式耳的谷物时，她可能根据自身偏好用 10 只鸡换取 5 蒲式耳的谷物，用来丰富个人饮食的多样性。如果鸡的价格继续升高，1 只鸡换 1 蒲式耳的谷物时，她会用 20 只鸡换 20 蒲式耳的谷物（而且她在家里还有鸡）。因此她的供给曲线就是上升趋势的：随着鸡的价格升高（仍用蒲式耳的谷物计量），她就会交易更多的鸡换取谷物。

为了计算在给定价格下，市场上鸡的供给数量，可以将养鸡的农民在该价格上愿意用来交换谷物的鸡的数量相加。因为当鸡的价格升高时，农民愿意提供更多的鸡，所以即使个人的供给曲线与众不同，也没有很大影响。将在给定价格上农民愿意提供的鸡的数量相加，就得到了上升趋势的鸡的市场供给曲线。

在某一价格上，种植谷物的农民对市场上鸡的下降趋势的需求曲线，与养鸡农民的上升趋势的供给曲线相交。在该价格上，养鸡农民供给的鸡与种植谷物农民对鸡的需求数量相等。也就是说鸡市场达到均衡。

上述供求关系的前提是市场不存在"不完全"（imperfections）竞争。维克塞尔指出，如果存在生产或采购卡特尔，他们会商议定价。供求曲线就不可能决定价格。[38] 但是既然不计其数的养鸡农民和种植谷物的农民自己决定他们在某一给定价格上愿意提供或购买的数量，那么就存在一组价格，能使所有商品市场的供给和需求曲线相交。因此，杰文斯对这一点十分确定，维克塞尔和瓦尔拉斯也明确表示赞成。[39] 在这些价格上，市场实现均衡。所有的消费者对每一种商品的需求量与所有的生产者的供给量相等。

## 乌托邦里的麻烦

我已经阐述了 19 世纪的供求关系理论，该理论在一些初级教科书中仍有介绍，也有一些经济学家在解决一些实际问题时仍会假设它的存在。但是，20 世纪的新古典主义经济学家得出结论说供求关系理论的问题十分明显。有时在实践中或者理论研究中会出现问题。

问题之一在于，跟杰文斯一样，我一直孤立地研究问题。举个例子，杰文斯说，每天一加仑汽油对你来说十分重要，因为你要开车上班；每天两加仑汽油可以让你拜访住在农村的朋友，这给你增加了一小部分的效用；再多几加仑汽油能够使你可去的地方增多，但是当你厌倦开车时，它们的边际效用在降低。上述问题在于你从每增加的一加仑汽油中获得的边际效用不仅取决于你已经拥有的汽油数量，还与你拥有的其他因素有关。如果你拥有一辆房车，那么每增加一加仑的汽油给你带来的效用要多于只有一辆摩托车。

一旦经济学理论接受这个原则，杰文斯关于边际效用递减的假设就不那么有说服力了，而且，相信我，它甚至不能保证个人效用最大化。[40] 经济学家们通过发明一个关于偏好的更为复杂的假设来弥补这个问题（为了留住更多的读者，我就不深究它了）。通过做了这个假设，他们能够派生出市场需求，但他们不能够直接导出下降趋势的需求曲线。[41] 在对这些问题研究了一个多世纪以后，最好的新古典主义理论学家们最终承认，正如乔治·斯蒂格勒所述，如果市场需求曲线不是下降的曲线，那么它就必须上升。如果它不是上升趋势，它就必须是下降。[42] 如此严谨的理论却几乎很少提到市场需求。

这不仅是一个理论观点。在实际中需求曲线不一定下降。罗伯特·吉芬（Robert Giffen）是 19 世纪英国著名的统计学家，他注意到当面包的价格下降时，穷人购买面包的量会减少；当面包的价格升高时，穷人购买面包的量会上升。为什么？面包是最便宜的食物。当面包的价格下降，穷人显然能够购买更多样化的食物，包括肉，因此他们买的面包就少了。当面包的价格升高，他们不得不削减购买昂贵食物的开支。因此，正如维多利亚时期的经济学家阿尔弗雷德·马歇尔总结说："面包是他们能够得到而且吃到的最便宜的食物，他们会消费越来越多的面包，而不是越来越少。"[43]

经济学教科书回避了这些问题。沃尔特·尼科尔森在他的一本中级教科书中，明确地拒绝了 19 世纪边际效用递减的假设，但后来他又不得不回归这个过时的下降趋势的需求曲线。他是这样说的："市场需求曲线是负向倾斜的，或者称之为下降趋势，其假设条件为大多数的个体在商品价格降低时，会购买更多。"[44] 等一下！如果当价格下降时，个体会买得更多，那么在定义上，需求曲线就是下降的趋势。尼科尔森的那句话说的其实是："市场需求曲线，在市场需求曲线是下降趋势的假设条件下，是下降的趋势。"尼科尔森在拒绝了边际效用递减之后，不合常规地又回到了需求曲线是下降趋势的观点上来。他几乎蒙住我了，直到几年之后我才发现了他的把戏。

宏观经济学家研究整个经济体的运行，甚至忽略了效用理论的困境。戴维·罗默在他的《高级宏观经济学》(*Advanced Macroeconomics*) 中，罗列了数十个计算效用的方程式的模型，该模型中的效用就像能够被尺子测量一样，并假设市场需求曲线是下降的，甚至于曾经没有暗示这些假设可能会引起很多问题。[45] 实际上被中央银行使用的别出心裁的 DSGE 宏观经济模型也存在这样的问题。

此外，新古典主义理论家陷入了正如第 1 章讨论的著名的一般均衡不稳定的问题中。事实上，一直很富有见的维克塞尔，已经在 1901 年认识到存在很多不同的均衡，而且有的可能不稳定，一瞬间就变得不均衡然后价格就会迅速调整趋向于另一个均衡。20 世纪 60 年代至 70 年代，阿罗—德布鲁模型的研究表明，无论市场竞争如何完美，一个分散的经济体可能存在数不清的供求相等的"均衡"。更糟糕的是，没有很好的理由使人们相信，市场交易能够使经济体达到所谓的均衡。换言之，在任何实际意义上，它们都不算均衡，只是一系列能够偶尔均衡供求的价格，它们出现的可能性很小（严格上来说出现的几率为零）。

伦敦大学的迈克尔·曼德勒在《经济理论的困境》(*Dilemmas in Economic Theory*) 一书中，深入研究了面临窘境的新古典主义理论的微妙世界与忽略那些窘境的新古典主义实践的腐朽世界之间相背离的差异。在仔细阐明深深的困境之后（其中包括我没有提及的几点），曼德勒取得了一些实质性进展。他甚至对效用进行了重新的定义，对杰文斯的旧的边际效用递减的概念进行了合理的改进。

这个讨论对我们有什么启示呢？实际上，我们大多数情况下都是出于效用的动机购买商品。我们确实会衡量我们更需要什么以及不太需要什么，根据我们个人的偏好以及所掌握的商品信息，我们追求货币购买的最大化。我们大多数情况下会像我称为"聪明的购物者"一样行事。而且我也不认为这只是西方人的行为倾向。我记得曾看过一个厄瓜多尔当地人的一档电视节目，讲当地人就市场上的土豆和西红柿的价格进行讨价还价。那些人甚至不讲西班牙语；他们与欧洲的文化也相距甚远。但他们却跟在沃尔玛购物的消费者一样进行讨价还价实现购买的最大化。事实上，他们讨价还价得更厉害。

然而，边际效用递减的观点大体上是合理的。当然，如果我在图森（美国亚利桑那州南部城市）的沙漠部落买了一套高尔夫课程，我从额外一加仑水中获得的效用不会递减；反而会突然升高。但是，总体而言，边际效用递减的假设是合理的。正如杰文斯所说，第一夸脱水的效用相当于生命本身，越来越多夸脱水的效用就会越来越少。这个假设的直接逻辑结果就是一个呈现下降趋势的市场需求曲线。亚当·斯密在新古典主义者提出这个假设的一个世纪之前就含蓄地表达了市场存在下降趋势的需求曲线：即如果投资不景气，那么劳动力需求也降低，同时工资也会降低。边际效用递减的合理假设导致了一个下降趋势的需求曲线的合理模型。除了特殊情况之外。这个模型依赖于这个假设，而且跟任何其他模型一样，当特定的假设不存在时，这个模型也会失败。

不稳定的问题更严重。整个经济体的宏观经济模型也不容忽视。实际上，市场之外的机制，比如资本家和工人之间就收入分配达成的社会协议，或者是导致我们保持惯性思维的传统，或者是中央银行的政策，通常会使经济避免过于剧烈的波动。在一个给定的稳定机制下，新古典主义的需求理论在特定的市场中表现不俗；例如，高昂的停车费用很可能使开车进城的人数锐减。即使在这些情况下，19 世纪的供求关系论仍可能是有瑕疵的，但这也会有益于思考这种情形。

## 多么好的新世界观

19 世纪新古典主义者知道他们的理论不能够判断任何的财富分配方式是公平的还是不公平的。但在给定个人最初"财富"的情况下，即鸡的数量、蒲式耳的谷物或者其他他们最初拥有的物品，如果存在一个完美的均衡市场，那么其本身就是一个个人主义的最优化。每个个人会尽最大所能，根据个人偏好而获得最大的效用。杰文斯说："在每个群体中，由于财富的不相同，所有的物品都通过交换进行分配实现利益最大化。每个人希望得到一定的物品的愿望超过得到另一种物品的愿望，那么他就会做出一定的牺牲来实现它。没有人被要求用他需要的物品来交换他不需要的物品，所以这就是自由交换的好处。"[46]

经济学家相信他们已经发现所有可能的世界中的一些最好的方面，充满着最好方面的完美世界与那些存在问题的社会层面相距甚远。瓦尔拉斯认识到一些固有的市场缺陷，比如垄断行业可能反对自由放任政策。但即使没有市场缺陷，他也坚定地拥护市场，并说道："竞争自由在一定程度上保证效用最大化；而且，由于阻碍自由的一些因素也是实现最大化的阻碍，它们应该无一例外地被完全清除。"[47]

新古典主义理论的乌托邦式的吸引人之处在于推荐了一个不

安分的世界。这个世界似乎能够吸收科学和工业的震荡，只要想象一下乌托邦式的理想化的过去或者理想化的未来。现代工业的生产技术是用来对很久以前的建筑特征的模仿：新、新新，或者新新新古典主义式的，意大利式的或者哥特式的。对风格进行分类可能是在一定程度上提供了一定的延续性，艺术理论家和社会评论家约翰·拉斯金（John Ruskin）提出，但是这些风格诞生其中的社会更重要。他让他的读者们再次观察真正的哥特式建筑："重新审视一下那些丑陋的哥特式建筑，那些形状怪异的怪物和雕塑，露骨而且僵硬，但不要嘲笑它们，因为它们是生命和自由的象征。"[48] 乌托邦的社会主义者描述了新世界的模样，比如圣西门（Henri de Saint-Simon）的"工业化信仰"[经济学家罗伯特·海尔布罗纳（Robert Heilbroner）译][49]。他们建立了实验性的社会并追溯地球运动，比如苏格兰人罗伯特·欧文（Robert Owen）的工厂镇和花园城市样板。当然，马克思也是一位伟大的乌托邦主义者："只有在一个共同体中，个人（才能与他人一起）将他的天赋用于各个方面；也只有在共同体中，才能实现个人自由。"[50]

但新古典主义理论也许是最勇敢的乌托邦思想。它承诺只要市场是完美的，那么资本家、工人和地主之间就没有冲突，每一个人都能够尽最大的努力行事。柏拉图式的将市场定位为完美市场就是一种乌托邦的行为，因为这与我们实际生活的经济体有一些偏差。我引用瓦尔拉斯的一句话说："柏拉图哲学在很久之前就证明科学并不研究物质实体而是研究这些实体存在的整个宇宙。物质实体来来去去，但宇宙是永恒的。宇宙及其相关的法则才是所有科学研究的对象。"[51]

# 第 7 章 不完美世界

在进行更进一步的新古典主义生产理论的研究之前，我想先解释一下对"经济学"最常见的批评，即认为"经济学"无视现实的市场缺陷。我经常引用专栏作家鲍勃·库特纳（Bob Kuttner）的论述讽刺那些"数学理论家式的经济学家，他们忽视实际的经济情况"，"很多标准的经济模型假设存在'完全竞争'，即供给、需求和价格由纯粹的市场力量决定。但在真实的世界中，政府经常干预促进经济发展，军事研发支出又渗透到商业技术，以及公司合谋定价"。[1]

经济学家们没有像他们的批评者说的那样坚定地奉行"完美主义"。事实证明，基于一个或几个不完美的假设建成的模型更容易获得诺贝尔奖。保罗·克鲁格曼获得过诺贝尔奖，他的模型证明了，当竞争不完全而且公司实施其市场控制力时，政府可能会采取有效措施干预以促进经济发展，研发支出会产生积极溢出效应。正因为克鲁格曼更多地支持激进主义的政策，并不意味着他的那些较为保守的同行没有注意到市场固有的缺陷。芝加哥大学的罗伯特·卢卡斯以反对经济激进主义而著名，他建立了一个模型说明不完全信息如何驱动经济周期和导致失业而获得诺贝尔奖。[2]奥利维尔·布兰查德曾是国际货币基金组织（IMF）首席经济学家和麻省理工学院的长期教授，在其现代宏观经济学概述中，他的"不完全"的定义是指任何"偏离标准的完全竞争模型"。[3]他指出，"最新的研究，是围绕当改变模型中一个或者多个假设的时候会发生什么而组织进行的研究"，换言之，最新的研究是围绕当一个模型中引入瑕疵时会发生什么而展开的。

由于专业的原因，经济学家有动力去研究除标准的完全竞争模型之外的模型。因为它设想了一个独特的和最佳的经济状态，如果经济学家真的认为市场是完美的，他们早已无事可做了，还怎么发表期刊文章呢？经济学家们实在是太聪明了，他们不会让他们的专业陷入这样一个残酷的、停滞不前的状态。与之相反的是，他们通过发现塑造有缺陷模型的聪明方法而声名大噪。塑造不完美模型所需的数学比仅仅是塑造完美的市场模型所需的数学更令人兴奋。经济学家发明各种各样经济缺陷的智慧，能够保证他们未来一直有事可做。

此外，至少市场不完全的微观经济模型，即捕捉特定产业情况的模型，具有实际应用价值。例如，加州电力价格从 2000 年 6 月到 2001 年 7 月暴涨了 670%，而且全美经历了一波又一波的轮流停电，美国副总统迪克·切尼（Dick Cheney）认为发电市场是完全竞争的，他责怪环保法规阻碍了发电厂的建设。[4]在 2000 年 11 月，也就是最严重的停电发生之前，麻省理工学院的经济学家保罗·乔斯科（Paul Joskow）和旧金山安诺析思国际咨询公司（Analysis Group）的分析师爱德华·卡恩（Edward Kahn）争论说，情况不是这样的。[5]基于不完全竞争模型，他们得出的结论是，实际电价水平超过去年夏天 90%。电力公司通常由像安然公司（Enron）这样的市场主体控制，他们关闭了本能够获得很好利润的工厂。但因为市场太紧张，关闭这些电厂，只留下相对少量的在线电厂，使得那些市场主体能够获得极高的利润。简而言之，模型指出价格操纵。言外之意是，政府应该限制价格在合理水平。安然公司倒闭后，电子邮件和其他法律文件证明乔斯科和卡恩基于他们的模型的结论是正确的。

卡尔·波兰尼是匈牙利的军人、记者和学者，在他的一部著作《大转型》（1944）中[6]，他提出了最强有力的证据证明市场不完全在经济学中的重要性。他认为，只有经济学家和政治家组成的阴谋集团在努力推动 19 世纪的社会趋向自由市场，即"自由放任计划"。但社会本身会自然地顶住市场暴行，例如，要求保护公众健康的措施，改善工作条件，以及提供社会保险。作为证据，社会本质上创造了经济学家所谓的"不完全"。他指出，在最不一致的意识形态下的最不同的国家，都采取了同样的措施：

> 那些支持的力量在某些情况下像维也纳极端的反动分子和反社会主义者，在其他时候像伯明翰的"激进的帝国主义者"，或像法国里昂市长爱德华·埃里奥（Edouard Herriot）那种纯粹自由主义者。在英格兰新教、保守派和自由派内阁交替完成工厂立法。在德国，罗马天主教徒和社会民主党参与了这项成就；在奥地利，教会及其激进的支持者推动了这一进程；在法国，教会的敌人和狂热的反圣职者负责制定了几乎相同的法律。[7]

波兰尼坚持认为社会创造了不完全市场以保护社会自身，尤其是保护阵营内个体的尊严，但他却没探讨任何关于经济理论的问题。他只是接受一个有些模糊的新古典主义理论的完全版本。

如果引入"不完全"就可以改进新古典主义理论，更好地描述我们居住的实际世界，为什么不接受这种方法呢？问题之一是，被我称之为"不完美主义者的新古典主义理论"的结论具有明显的可塑性。例如，如果一个战略产业（如飞机制造）有两个竞争对手，暂且称之为空客和波音，他们诱使政府对它们进行补贴，欧盟和美国分别做了数不清的数十亿欧元和美元的补贴。他们到底是在浪费钱，还是这些补贴能增加国民产出？克鲁格曼评论了由两家公司主导的行业的各种模型；大约一半的模型以一种方法回答问题，另一半用另一种方法回答这个问题。[8]特别是，如果两家公司参与"古诺竞争"——即两家公司进行产量竞争，每家公司都假设另一家公司会给定一些产出水平而价格随之变化，那么模型的答案可能是肯定的。如果两家公司参与"伯特兰竞争"——即两家公司进行价格竞争，每家公司都假设另一家公司会给定一些价格水平而产量随之变化，那么模型的答案可能是否定的。"这里所描述的模型都是相当特殊的情况"，克鲁格曼总结道，"在假设中的小变化无疑可以扭转结论"。[9]市场不完全的假设很容易调整，聪明的新古典主义者可以发明"不完美"以达到几乎任何他们想要的结论，而且其他新古典主义者可以创造不同的"不完美"达到相反的结论。

以一种略微不同的方法来阐述这个思想，就是说市场不完美扮演的角色类似于本轮在托勒密的天文学中的角色。托勒密认为太阳绕着地球转。当然，天文学家们已经注意到行星的轨道的异常并不符合模型，所以他们添加了本轮来解释它们，这只是一个几何模型的变化。随后哥白尼出现了，他声称地球和行星围绕太阳旋转。但他认为地球的轨道是圆形的思想不是完全正确的，地球的轨道实际上是一个椭圆，一种细长的圆形。由于这个错误，哥白尼的理论在预测未来天体的位置方面并不成功。一个世纪以来，天文学家使用托勒密的模型及其本轮完成了一个更好的工作，比使用哥白尼的朴素的模型获得更多的工作成果。一百年以后，当开普勒研究了椭圆形轨道的数学性，对哥白尼的模型进行了优化，自此哥白尼的模型在预测天体位置方面才比托勒密的模型更准确。

为什么人们不坚持托勒密，而是选择了哥白尼呢？其观点区别之一仅仅是地心说与日心说之分。在某种程度上，哥白尼模型的优越性（开普勒所修改的）是一个经济问题。如果你能够更简单而又直接地得到相同的结论，为什么还拼命添加本轮呢？更重要的是，从新古典主义的完美市场模型开始再添加"不完美"，不是一个中立的议题。尽管新古典主义可以发明市场不完美，但当提供实用的建议时，他们倾向于回归朴实的完美市场模型（克鲁格曼在此是个例外）。经济学家托马斯·帕利（Thomas Palley）是《金融时报》(*Financial Times*) 等出版物的特约作家，同时在政界也有一席之地，包括担任开放社会研究所（Open Society Institute）"全球化改革项目"的主任等，他对不完美主义者的方法做出批评。他问道："为什么从'来自爱丽丝梦游仙境'的范式开始？""当你开始梦游仙境，仙境中的一切会一直跟随你并影响你的判断，即使你试图摆脱它们也是徒劳的。"[10]

对新古典主义理论的严肃批评，必须针对作为其基础的完美市场模型本身，而不是对完美市场的不完美偏离。从卡尔·马克思到约翰·梅纳德·凯恩斯，对新古典主义理论最深刻的这些批评家都直截了当地反对这个模型。[11] 他们认为即使竞争跟你想要的一样完美，经济体看起来与新古典主义的完美市场也会截然不同。例如，罗伯特·海尔布罗纳在《经济学统治世界》（*The Worldly Phiosophers*）一书中说，马克思奠定了基础，"我们从此进入一个完全竞争的世界：没有垄断，没有工会，对任何人都没有特别的优势。在这个世界中，每个商品售价完全正确"。[12] 李嘉图同样假设完美的市场，凯恩斯在他的《通论》中也如此假设。凯恩斯认为经济问题不是类似垄断公司或工会这样的市场不完美。他认为这是人类境况的问题：我们不能预测未来。因此我将专注于我对完美市场的基本理论的比较。市场缺陷可以随意添加到其中任何一个中来。

# 第 8 章　进入生产领域

世界各国在每年的 5 月 1 日这天庆祝劳动节，从英国到肯尼亚，从中国到墨西哥，是为了纪念工人为改善他们的生活所做出的努力。事实上，美国没有这个节日，是因为美国要成功忘记在这些斗争中的角色。在 1886 年，在芝加哥有一个小的工人团体提议在那年 5 月 1 日举行大罢工，要求每天 8 小时的工作制，而且待遇不变，换言之就是提高待遇。[1] 当地劳工骑士团的组织者支持这个想法，它蔓延到纽约、密尔沃基、匹兹堡、圣路易斯和其他城市。到了那天，全国有 20 万名工人罢工。

抗议者挥舞着红旗，有时携带武器参与游行；美国兵工厂囤积的武器被使用来对抗这样的抗议者。示威大多是非暴力形式的，且这场运动获得了相当大的成功。一个偏向劳工的报道每周宣称："这是 8 小时工作制的大潮，我们取得了一项又一项的胜利。"但在 5 月 3 日，在芝加哥警察向人群开火后，无政府主义者在城市的干草市场广场集会。集会即将结束时，突然有一个人扔出一枚炸弹杀死了一名警察，这完全是计划之外的。集结的 180 名警察向人群开火，造成 1 人死亡，另有 70 人受伤。在几乎没有任何罪证的情况下，四个"无政府主义者"被处以绞刑。

1889 年第二国际社会主义和劳工党大会宣布，为了纪念争取每天 8 小时工作制的干草市场爆炸案和美国的罢工，设立每年 5 月 1 日为国际劳动节。[2] 因此在全世界各国都庆祝这个节日，只有美国不庆祝这个节日。为了区别于第二国际和美国罢工，格罗弗·克利夫兰（Grover Cleveland）总统设立了一个不同的节日：每年 9 月 1 日的劳工节。

约翰·贝茨·克拉克（John Bates Clark）是一位基督教的社会主义者和美国经济学会创始人之一。他认为劳动对资本主义的挑战应该获得更大的成果，而不仅仅是一个改期了的假期。[3] 他在 1899 年《财富的分配》（*The Distribution of Wealth*）一书中挑战性地描述道："笼罩着整个社会的罪状是剥削劳工。"据说，"'工人'自己的产品经常被剥削"。他承认："如果这一说法被证实，每一个具备正确思想的男人都应该成为一个社会主义者；然后他改变工业体系的热情将成为测量和表达他的正义感的标准。"[4] 为了衡量这个判断的正确性，克拉克认为，"我们必须进入生产领域。我们必须把社会上的产品按照组成它的元素进行分解，以便于判定竞争的自然效果是否分配给了每个生产者"——包括资本家和工人——"其创造的财富的具体数量"。[5]

当克拉克和其新古典主义追随者提出进入生产领域，他们引入了一个特殊的词汇。当提到付给工人工资时，他们使用常见的"工资"（wages）一词，但当提到支付给资本家的时候，他们不使用"利润"（profits），而喜欢使用"利息率"（interest rate）一词。这个概念是指，在自由市场，货币的利息率与资本回报率趋于相等。新古典主义则通常是保留"利润"这一术语用于表达垄断资本回报率高于市场利息率。我反对这种说法。利息率是一回事儿，利润率是另一回事儿，它们并不一样。通过使用相同的词描述这两个概念使之相等，这相当于是在一个术语中嵌入一个有争议的理论。因此我使用常用的单词"利润"，也是古典经济学家使用的词语，但当新古典主义者们，如克拉克使用"利息率"指代资本的回报时，我也允许他们使用他们自己的术语。

克拉克在其著作《财富的分配》的开篇就给出"自然"确定工资的结论并提出他所称为"利息率"的概念，这不足为奇：

> 这部著作的目的，是显示社会收入的分配是由一个自然法则控制的。如果没有阻碍，这项法则能够保证每个生产参与者获得其创造的财富数量。然而工资可能根据个人之间自由讨价还价进行调整，由此类交易而产生的支付比率等于那部分可追溯到劳动本身的工业产品；无论利息可能通过类似的讨价还价进行怎样的调整，它自然会与可追溯到资本部分的产出趋于相等。

克拉克反对马克思主义的格言，"各尽所能，按需分配"，他宣称："分配的自然规律是按照每个生产参与者在生产中所占据的不同比例，给出相对应的回报。"[6]经济学家们会通过宣称所谓的"自然规律"而阻止理论的发展吗？

不是所有的新古典主义者都是如此坚持他们的生产理论的道德维度，有的人甚至指责克拉克如此强调它，但他们都明白对其必不可少的需要。正如对他们很友好的评论家乔治·斯蒂格勒指出，19世纪70年代，当新古典主义者专注于效用时，他们在其理论中留下了一个"根本性缺陷"，即"未能发展关于生产性服务的价格理论"。[7]消费者努力将商品的效用最大化可以决定商品的价格。但是什么决定该商品价格的哪一部分作为工资，哪一部分作为利息（或者利润）呢？早期的新古典主义者没有一致的答案。[8]事实上，即便没有一个独特的分配方式，新古典主义的效用和消费价格理论作为对李嘉图理论的修正也可能是有效的。李嘉图一直认可供给和需求在驱动短期价格波动趋于长期或"自然"水平方面的作用。斯蒂格勒斥责说："杰文斯在处理需求理论时如此批判古典主义经济学家，但他自己也是'误入歧途的'李嘉图分配理论的亲密追随者。"[9]

到了19世纪80年代，后一代的新古典主义者英明地发现了如何解决这个理论困境和道德困境。处理生产的正确方法可以把它变成聪明的购物。假设厂商可以投入更多的资本和较少的劳动，反之亦然，生产出相同的产出。然后厂商可以为购买生产要素建模，比如劳动或者资本，跟消费者在市场上购买土豆或意面一样。正如聪明的消费者追求购买商品实现最大化效用，厂商可以寻求最优的劳动和资本组合，实现最大化产出。厂商在生产要素市场上做出明智的购买行为，一方面，决定劳动的工资和资本的利润，另一方面，确保每个要素根据其对生产贡献的多少获得相应的回报。

## 所有可能最好的工厂

作为一个数学假设，新古典主义的生产理论十分清晰。但当描述商品是如何生产出来的时候，我发现它不够清晰，但我会尽我所能描述它。暂且假设技术水平一定。没有工程师，经理只能使用唯一已知的技术。新古典主义的生产理论做出了两个交织在一起的假设：

• 首先，厂商知道如何通过投入更多的资本和较少的劳动生产相同的产品，反之亦然。汽车生产厂经理知道如何通过购买更多的机器人和解雇一些工人，或通过出售一些机器人和雇用更多的工人生产出同样数量的汽车。

• 其次，每个生产要素的收益递减。在给定的存量资本情况下，雇用更多的劳动会增加产出，但增加的产量与增加的劳动并不成比例。汽车生产厂经理可能增加 20% 的工人，同时保持相同数量的机器人，但汽车产量多了 12%。同样地，在给定的劳动情况下，投入更多的资本能够增加产出，但产量增加与资本投入增加并不成比例。经理可能增加 20% 的机器人，同时保持相同数量的劳动，汽车产量增加 8%。一个要素的边际报酬递减也被称为"边际产品递减"或"边际生产力递减"；这两个术语可以交替使用。

经济学家的收益递减的概念可以达到怪异的极端。乔治·斯蒂格勒引用英国新古典主义的先驱菲利普·威克斯第德（Philip Wicksteed）的话说："边际主义的规律不仅适用于物资方面，还具有智慧、道德和精神等方面的意义。恺撒说，当受到内维尔（一个日耳曼部落）突袭时，他几乎没有时间来大声训斥他的士兵，显然当时的长篇大论要比平时的短。他感到，即使在如此危急的时刻，利用一点时间说几句鼓舞士气的话还是十分有用的。但它们的边际价值在下降，延迟还击的代价在上升：因此，当把时间耗在部署行动上时其价值会越来越小。所以，危急时刻应该立即采取行动。"[10]

对于边际收益递减的假设，无论是在消费还是在生产中，都是新古典主义的核心理论，有时被称为"边际主义"的经济学。

需求理论需要边际效用递减规律。[11] 当你在市场上购买更多苹果，你获得更多的效用，但你从每个苹果上得到的效用的增加量越来越小。同样，生产理论需要边际生产率递减规律。当你给一个工厂增加更多的工人，你的产出更多（你生产更多的汽车），但每个工人产出的增量越来越小（额外的汽车越来越少）。

　　如果下面的例子听起来乏味，要怪就怪边际主义理论。跟我一起看看如何成为最好的工厂吧。假设一个公司拥有大量的资本和最少的劳动。因为就那么几个工人，管理者发现他们的边际产品是很大的。招聘一个新员工需要 40 000 美元，收益巨大的额外产出可能是价值 100 万美元的汽车。如果他们花 100 000 美元购买一个机器人，他们只得到很少的额外产出，可能只有价值 10 000 美元的汽车。另一方面，因为该公司已经有如此多的资本，经理看到它的边际产量很低。随着他们雇用更多的工人，每一个工人的额外产出就会逐渐下降。也许第 100 个新工人产出只有价值 40 000 美元的汽车。此时，经理停止雇用工人。另一个工人只能生产价值 39 000 美元的汽车，这是一个亏损的警戒线。当最后雇用的价值 40 000 美元的劳动产出价值 40 000 美元的额外的汽车，该公司的产出达到最大化。

　　此外，在所有可能最好的工厂，支付给劳动的报酬刚好是它的产出。但是等等！难道不是只有那个最后一个劳动产出了价值 40 000 美元的汽车吗？难道先前雇用的工人不是产出了更大的价值吗，难道他们没有被剥削吗？不是这样的。只有当不是满员雇用时，他们才能产出较大的价值。一旦实现满员雇用，即雇用劳动的数量是最优的，每个劳动生产的汽车价值才是 40 000 美元。同样地，在这一点上，每一个价值 100 000 美元的机器人生产价值 100 000 美元的汽车。每一个要素都根据它的产出获得报酬。

新古典主义关于生产的假设证明了总统乔治·布什（George W. Bush）的财政部长约翰·斯诺（John Snow）的论断："人们根据他们对企业的价值而获得报酬。"[12] 同样，相关政治干预劳动力市场只会引发问题。工会可能要求给每个工人 45 000 美元，而不是 40 000 美元。新古典主义经理会说，好的，但是现在我们雇用的最后一个工人的成本为 45 000 美元，而他却只生产了价值 40 000 美元的汽车。我们将减少劳动，直到最后一个工人生产价值 45 000 美元的汽车。萨缪尔森向他教科书的学习者们保证，"一般来说，设置工资高于自由市场均衡的水平最终会导致工人失业"。[13] 他是一个政治自由主义者。经济学家们相信这个行业的逻辑，直到戴维·卡德（David Card）和艾伦·B. 克鲁格（Alan B. Krueger）2000 年在著名的《美国经济评论》(*American Economic Review*) 中公布统计研究的结果，认为在一个国家适度提高最低工资实际上没有增加失业率。

"生产函数"正式描述厂商可选择的生产模式，类似于消费者可选择的购物方式。在教科书版本中，劳动的数量为 $L$，资本的数量为 $K$，产出的数量为 $Y$。在生产函数中，给定唯一的产出价值 $Y$，将由任意数量的劳动 $L$ 和资本 $K$ 完成生产。厂商最大化产出通过购买劳动 $L$ 和资本 $K$ 的最佳组合而实现。[14]

至关重要的一点是生产函数向经理描述可选的组合方式，给定当前的技术状态；它描述了他们已经知道的把更多的资本和更少的劳动结合起来生产产品的方式，反之亦然。即使多投入 20% 的资本需要更多的时间，经理也知道投入什么以及会有多少产出。当前的技术是如何发明的这个问题并不是新古典主义模型试图解释的（就此而言，古典主义模型试图解释这点）。科技就是简单给定的重要市场模型条件之一。市场模型结合生产函数，生产函数描述了经理已知的可以使用的技术，然后声称确定产品的数量和价格，以及工资、利润和其他事项。

正如克拉克说，生产函数可以说是新古典主义理论的核心，因为只有它能"区分"不同的劳动与资本的产物。[15] 托马斯·帕利是新古典主义经济学家，他说有一个地方即使是进步的新古典主义者都"不敢去"：放弃边际生产力分配理论。[16] 原因很简单，古典主义假设在一定的技术水平条件下，只存在一种生产产品的方式，而且没有工程师的技术革新。特定的工人使用特定的设备进行生产。资本的贡献不能与劳动的贡献分开。正如一个笑话所说，"装配线上的工人的边际产品是什么？"答："是方向盘。"因此，不可能有纯粹的市场工资或利润率。缺乏市场工资或利润率意味着社会因素必须进入经济分析。不可能有纯粹的市场领域。

## 梦工厂

经济学家在 19 世纪 90 年代提出了关于生产的新古典主义假设，这比关于效用的假设晚了 20 年。与克拉克一样的经济学家，还包括具有数学思维的弗朗西斯·埃奇沃思（Francis Edgeworth）和神学主义经济学家菲利普·威克斯第德。[17] 为什么边际生产力理论的提出要等到 20 多年之后？为什么有如此众多的经济学家突然之间发现它？让我猜一猜。新古典主义的效用具有一定内省意义；杰文斯和其他人凭直觉发现了它，并试图找出其含义。相比之下，我发现边际生产力的假设是一种特殊的方式，能够将厂商如何生产商品的情况可视化。我相信，经济学家们自发地开始利用这种方法来描述生产，然后接着就建立模型。而且，他们看到了做出关于生产的假设用来补充效用理论的必要性。他们抓住了新古典主义理论的最终形态，然后向后寻求所需的假设。事实上，威克斯第德指出，经济学家模仿效用理论发明了新古典主义的生产理论。[18]这种逆向假设，使它们看起来比较不易令人相信。

古典主义生产理论似乎更有道理。给定技术条件，并把该技术当成是生产优质产品的唯一方法。当然，科技创新促进了生产方法的改进。事实上，20世纪20年代，在福特汽车的胭脂河（River Rouge）工厂生产一辆汽车比今天任何一家工厂都需要更多的劳动和更少的资本。在底特律艺术博物馆，迭戈·里维拉（Diego Rivera）的壁画中生动地描绘了原始的肌肉力量和原油机械生产场景。在20世纪20年代，工程师不知道如何使用更多的自动化设备和更少的工人。今天，情形正好相反。对现代化的汽车技术十分重要的精确的公差要求设立计算机控制加工中心。2006年，福特在中国重庆开了一家汽车工厂，这个工厂的工人工资只相当于德国的一小部分，该汽车制造商的一位发言人告诉《纽约时报》说，该厂"几乎与德国最先进的工厂相同"。[19]原因很简单。现在福特工程师不知道如何通过使用更多的低工资的中国人和更少的设备制造汽车。也许福特可以在中国再建一个类似当年胭脂河的工厂。但现在谁愿意再建这样的工厂呢？如果福特舍弃计算机控制的设备中心，而试图通过雇用工人进行生产，那么这些工人又能做什么呢？他们使用的简单工具能生产出现代汽车吗?

我从报纸报道中选用了福特的重庆工厂为例,但这种情况是十分普遍的。[20]加利福尼亚大学伯克利分校的哈利·谢恩肯(Harley Shaiken)对全球自动化工业调查的结果显示,墨西哥和美国的工厂自动化程度是相同的。生产车间的计算机控制的设备不仅在日本的工厂有,它们也会被"设计、生产并在日本测试后"运往墨西哥。[21]

这个原理在其他行业也适用。零售业中,低收入的销售员和文员似乎可以替代激光扫描器、电脑收银机和库存控制系统。当我对墨西哥社会保障局(Mexican Social Security Institute)经营的一个连锁超市写一份案例研究时,他们的经理告诉我:"在沃尔玛等竞争压力下,我们放弃了劳动密集型、低技术含量的方法。而且在所有的店铺中应用了像沃尔玛和其他连锁超市一样的最新的技术。"我问:"难道没有折中办法吗?"答案是,"没有。"[22]经理必须控制库存,库存不足时补货,减少损坏和盗窃,并灵活定价。他们必须每天对账,必须监管供应商和仓库。经理说只有两条路:要么破产,要么升级到最先进的技术。他们选择后者。

回顾历史,能发现十分相似的情况。哈佛大学制度经济学家亚历山大·格申克龙(Alexander Gerschenkron)研究了早期的不发达国家,如德国、东欧国家和俄罗斯。他得出结论说现实条件要求支持工业,因为工业需要这种支持来实现技术进步:"工业化的开始,大部分落后国家获得成功是由于采用现代高效技术,尤其是当他们的工业化进程面临来自发达国家的压力时。"[23]

如果通过投入资本取代低报酬工人的做法不可行,那么意图通过应用高程度自动化来取代高报酬工人的做法也不行。通用汽车在 20 世纪 80 年代投入几十亿美元做了一个实验来验证这一说法。通用汽车的经理认为是那些高报酬又不服从管理的工人削弱了通用在日本的竞争优势。因为读了太多新古典主义理论，或者说太多科幻小说，他们决定通过用机器人取代工人的方式重新获得与日本之间的竞争优势。沃伦·P. 西尔林（Warren P. Seering）是麻省理工学院的机械工程师（不是经济学家），他描述这个不幸的结果时说道："许多生产商相信美国只要建立大量具有类人特征的机器人，在工厂中日夜工作，就能够完胜国外利用廉价劳动力的工厂。许多人都认为这些机器人具有像人的手臂一样能够摇摆的操纵杆，像人的手指一样的握爪，也能像人一样具有感知。这些按照人的形象制造的机器人将很快在成本和效率方面超越人类。"[24] 想象一下设计一只机器人手抓起一只小灯泡，保证不弄碎它，然后再将它拧到汽车仪表盘面板上。类人机器人在这方面失败了。在当时机器人的单位价格达到 10 万美元（不包括运行或维修费用），再加上差劲的表现，导致它们的实际应用价值不大。麻省理工学院"国际汽车项目"（International Motor Vehicle Program）估计在 20 世纪 80 年代，通用在这项高新技术研究失败上浪费了 400 亿美元。[25] 得到教训后，通用汽车仅花了 2 亿美元与丰田合资成立了务实的"新联合汽车制造公司"（New United Motor Manufacturing）。正如一位研究员说，在最好的情况下"使用'中等水平的技术'设备"，以及日本的"经济型生产方式"，通用汽车实现了 40% 的增产和最高水平的质量。[26]

在某一特定时间点，存在一些可选择的资本密集或者劳动密集的生产方法的情形，但在新古典主义生产函数中很少存在合理的例子。大量低技术水平的工人拥堵在墨西哥城的地铁入口无事可做，而那些农民手工种植的玉米却充斥着整个市场，当然他们不是在现代经济体中进行竞争。稍微夸张点儿说，墨西哥具有双重经济体：一个是现代经济体，使用与国外一样的生产方式；另一个可能会被经济学家称为"非正式经济体"，使用中世纪的生产方式。墨西哥农民手工种植的玉米与美国中西部的农场生产的玉米没法相比。在《北美自由贸易协定》（NAFTA）之下许多农民被迫破产，在不好的年月甚至濒临饿死。那些生产的玉米出口美国并与美国竞争的墨西哥农场，也使用相同的机械化设备，甚至是雇用同样的流动工人捡拾那些机器不能处理的玉米。这样的墨西哥农场与美国农场看不出什么实际区别。

有一部关于"工程生产函数"的书，描述了怎样权衡在特定操作中投入不同的生产要素。结果显示不存在这种实际可能性。这部开创先河的作品是哈佛大学经济学家霍利斯·切纳里（Hollis Chenery）所著。他的父亲是太平洋燃气和电力公司（Pacific Gas and Electric）的执行官，所以他能够接触到那些管线的数据。他研究的不是在资本和劳动之间的权衡，而是在两种不同类型的资本之间的权衡：带有大功率的压缩机的大管径管道和带有小功率的压缩机的小管径管道。他选择了这个例子是因为他发现这是一个极其简单的方式来计算可能的权衡。[27] 他可以直接忽略资本和劳动的潜在替代品，因为在管道和压缩机技术一定的情况下，劳动的数量也是一定的。[28] 为了计算在管道尺寸和压缩机功率之间的权衡，切纳里必须对一些无法计算的事物做出假设，比如"天然气田的预计使用寿命、天然气需求量、利率甚至财产税"。[29] 他运用一些管道工程师不了解的经济技术，同时还要依赖于那些快要被技术进步淘汰的工业数据。[30] 因此，他对那些要在实际中运用他的结论的人做出警告。[31] 考虑到他选择了一种他认为是极其简单的情况，一个具体的生产函数（实际上能够告诉经理如何随着价格的变化在一系列选择因素中做出取舍或者找到替代品）似乎是极不可能存在的。

## 购物与革新

我需要表达清楚我在说什么。任何理性的人，包括我自己，都不会说资本和劳动，或者任何特殊的生产投入都是一直固定的。随着技术进步，这些生产的投入是一直变化的，投入的原材料、资本和设备的种类也在变化。如果将生产投入转换成总资本或者总劳动来衡量，那么就会发现随着时间的推移，生产是越来越资本密集型。比如，从 1960 年到 2008 年，美国工人阶级的工资每年以 2% 的速度增长，每个工人的工资一共增长了 200%。[32] 古典主义和新古典主义的范式都承认这种技术变革的力量。

但是古典主义和新古典主义模型就技术水平的定义存在分歧。古典主义者认为在一定的技术水平下，企业只有一种生产方法。如果存在多样化的生产方法，古典主义模型也选择忽略它们。新古典主义者在技术方面的研究更有野心。它假设在任何给定的技术水平条件下，企业可以从多种生产方法中选择一个，投入更多的资本和较少的劳动，或者是投入更多的某一种生产要素和较少的另一种生产要素，但产出是一样的。为了使企业能够选择最优化的投入要素的组合方式并实现产出最大化，就像聪明的购物者能够在选购商品时实现效用最大化一样，新古典主义范式必须假设可选择的生产方法的"菜单"是已知的。即使选择不同的生产方法，也不能选择正处于技术创新阶段的生产方法，因为这种创新有可能成功，也有可能失败。

你可能认为，经济学家们此刻已经发现了论据，来证明为什么技术应该设法提供给企业一个丰富的菜单，该菜单上显示已知的可供选择的生产方法。但我从未见过可以自圆其说的论据。生产函数的概念和用一种生产要素替代另一种生产要素的可能性，似乎是一种学术层面的知识。这个知识以毫无底气的微弱的声音在课堂上世代相传。

与之相反，有很好的论据能够反驳新古典主义的生产观。保罗·戴维（Paul David）是斯坦福大学经济史学教授，他发展了清晰的逻辑脉络，假设生产经理在某一特定的时期，知道两种生产相同产品的方法：一种是劳动密集型，一种是资本密集型。[33]如果劳动价格降低，那么第一种生产方法较便宜；反之，如果劳动价格升高，第二种较便宜。选择的是两种方法其中之一，也许是资本密集型。只要资本价格和工资价格的波动不剧烈，或者说很平稳，那么企业就会一直使用这种生产方法。然而，如果他不想在竞争中落后，企业会持续渐进式改进，"在实践中学习"（learning by doing）。经理和工人严格检查生产过程，力求解决故障点和瓶颈，渐进式节省成本并提高质量。同时，像劳动密集型等生产方法的生产技术不会有进步，因为它们没有被采用。如果工资现在下降了，企业也不会重新选择劳动密集型生产方法，因为无论什么样的工资水平，其生产效率都较低。事实上，生产本身也毋庸置疑地会进步，使得其他的可选择的方法无用武之地。

当然，如果生产要素的价格变化，比如工资价格升高，企业可能会尝试发展新的生产方法，减少雇用的劳动并投入更多的资本。沃尔特·尼科尔森在他的一篇关于微观经济的文章中，解释了新古典主义的一般生产概念。然后，在文章的几页之后，他就对该概念做出修正，如果最低工资升高，快餐业"可能会用青少年劳工替代那些昂贵的自动烹饪设备"。他提出，为了应对1977年的最低工资升高，麦当劳"进行了一系列节约劳动的技术研发，并在青年劳动力的雇用政策上做了一些调整"。[34] 尽管他是在这次高贵的实验进行了十年之后才写了这篇文章，但尼科尔森并没有告诉我们麦当劳最后成功与否。通用电气发现类似的尝试可能失败。在理论方面情况更糟糕，尼科尔森使他的学生们混淆了在已知的多样化生产方法中的市场选择与一项不确定的技术革新实验项目之间的区别。

购买时在已有商品中做出明智的选择与进行未知的革新研究项目之间的区别不是简单的方法论问题。我们可能并不了解我们购买的每一样商品（"柠檬"产品总是有的），但是确实存在很多的选择；我们有一些正反两方面的经验；而且我们可能获得一些关于它们的概率性的信息。比如，根据车模的实际性能的数据预估，《消费者报道》（*Cosumer Reports*）会告诉我们某一模型的传动装置需要维修。相反，一项发展其他生产方法的研究项目则是摸石头过河。一种替代方法甚至都不存在，因为如果存在，我们何必还要进行探索项目？企业先前并不知道这个尝试最终会成功还是失败，又或者代价是什么。

## 具体资本变成抽象资本

新古典主义者花费了大量时间研究生产理论，但对结果仍不满意。比如威克斯第德所举的一种生产要素替代另一个生产要素的奇怪例子："制砖厂同时需要智慧和稻草"*，还有黏土，"但是它们之间可以自由替代而不影响生产的质量"。[35] 为什么用这个圣经中的例子？在英国不用稻草制砖，但我猜威克斯第德是举不出一个英国的例子。而且我们的神圣的先人们是如何用更多的智慧和较少的稻草制砖的呢？如果先人们已经知道如何通过稻草更好地增加砖的强度，那么需要更多的"智慧"来做什么呢？

阿尔弗雷德·马歇尔是一位维多利亚时期的注重实际的经济学家，他认为边际生产率主要应用于农业，而且即使是在农业领域，也更像是捕捉技术变化历史的发展，而不是提供实际的现代化的替代的可能性。[36] 到了 20 世纪 40 年代，经济学家保罗·H.道格拉斯（Paul H. Douglas）是生产函数的一种简便的数学形式的共同发明者之一，他感叹道：他的同事在上课时，"开始一个小时还是纯粹地灌输约翰·贝茨·克拉克的理论，下一个小时就把韦布夫妇（Sidney and Beatrice Webb）的讨价还价理论（即工资是通过雇用者和被雇用者之间的讨价还价之后确定的）当作经济学圣经来讲解！"[37]

J.B. 克拉克承认，可能不存在一种切实可行的方法用一种具体的生产要素替代另一种生产要素："机器通常只需要一个工人进行操作。"[38] 除去了工人，机器就会停工。克拉克因此试图想象边际资本量："汽车、机器、铁道和建筑等……体现一整条铁路的资本价值；但是当我们试图找到并确定其中的'最后'部分和决定利息的部分时"，也就是决定最后的边际产量的增加价值时，

---

* 圣经《旧约·出埃及记》第 5 章载：当天，法老吩咐督工的和官长说："你们不可照常把草给百姓作砖，叫他们自己去捡草……"——编者注

"我们不能单独算出设备某一特定部分的价值"。克拉克继续说：

> 我们必须找到，在所有设备中，在组成这些设备的所有
> 仪器和工具中，最后一单位生产性的元素是什么。如果一家
> 公司在建造和装备了铁路之后，它的实际资本（具体的、物
> 质的用来运送乘客和货物的全套设备）较之原来的计划会产
> 生损失，那么这家公司的支出将会有怎样的缩减？正常情况
> 下，全套设备的品质在各方面都会有轻微折扣。车厢、引
> 擎、路基、建筑等……在所有这些东西上面，这家公司都不
> 再会精益求精。这家公司配有的火车头或者车厢，可以卖给
> 别家的公司。但这个行业中资本的最后增量，在物理上将不
> 可能从这个行业中撤出，这一点是十分清楚的。[39]

不管是铁路还是其他的什么企业，可以加上或者减去从而改
变最终产出的那一单位的实际设备，是无法识别出的，克拉克于
是设想将它们加总为一种隐喻的抽象的资本。克拉克假设，它们
没有物理特性，而是"活的，可以从一个主体上拿下来，安装到
另一个主体上，不断往复使用"。[40]比如："曾经投入到新英格兰
捕鲸业的资本可以再次被应用到棉花生产中；但是那些船只却不
能当成纺织机使用。当船只达到使用寿命，那些通过捕鲸赚到的
钱本该用来制造更多船只，而实际上被用来制造纺织机。资本在
捕鲸业的循环被打破；但是资本还在，而且可能转移到另一个
行业中。"[41]抽象的资本能够赚取收益。如果加总实际的资本设
备部件的价值，"得到的总数就代表了全世界的永久资本量。算
出每年新增的部分占这笔总基金多大的份额，你也就得出了利

息率。"[42]

同样，纺织机也不能在没有工人操作的情况下运行。克拉克承认，如果缺少工人，"那就有许多废弃的机械，剩下的工人也无法使他们运行。资本投入到这些设备上，只有在设备发展到一定程度，只需少量工人就能运行的情况下才能够开始进行生产"。克拉克承认这一说法有点牵强附会，并解释道："几乎不可想象……资本如何会立即转化成缩减后的劳动力所要求的形式。"然而，这却发生了，他坚称："所有这些在实际工业中发生了：世界每天都发生这种奇迹般的事情，完全自发的而不令人察觉。经济学机制在整个经济系统中发挥作用，它将全社会资本分配给每个行业其应有的份额。在各种情况下，经济学机制将在不同行业中分配合理的份额以转化成该行业中的人所需要的形式。"不可否认克拉克的修辞能力，但有时我们也不禁怀疑什么时候经济学机制终止而奇迹开始发生。

## 总量的困境

微观经济学不允许克拉克将具体的设备变成抽象的资本，将具体的工人抽象成一般的劳动。因为设备种类和工种有许多，应该将它们看成不同的"生产要素"。如果仍然假设一种要素能够简单地替换成另一种要素，那么就会出现工程问题，也就是我要讨论的，也是克拉克承认的问题。在具体的层面，用一种生产要素替代另一种生产要素几乎是不可能的。将驾驶工人解雇，不能用更多的钱来解决问题，因为火车会直接停下来。同样地，再多的工人也不能取代火车引擎，火车也会停止。

克拉克提出的生产函数，现代宏观经济模型也一直沿用，即将所有的具体设备抽象成一定数量的"资本"，用 $K$ 表示，将所有具体的工人抽象成"劳动"，用 $L$ 表示。如果微观主义的观点遇到实际应用问题，那么宏观经济学理论也会遭遇理论的灾难。

事实上，生产函数遭遇过两个理论灾难。在一个长期的争论中，英国剑桥大学的非新古典主义经济学家攻击它，而位于美国马萨诸塞州剑桥市的麻省理工学院的新古典主义经济学家则拥护它。值得一提的是，保罗·萨缪尔森最终承认麻省方面的失败。[43] 同时，包括萨缪尔森在麻省理工学院的同事富兰克林·费希尔在内的微观经济学家，从新古典主义的角度击溃了总量生产函数的相关理论。然而，实用主义经济学家仍然使用它就像什么都没发生过一样。最新的 DSGE 宏观经济学模型使用总量生产函数，就像这个函数非常生动而且准确一样。费希尔和亚洲发展银行的吉泽斯·菲利普（Jesus Felipe）在一篇文章中提出了加总问题："年轻一代的经济学家仍不知道这些问题，结果就是那些糟糕的习惯和糟糕的科学造成了糟糕的经济学和糟糕的政策建议。"[44]

"两个剑桥之争"的焦点是：什么是资本的数量？如果资本设备包括推土机、软件和种子，你怎么将它们加总到一个称为 $K$ 的数量中呢？克拉克说你可以将价格相加得到 $K$，那么就出现了另一个问题。你怎么知道设备每个部分的价格呢？新古典主义理论要求 $K$ 是已知的，以便于计算价格。[45] 比如，一个汽车生产商在 2009 年 1 月花了 1 亿美元建设一个新工厂。为了方便讨论，只是打比方说，加上材料和人工费一共需要 1 亿。但这个工厂只有到了 2010 年的 1 月才能开始生产。新古典主义理论认为，该汽车生产商必须在 2009 年就因其投入的 1 亿美元而获得正常利润或者利率。换言之，你需要知道利润或者利率来决定该工厂的价值，这样才能够把它们加总到总资本价值 K 中。但你需要首先知道总资本价值 K 是多少，才能通过生产函数决定利润或者利息率。这个循环逻辑根本行不通。[46]

新古典主义者可能会认为这种循环是一种理论探索；但是经过辩论，这一结论进一步印证了克拉克收益递减的猜测。收益递减是指当厂商用资本替代一定数量的劳动的时候，资本的收益（即利润或者利息率）降低。尽管萨缪尔森在这场与英格兰剑桥大学的辩论中输了，但他建立了一个关于生产香槟的模型（尽管不切实际得令人吃惊，但逻辑上无瑕疵），在这个模型中，违反了收益递减规律。在一定程度上，即使厂商继续投入资本替代劳动，利润率会持续升高。[47]这类反常现象（或者当你相信总量生产函数时，对你来说是反常的现象），它们的结果是边际产品不决定资本和劳动之间的收入分配。[48]克拉克最终没能证明马克思是错误的。

费希尔和其他新古典主义微观经济学家问了一个不同的问题：你能发明一个总量生产函数包括总产出 Y、总资本 K 和总劳动 L，可以正确概括出不同企业使用不同的资本和不同种类的工人的不同的生产情况吗？[49]当英国剑桥学派只关心总资本时，费希尔还关心总劳动和总产出。菲利普和费希尔向"两个剑桥之争"的关键人物之一琼·罗宾逊（Joan Robinson）提问道："您提出的女人劳动一小时的产出真的与伊丽莎白二世女王或者小甜甜布兰妮劳动一小时的产出一样吗？"[50]他们指出只有当每家企业使用完全相同的工人时才能够加总劳动。比如，如果一家企业雇用1个律师和3个木匠，另一家企业雇用2个律师和6个木匠。只有当所有的企业都只雇用律师和木匠，而且企业中律师与木匠的比例都是1:3的时候，才能够加总产出。一家企业一个月能够产出2个法律摘要和1个木质谷仓；另一家企业能够产出4个法律摘要和2个木质谷仓。生产函数一定都是相似的，或许除了效率以外，有的企业可能会神奇地以同样的投入却比其他企业产出更多。

总之，你不能从以一定假设为条件的微观层面的生产函数推断出总量生产函数，况且这个微观层面的生产函数是以很久以前的表面上似乎有道理的假设为条件。此外，正如菲利普和费希尔提出的，以总量生产函数为基础的关于经济的统计，来估计宏观经济学的发展趋势，可能涉及非常严重的错误。

假设经济是非常简单的：只有一种商品，这种商品也可以被当做资本，而且只有一种劳动。总之，就是李嘉图的谷物经济。在这里，如果假设在新古典主义生产函数下，那么克拉克可以主张，每个生产要素都能够根据其生产贡献获得报酬，而他也不会陷入理论灾难。但他也不能证明马克思是错误的。在这个相同的经济体中，马克思也可以维持他的劳动价值论，而且不会遇到什么理论麻烦，当所有的行业都有相同的资本密集程度，又或者说只存在一种行业时，所有的价值都能够用劳动时间衡量。克拉克的观点和马克思的观点的理论问题是相同的。旁观着克拉克的观点是如何被广泛地接受，以及看着马克思的观点是如何被激烈地排斥，这是一件非常有趣的事。两者之间的区别显然跟理论能否自圆其说无关。

难道克拉克的观点就没有什么用吗？罗伯特·索洛（Robert

Solow）曾讽刺道："如果上帝故意安排生产只需要两种生产要素，那么我们画一个三维的图就简单多了。"[51]这是支持单一谷物模型的最不坏的理由换了一种说法。索洛说它被过分简单化了，但这个简单的像玩具一样的经济起码容易理解，在适当的情况下，它可以让经济学家们在某一方面对真实的经济进行研究。索洛增长模型惯于将经济增长分割成三部分：增加劳动力、积累资本和提高效率。这个效率也被称为是"全要素生产率"（total-factor efficiency），索洛也承认这个概念有些含糊。对于这个模型，我还有很多要说的，但就现在而言，它是有用的。我仔细研究这个模型中的所谓"全要素生产率"，并试图理解经济体是怎样运行的，比如，墨西哥与韩国这两个经济体的运行模式。索洛支持这些模型的原因是它们"仍然具有启发的作用，有助于实证工作的可控性、成果性以及有助于政策制定"。[52]这种方法可能是一种很好的方式，可以将经济增长分解为劳动力的增加、资本的积累和效率的提高。但任何应用它的人都知道其建立在理论流沙之上。如果结果令人疑惑，那么就要提出质疑。

## 纯粹市场经济的错觉

将消费当做是一种市场现象，聪明的购物者试图用手中的钱买到最多的商品，这种假设是合理的。它可以并且也许也应该被纳入古典主义的生产理论。但生产与消费是完全不同的。尽管存在生产要素的市场，这些生产要素包括不同种类的劳动、设备、自然资源，但生产的实质与新古典主义经济学家们的描绘是不同的：企业家像消费者购物一样，选择生产要素的最佳组合。但这是很难实现的，因其受到技术结构、人脉和各种情况等不确定因素的制约。在一个给定的时期，生产是根据既定方法进行的，并非因为它们没有变化，而是因为我们不知道它们可能如何变化。在这种情况下，习惯和风俗也决定着人们的报酬；市场并非全部的决定因素。

完美市场可能不是最优的，除此之外我还想指出：市场无论多么完美，都不能单独构成一个经济体。没有合理的理论或者实际可行的方式证明人们的习惯和风俗与经济无关。这些习惯和风俗可能会有用，或者可能是有害的。但它们永远都会是经济中的因素。

# 第 9 章 什么导致收入不公？

自 20 世纪 70 年代以后美国收入不公的情况急剧恶化，关于这个问题的讨论在 20 世纪 90 年代开始逐步升温，而这个讨论只不过是克拉克早先观点的更新和伪装。密歇根大学的乔治·约翰逊（George Johnson）在《经济学展望》（*Journal of Economic Perspectives*）期刊中的一文中写道，经济学文献对这个不幸的情况达到了"几乎一致的观点"："在 20 世纪 80 年代，对具备高端技术的工人的需求量在增加，从而引起他们的相对工资在升高"，同时，对技术水平较低的工人的需求量在减少，他们的工资在降低。[1] 信息革命通过将信息技术植入生产函数中从而不可逆转地促成了这个结果，这也是新古典主义的加总技术的设想。由于美国 100 强企业的首席执行官在 1970 年的工资是普通工人工资的 40 倍，在 2000 年是普通工人的 1 000 倍，那么他们的边际生产率一定有了令人惊讶的提高才能促成这个结果。[2]

达成这项一致结论的研究没有使用隐性劳动力供给曲线，而是考虑了不同教育水平的劳动力供给量，即高中以下、高中、专科和本科。[3] 高教育水平的劳动力供给量极大地提高了。约翰逊计算得出"本科相当学历"的劳动力相对于"高中相当学历"的劳动力的比率，从 1950 年的 1∶10 提高到 1993 年的 1∶5。[4] 在新古典主义看来，这种增长是个谜。如果一种商品的供给量增加，而需求量不变的话，那么其价格一定下降。如果高教育水平的劳动力的供给量相对于低教育水平劳动力的供给量增加的话，他们的工资会降低。然而，事实正相反。高教育水平工人的工资升高，低教育水平工人的工资降低。那么结论就是对高教育水平工人的需求的增长速度一定超过了供给的增长速度，才促进他们工资水平的升高。

为了使关于收入不公的研究进行下去，暂且假设总量生产函数是合理的。按照标准情况，该函数显示了企业通过投入更多资本和较少劳动，或者投入更多劳动和较少的资本，分别得到多少的产出。但是，当使用这个生产函数研究收入不公时，需要假设企业能够通过雇用更多的本科水平的劳动力和较少的高中毕业的劳动力而得到相同的产出，或则相反。每个生产要素的边际产出，即增加一个本科毕业的劳动力或者一个高中毕业的劳动力而得到的增加的产出，决定了那个生产要素的收益。

从这种生产函数，经济学家推导出了描绘高教育水平劳动者相对于低教育水平劳动者的需求曲线。生产函数有一种"对偶形式"（dual）：以相反的方式刻画同样的事实。给定某种生产要素（本例中即为大学水平的劳动力，或者高中水平的劳动力）的工资水平，该对偶形式会告诉我们企业对该生产要素的需求量。一般来说，这些收入不平等的研究会用生产函数的对偶形式，来推导劳动力的需求曲线。

事实上，所谓的"需求"曲线，我更倾向于称之为"所有其他因素"曲线。该曲线实际上承担了所有决定收入的相关因素，除了劳动力供给，还包括在不同行业中被雇用的不同工种的不同教育水平的工人的实际数量等等的所有因素。比如，哈佛大学的劳伦斯·卡茨（Lawrence Katz）和芝加哥大学的凯文·墨菲（Kevin Murphy）在一项权威报告中承诺，将在其"所有其他因素"曲线中，纳入"技术影响、产品需求和其他非劳动力投入"。[5]这个"所有其他因素"曲线能够捕捉到：任何的制度变更，比如劳工组织的弱化；任何贸易模式转换，比如当支付给低教育水平工人报酬较高时，导致制造业的贸易逆差上升；任何行业份额的变化，比如雇用较多高教育水平工人的金融业的增长；当然还有技术进步。

有个问题一直困扰着经济学家，就是他们无法以任何直接的方式衡量技术发展的影响，至少他们至今还没能解决这个问题。他们将技术发展的影响隔离在外的做法，就像在侦探小说中，侦探为了寻找真正的罪犯，将一些嫌犯排除在外一样。将其他的所有因素都排除在外，剩下的就是技术发展带来的影响。可悲的是，现实的针对收入不公的研究不能够像侦探小说中那样进行简单的排除。侦探小说作者在情节中提供了所有嫌疑人的姓名、长相和角色。收入不公的研究者遇到的问题是甚至无法确定嫌疑人，如是否将制造业的贸易逆差加入到他们的模型中，还有一些他们根本想象不到的其他的重要因素。如果没有充分排除其他因素的作用，那么技术的影响就会被夸大。

经济学家几乎把所有事情都当作游戏，不信就看看卡茨和墨菲的努力吧。在研究了"所有其他因素"曲线上所有的变量之后，或者说是他们称为劳动力的总需求曲线，他们从那些变量中确定了一个主要的组成部分，而且该组成部分将不受技术变化影响。这个组成部分就是不同行业中对工人的需求变化，例如对收入较低的零售员的需求量增加，而对收入较高的生产工人的需求量减少。他们将这些需求上的变化排除在他们的"所有其他因素"的曲线之外。在给定的行业内，不同类型的劳动力需求的变化，比如，在零售业中，对受过良好教育的女性劳动力的需求量增加，而对未受过良好教育的男性劳动力的需求量减少。这些变化曾经未被注意，现在被单独拿出来研究。卡茨和墨菲称为"难以衡量的变化"（difficult-to-measure changes）的因素，最终成为"对更高教育水平的工人和女性工人的需求量增长的主要"原因之一。[6]他们将这些对不同类型工人需求的"技术"改变当做是收入不公的原因。但"技术"仍然未被解释。也没有什么正当理由来解释为什么不将它们归为"政治"因素。

密歇根大学的约翰·邦德（John Bound）和他的同事乔治·约翰逊（George Johnson）进行了一项非同寻常的综合性"侦探"工作。[7]他们建立了一个模型用于区分 32 类工种的工人工资的影响因素，包括不同的教育水平、工作年限和性别。在探索技术的无形影响的道路上，他们对更直观的因素的探索令人印象深刻。美国各行业的雇用份额变化的影响是深远的。例如，耐用品（手机、冰箱等）的制造业以及采矿业在 1973 年雇用 19%的工人，在 1988 年雇用 14%的工人。由于这些行业的工会组织比较完善，因此在该行业中教育程度较低的工人收入也不错，这些行业中的雇用份额下降直接影响了他们的收入。随后，研究者将衡量在 32 类工种中，制造业和采矿业的工人收入比服务业从业者高多少，以及在不同行业中工资的差距。因为无法判断 32 类工种中的每一个工人在不同行业中的收入差距，他们就根据所有工人的平均工资进行比较。例如，在 1973 年，建筑行业的工人工资比教育从业者的工资高 36%，但这只是指平均工资。[8] 在建筑业中，高中辍学的劳动者的收入相对于其他行业会高 50%，而本科毕业生的工资却比其他行业的低 10%。

最终，邦德和约翰逊研究了一个相当明显但却少有人注意的因素：不同行业产品需求的改变。比如，在 17 个行业中对商业服务的需求增长最快。由于商业服务的从业者中大部分都受过良好的教育，对这些服务的需求增加导致这群人的收入增加。卡茨和墨菲分析发现，不同行业需求变化导致收入不公加剧；而邦德和约翰逊的结论正好相反。我也不知道谁是正确的。

无论如何，最后的结果都是相似的。邦德和约翰逊找到的显而易见的因素使得收入不公的恶化原因仍不明确，他们得出的结论是："显然，是其他的未知原因。"[9] 其他的未知原因到底是什么呢？在这个框架下，只能是看不见的余下的部分了，也就是被标签为"技术进步"的部分。问题在于很多的未明确的可疑因素本可以被找出来。

大约从 1980 年开始劳工运动的整体强度下降也是潜伏的罪魁祸首之一。如果一个行业的工人工资和福利待遇优于另一个行业，这就显示了工会的作用。但是邦德和约翰逊没有认识到工会对整个经济体的影响。[10] 比如，1981 年 8 月爆发的机场调度员的罢工，时任总统罗纳德·里根直接发布政令，宣布解雇了超过 90% 参与罢工的机场调度员；他收回了该行业的工会执照，并取消了该工会。这只是整个经济体中一个持续的有组织的罢工的第一步。邦德和约翰逊的模型解释了影响机场调度员——不是太重要，因为其从业人员只有 130 000 人——或者其他具体的工会收入的直接因素，而不是对劳动力关系进行一般性管理的政治强制因素。还比如肯尼迪总统在 1962 年使用的政治强制手段。就在美国钢铁工人联合会同意工资以中等速度增长之后，美国钢铁公司（U.S.Steel）价格每吨增长了 6 美元，肯尼迪总统也认为这有些过高了。所以他痛击该公司"完全不顾而且是非常不负责任地藐视公共利益"。[11]美国钢铁公司价格随即回落。事实上，他警告企业的利润增长最好不要超过工资的增长率。高利润不会直接体现在公司高管工资的增长上，高利润的作用毫无疑问是较长期的。

邦德和约翰逊的模型中忽略的另一个经济活动中涉及的政治因素就是女性工人运动。从 20 世纪 70 年代开始，只有女性本科毕业生的收入随着整个经济生产率增长而增长。[12]其他中等收入人群（高中毕业的男性和女性以及本科毕业的男性）逐渐落后了。[13]为什么本科毕业的女性发展较好呢？邦德和约翰逊发现的一个因素是从 1970 年之后，女性在劳动力中的比重增加了，她们积累了经验而且提高了生产率。但她们不也是曾经实施了一次罢工，反对每产出价值 1 美元的产品后只获得 59 美分报酬的运动吗？政府不也是通过了同酬法案吗？当为了提高工资的工人运动结束时，女性推动收入增加的运动能力却提高了。

## 太多无法解释的事实

有充分理由相信，政策对收入差距有深远影响；而技术进步通过生产函数所产生的影响与之相比，影响甚微。将收入差距归因于技术进步的问题之一在于，并非所有发达国家都存在收入不公问题。纽约"新学院"的戴维·豪威尔（David Howell）提到，如果扩大比较范围，当美国和英国的收入差距越来越大时，德国和比利时的收入越来越公平，而另外其他 14 个有数据可查的发达国家中，收入也是趋于公平。[14] 这些国家和美国一样也经历了技术革命，那么为什么他们没有发生收入差距扩大的问题呢？

新古典主义者对欧洲相对收入平等的情况有所反应。芝加哥大学经济学家加里·贝克尔（Gary Becker）提醒道，欧洲能够维持收入相对平等，只因其做出魔鬼的选择，即"溺死在失业之中"。[15] 根据新古典主义生产函数，他指出当工资水平超过市场应有水平，工人就会失业。这一论断不仅存在理论问题，在实际中也有矛盾。在 20 世纪 80、90 年代，大多数发达国家都经历失业潮，但德国和比利时的收入却趋于均衡化，其失业率也只是略微变化。[16] 而且，当美国经历巨大的贸易逆差且存在每况愈下的收入分配问题时，德国却存在巨大的贸易顺差以及越来越好的收入分配状况。

将北欧国家与美国进行对比。收入分配通常用"基尼指数"衡量，当一个国家收入分配极端公平时，基尼指数值为 0，当一个国家收入分配极端不公平时，基尼指数值为 100。北欧国家基尼指数约为 25，美国约为 40，因此北欧国家收入分配比美国公平许多。[17] 根据经济学人智库（Economist Intelligence Unit）自 1980 年有数据可查开始：芬兰的失业状况有时好于美国，有时又比美国糟糕得多；瑞典也是时好时坏；丹麦几乎一直都不错；而挪威的情况每年都很好。[18] 全球金融危机之后，北欧国家的失业率始终低于美国。

此外，如果贝克尔的断言是正确的，失业率应该完全根据生产函数的趋势变化。美国低教育水平工人"灵活的"低工资应该能够挽救高失业率，而欧洲低教育水平工人的最低工资应该使失业率更加恶化。然而，经合组织（OECD）研究表明事实正好相反。美国的低教育水平工人的失业率水平是所有数据的其他国家中最高的。[19]

技术发展导致收入不公的说法不仅不能在欧洲得到验证，在美国也行不通。美国中等收入人群包括所有高中毕业的工人和本科毕业的男性，占据了美国劳动力大军的三分之二，信息革命怎么能够确切地解释中等收入人群的个人收入增长速度远远落后于平均生产率的增长速度呢？依我看来，这种情况看起来更像是失去了讨价还价的能力，而不是边际生产率变化的反映。

同样，将信息技术作为美国受过良好教育的工人的边际生产率提高及未受过良好教育的工人的边际生产率下降的原因，也是不合适的。在20世纪80年代，信息技术还没有被广泛地采用，其影响也没有那么深远；在那十年中，经济学家对美国的生产率表示悲观。但那十年，却是美国的收入不公走向急剧恶化的转折点。[20]信息革命被广泛地作为20世纪90年代末期"新经济"的主导，随着生产率最终开始趋高，那些年收入不公的状况确实有所好转。为什么当生产率低下时，收入不公也在恶化，而当生产率提高时，收入不公也会好转？

就此而言，为什么20世纪20年代至70年代的技术进步与收入不公的改善会存在正相关的关系？[21]只有使用非常扭曲的生产函数才能产生所有这些可能性。[22]正如美国西北大学的伊恩·迪尤-贝克尔（Ian Dew-Becker）和罗伯特·J.戈登（Robert J.Gordon）指出，这个异常的生产函数还要能够体现另一个不可思议的情况。如果技术进步是本科学历工人收入高于非本科毕业工人收入的原因，那么为什么高技术职业群体，包括"工程师"

和"数学/计算机工程师",只解释了17%的收入溢价,而"经理"却解释了一半的收入溢价? [23]

特别是自从20世纪90年代以来,美国最富有的1%的人的收入增长是收入不公恶化的主要原因之一,而且他们的情况也不适用于技术进步的观点。[24] 当欧洲的福利制度不再限制高管们的收入,他们的收入为什么没有急剧增长? [25] 而美国的高管情况却恰恰相反,对这个问题的最好解释就是美国的高管形成了一条利益链。每个委员会推举具有友好关系的行政官,给他们发放高薪的同时,委员会成员也将收到类似的回报支持;这其中的玄机与公司将价值数亿美元的生意给某一承包商做的道理是一样的。[26]

## 更有希望的观点

2008年,哈佛大学经济学家克劳迪娅·戈尔丁(Claudia Goldin)和劳伦斯·卡茨(Lawrence Katz)质疑《教育和科技之间的竞赛》(*The Race between Education and Technology*) 一书的论点(卡茨的观点于1992年在完成了前述文章之后经历了相当的发展变化)。研究人员发现,技术进步需要高技能水平的工人,也需要美国教育系统具备提供高技能工人的能力,两者之间存在竞赛关系,戈尔丁和卡茨也认同这一观点。然而他们提出,由于技术进步对高技能工人的需求在1980年之后没有持续增长,才导致收入不公恶化。但恰恰相反,在整个20世纪,对技工的需求呈平稳上涨趋势。早期工业革命对更高技术水平工人的需求增长速度与信息革命时期一样。而早期美国教育的发展很快,很大程度上避免了收入不公,而1980年以后教育情况恶化之后,收入不公加剧了。当对技工的需求持续增加，而技术良好的工人数量不能满足需求时，他们的工资就会上涨，同时没有技术的工人的工资水平就会降低。

此项研究最有力的方面就是其历史性。长达一个世纪的研究视角得出的结论，可能会比短短数十年的研究视角得出的结论更全面一些。20世纪早期，除了几位精英外，高中毕业是普遍的教育程度。戈尔丁和卡茨的研究显示，在1940年，高技术行业，如化学、航空、摄影器材、电子设备等，超过40%的工人是高中毕业，而只有10%—15%的高中毕业生在传统的纺织和伐木业。[27] 显然，技术进步需要高技术的劳动者。新古典主义标准显示，整个20世纪技术进步对技工的需求相对稳步增高，在1980年之后没有突然加速。[28] 这种历史描述揭示了一个不同寻常但似乎合乎逻辑的事实。

20世纪早期，美国公立学校开展的劳动力教育普及毫无疑问使美国在这方面超过其他国家，同时为美国成为全球经济大国奠定基础。1980年之后，美国教育的成就受到质疑，因为其在提高本科生技术的同时，使得大量其他工人远远落后。戈尔丁和卡茨估计，从1960年到1980年，本科毕业生的数量与高中生的数量比每年增长3.8%，从1980年到2005年，该数字每年只有2.0%，虽然仍在增长，但速度却降为一半。[29] 根据人口普查数据我做了一个简单的计算，1980年之前本科生的增长比率为每年1.0%，1980年之后是每年增长1.9%。[30] 然而，高中生在1980年之前是2.1%，而1980年之后是0.3%。我是粗略计算；他们的计算还考虑工作时间、工作经验和其他因素。[31] 此外，戈尔丁和卡茨认为美国的教育质量下降。在一项重要的国际测试中，第三次国际数学和科学研究显示，美国高中生在 20 个参赛国中排名第 15 位。[32] 尽管美国最优秀的学生做得非常好，但是平均水平不行。

无论如何，戈尔丁和卡茨关于美国教育和劳动力兴衰发展的观点是非常吸引人的，而且原则上数量是可以计算的。新古典主义者试图找到收入不公的深层次原因，这种探索被锁定在技术发展对技术工人与非技术工人的需求之间的对比。与往常一样，这个需求曲线也是一种智力的构建。它不能被观察，但其基础也是模型。与往常一样，戈尔丁和卡茨的新古典主义生产函数允许企业用一种生产要素替代另一种生产要素，雇用更多技术工人和较少的非技术工人，或者与之相反。他们预测，这个生产函数最恰当地描述了美国经济中一个特殊的劳动力需求下降的曲线。比如，如果非技术工人的工资比技术工人的工资相比降低 10%，企业会多雇用 16% 的非技术工人。[33] 企业吸收更多的非技术工人，而代价就是每况愈下的收入不公。

对这种在企业层面貌似不可信的新古典生产函数，以及它在总体经济层面陷入的僵局，我已经花去了足够多的时间来表达遗憾之情了。假设古典主义生产理论是正确的，而且在一定技术条件下，不存在不同生产要素之间可以互相替代或者在一定程度上的有限替代。如果墨西哥政府的零售连锁超市想与沃尔玛竞争，或者在与沃尔玛竞争时不至于输得太惨，那么它就必须像沃尔玛一样，大力使用信息技术管理整体运行。

戈尔丁和卡茨宣称，20 世纪对技工的需求与对非技工的需求相比在稳定上升，如果使用古典主义的研究方法也会得出相同的结论。古典主义观点并非认为同样的生产要素会被永远使用，但是技术革新有很多不确定性且需要时间。几十年来，墨西哥政府的零售连锁超市在没有使用任何信息技术的情况下确实获利，甚至是小镇的零售垄断经营者都不得不降价，但当 21 世纪来临，这种劳动密集型生产方式不再好用了。现在生产的环节需要更少的工人，而且大多数工人需要电脑技术。一般来说，尽管生产方式在给定的生产技术条件下是标准化的，20 世纪的技术进步要求更高技术的工人，而非低技术工人（有趣的是，戈尔丁和卡茨认为 19 世纪早期的工业革命不需要技工，反而是要非技工替代技工）。

然而，对戈尔丁和卡茨结论的一种古典主义的解释，在一个关键方面会有所不同：工人工资的高低实际上仍然由社会决定，工资议价、最低工资立法或者传统起主要作用。企业不会根据工人的边际产量而决定多雇用 16%的技工及相对较少的非技工，或者相反，因为从真正意义上讲，他们根本不存在边际产量。沃尔玛发明零售业的管理方式，后来在 21 世纪初被墨西哥政府零售链采用，这种方式对不同种类的工人有固定的要求。他们所有人都有贡献，但无法定量每个人的贡献是多少。一种特殊的生产组织方式不会自动转换成相对工资。根据邦德和约翰逊的说法，在1973 年建筑工人的工资比教师高 36%，但这种优势不是因为他们具有想象上的较高的边际生产率。事实上，很少的建筑工人有本科学历，因此按照新古典主义观点，他们应该具备较低的技术水平和边际生产率。他们挣得多是因为他们的工会更强大。社会和政治决定相对工资仍然有很大的空间。

对戈尔丁和卡茨的观点正确的解读是一个国家需要发展教育系统，随着技术不断升级，需要更多的技术工人。缺少足够数量技工的国家必然在很多行业中落后。戈尔丁和卡茨罗列了美国教育系统存在许多不足的证据，因此美国的教育事业任重而道远。

## 底特律条约

20世纪20年代至70年代，是什么样的政治和制度的变迁导致了收入不公，并使自那以后该现象愈演愈烈呢？2007年，麻省理工学院的经济学家弗兰克·列维（Frank Levy）和彼得·泰明（Peter Temin）写了一篇文章讨论这些可能的变化，该文后来被人广泛引用。[34] 简单地说，这篇文章主要论述：20世纪30年代的罗斯福新政使国家走上收入不公的道路，而20世纪80年代的里根革命使国家走上相反的道路。这些都是对于环境变化的政治反应，比如20世纪30年代的大萧条和20世纪70年代的滞胀时期，但这也并非是不可避免的反应。在不同的国家之间，对相似环境的反应也是不同的。

稍微详细地说，广受群众支持的1935年的《国家劳资关系法案》(the Nation Labor Relations Act) 给工会建立了一个组织劳动力的框架；在二战之后特殊的劳动力条件之下，哈里·杜鲁门（Harry Truman）总统明确表示政府将在企业主和雇工之间保持中立，为了维持平衡的关系。美国商会主席与杜鲁门进行了一系列会谈之后发表声明说："工会已经成为美国生活的一种经济模式，劳资双方代表进行的集体谈判也是民主进程的一部分。我不仅口头上承认这个事实，心里也接受。"[35]

《财富》(Fortune) 杂志称通用汽车与全美汽车工人联合会在1949年达成一致的合约，把它称为"底特律条约"，该条约规定工资应随着生产率的提高而增加，还要加上通货膨胀的部分。[36]
这类工资增长通常是先在主要行业的最大企业，比如汽车和钢铁
企业中开始，然后通过"模式谈判"（pattern bargaining）的方式
发展到其他企业。没有工会的企业，如 IBM，也会接受它们，以
避免刺激他们的工人组织工会。而且他们甚至会通过惯例和最低
工资保障法影响到较小的企业。[37] 同时，最高收入者也会以边际
税率收税，20 世纪 50 年代时税率是 90%，这在当今看来是极
高的。[38]

随着 20 世纪 70 年代两次石油危机导致增长放缓及通货膨
胀率升高，新古典主义复苏，他们指出罗斯福新政的一些"硬
伤"，如工会化，过度监管和高边际税率。[39] 未成熟的新古典主
义理论开始盛行，而此时经济学家们还没意识到这一现状。这
不仅是共和党的事情。民主党人保罗·萨缪尔森宣称："根据欧
洲国家严重工会化的经验得出，当工会成功地提高工资所占分
配比率后，主要的影响就是扣动了工资—价格通胀螺旋升高的
扳机。"[40] 当众议院通过一项寻求保护底特律条约的法案时，吉
米·卡特（Jimmy Carter）未像杜鲁门总统和肯尼迪总统一样支
持劳工，该法案最终也被否决。[41] 里根总统雇用了一位擅长与工
会周旋的管理顾问，指派他成为国家劳资关系委员会的主席。[42]
当政府将工人收入的地位放在经济发展之后，最低工资占平均劳
动生产率的比例，从 20 世纪 50 年代到 60 年代的 25%—30%，
下降到平均劳动生产率的 10%—15%，最低工资还不及原来的
一半。[43] 如此巨大的变化与任何可以想象的劳动力需求曲线相去
甚远。

## 技术同样可塑

古典主义和新古典主义在这一点上不谋而合。他们都认可技术，或者更广泛地称之为生产组织形式，是根据某种预定的逻辑发展的。现实中，技术确实似乎是按照某种类似的逻辑发展的；但在一定重要的程度上，技术的发展还受到社会因素的影响，这种社会因素包括工资是如何确定的。

罗伯特·索洛证明了这一点。他参加了一项研究，对美国和一些欧洲国家收入较低的职业进行比较。该美国研究小组向他们的欧洲同行提问，比如某一特殊种类的工作是怎样组织的，劳动者比较喜欢哪一种形式，他们的收入情况以及受培训情况。其中的一个案例是医院的工作。法国的医院中有少数的低收入劳动者，荷兰的医院里没有。通常，欧洲政府经营的医院，类似护工等一类工人的工资比在美国医院里的收入要高。因此，索洛说，欧洲和美国的医院的组织和管理方式就不同，所以护工这类工作挣得的收入是合理的。他认为，美国也可以这么做：

如果明天通过一个条例要求在贝丝以色列医疗中心工作的人每小时工资不得低于每小时22美元，那么将要发生的第一件事就是很多人将被解雇。第二件事就是经理意识到没有这些人，医院无法正常运作。因此他们就会坐下来讨论："怎样重新组织这家医院，保证工资是每小时22美元，而且病房被打扫干净，医院能够正常运转？"你无法描述一家医院的生产函数，因为这是所有情况中最复杂的一项。整个生产过程的组织形式都将对高工资做出调整。而且，生产的组织形式必须满足企业雇用一定数量的在需求曲线上工资为每小时 22 美元的工人。[44]

索洛使用了类似新古典主义的术语来描述这一情况；我更喜欢用古典主义的范畴将其描述成组织上与技术上的创新。但怎么描述这一情况并不重要，重要的是生产技术确实在社会上产生了作用，尤其是在引发相对工资差距方面。

假设美国政府确实为低技术工人设定较高的工资。根据管理和技术革新的可能性，毫无疑问像索洛提出的一些变化可能会蔓延到其他一些行业。一旦美国商会意识到最低工资标准较高时，他可能会停止将数百万美元投入给那些主张对富人减税的竞选者的竞选活动中，取而代之的是他们可能游说提高公共教育，这样受过良好训练的工人就值得获得高工资。几个欧洲国家比如北欧国家和德国的成功经验表明，设定一个合理的最低工资范围是有益的。工资可能会升高得很快，但底特律条约不是如此。它是根据整个经济体范围内的生产率的提高而升高工资。里根革命使得几乎所有工人的工资都增长了，且其增长慢于生产率提高。这种趋势会一直维持下去，但仍然没有保证充分就业。要改变这种情况，并发展教育，才是出路。

# 第 10 章　理解不确定的世界

　　约翰·梅纳德·凯恩斯出生于维多利亚时代末期，中年时代正赶上爱德华七世在位，他和其他与他同时代的经济学家都没有预见灾难正在降临。第一次世界大战摧毁了一代人和欧洲秩序。英格兰在 20 世纪 20 年代陷入衰退，失业率尚未跌破 10%，随后与整个资本主义世界一起陷入了"大萧条"（Great Depression）。第二次世界大战的结果之一就是结束了经济低迷。人类状况的不确定性和新古典主义膨胀的自信预言，塑造了凯恩斯的思想。他的巨大成就在于认识到不确定性的影响，并指出理性（不只是理性，还包括精心设计的模型）有助于我们理解并处理经济世界的问题。

　　成为 20 世纪最伟大的经济学家绝非易事。我读过罗伯特·斯基德尔斯基（Robert Skidelsky）所著的凯恩斯的传记。凯恩斯的朋友都叫他"梅纳德"，他成年之前是个聪明、自大，却又没有安全感的伊顿男孩。[1] 他刚进入剑桥大学读数学专业，但很快就对数学失去兴趣，他的注意力转移到其他方面，尤其是对道德哲学。当考试临近，他必须做出选择。要么是成为道德科学荣誉学士，要么是经济学学士。在跟随阿尔弗雷德·马歇尔学习了几周后，这位伟大的经济学家认为一定要说服凯恩斯学习经济学。最后，尽管凯恩斯没有成为数学家，甚至在阅读他的《就业、利息和货币通论》这本书时都能够感受到他对数学这门学科的厌恶，但他还是最终选择了成为数学学士并以第 12 名的成绩通过考试。一年后，他通过公务员考试进入政府部门。

大学毕业后，凯恩斯过着双重生活。一种是他的政治和学术生活。他就职于印度事业部，属于高级公务员，他写了一篇关于不确定性与概率关系的论文，直到 15 年后才发表。如果存在所谓的第一手金融信息，即使他在印度事业部就职，他也没有机会接触那些有关印度的第一手金融信息，因为他根本没有去过埃及以东的地方，但他一开始就是以管理者的身份学习经济学，而不是一个理论家。两年之后，他接受了剑桥大学经济学教授亚瑟·C. 庇古（Arthur C.Pigou）的助教职务。作为 20 世纪早期的新古典主义的缩影，庇古成为凯恩斯一生的挚友，同时也是凯恩斯的《就业、利息和货币通论》的对手。而后，凯恩斯到财政部任职，成为财政大臣雷金纳德·麦克纳（Reginald McKenna）的助理。

凯恩斯私底下通过在剑桥大学建立的人脉关系，加入了布鲁姆斯伯里团体（Bloomsbury Group）。该团体是由一群作家、评论家和艺术家组成的，以当时他们经常聚会的位于伦敦租金较便宜的街区命名。团体中有小说家弗吉尼亚·伍尔夫（Virginia Woolf），传记作家里顿·斯特拉奇（Lytton Strachey）[他的《维多利亚时代名人传》（Eminet Victorians）一书主要描述维多利亚时代那些自命不凡的名人]，还有艺术评论家克莱夫·贝尔（Clive Bell），这些人主导了英国现代主义运动。他们的反叛精神可与 20 世纪 60 年代左右的那一代人相媲美，但与他们的后辈不同的是，他们武断地不关心政治，专注于文化。他们大多是高端人士，出行需要随从。斯基德尔斯基写道，他们参与到一场"情爱旋转木马"(sexual merry-go-round)之中，意思是说该团体中的成员，无论同性或者异性之间，"朋友可以变成情人，然后再变回朋友"。[2]凯恩斯在那个时期也是同性恋，他与一位帅气的追求精神自由的画家邓肯·格兰特（Duncan Grant）相恋。

除了是布鲁姆斯伯里团体的成员之外，凯恩斯还是经济学家，更糟糕的是他还是一位政府公务人员。他认为这种生活快将他撕裂，就像第一次世界大战将整个欧洲撕裂一样。布鲁姆斯伯里团体成员们对待战争的态度不很明确，这点与20世纪60年代的针对越南战争的运动不同，他们的态度是：越南战争是不道德的，我们不想冒险丢掉性命。在财政部，他没日没夜地工作以维持战争供给，而同时他还要尽力帮助他在团体里的朋友们保持有良心的反对者的状态。当一个经济体达到极限，没有任何可供扩张的资源，动员组成一个新的军事部门就意味着无法为另一个现有武装力量提供供给。凯恩斯十分清楚经济学家有时指责他对这样一个事实的视而不见：供给限制可能束缚整个经济。就货币而言，英国持续向美国借贷，凯恩斯曾提醒政治家们关于通货膨胀和金融危机的危险。由于受到道德上反对战争的折磨和作为财政官员免服兵役的内疚，他向邓肯·格兰特写道："我为一个我鄙视的政府工作，做了一些我自认为是犯罪的事……我为一场十分确定的金融危机而祈祷（尽管我努力想要避免它），所以说我做的一切都与我的感受相矛盾。"[3]

自从1919年签订了《凡尔赛合约》，所有一切都画上了句号。凯恩斯认为，狡猾的法国总统乔治·克列孟梭强迫德国支付高昂的赔款，这一方面是作为对普法战争中的战败国的报复，另一方面为了偿还法国向美国的巨额战争借款。英国首相大卫·劳合·乔治知道德国不会向法国和英国支付要求的赔款，但迫于国内选举压力，还是向德国施压。凯恩斯认为，美国总统伍德罗·威尔逊过于坚持他那些抽象的原则，最终被狡猾的欧洲人愚弄了。威尔逊拒绝用美国借给法国和英国的战争贷款交换德国的不可能支付的战争赔款。结果导致了跨国灾难，德国被要求向法国和英国支付巨额的赔款，而法国和英国则拿着根本不存在的收据偿还美国的战争贷款，这最终导致了大萧条以及德国民主化的失败。凯恩斯将这看作是政客的纵容和共谋，他出版了《合约的经济后果》（*The Economic Consequences of the Peace*）一书，并成为国际畅销书。

凯恩斯认为经济学是重要的东西。当英国陷入战后萧条时期，也是拿破仑战争之后最严重的萧条（拿破仑战争激励了李嘉图），凯恩斯强烈反对将先令的汇率恢复到战前的计划，即4.86美元换1英镑。在该汇率上，为了避免投机者卖英镑买美元，英格兰银行必须维持高利率，凯恩斯认为这会影响经济复苏。他在媒体和议会上表达他的观点，也跟他的同事讨论这个话题。英国银行官员认为，他将利率看成是调节经济企好或向坏的开关，这是十分天真的：他们认为降低利率会挫败商业信心并带来坏的影响。凯恩斯承认了商业心理的重要性，但最终事实证明他的建议是对的。当1925年英镑恢复到战前的金本位制，高利率对英国经济造成严重的破坏。即使是一手推动英镑恢复金本位制的财政大臣温斯顿·丘吉尔，后来也承认自己犯了严重的错误。

凯恩斯感到在20世纪20年代的辩论中他输了，因为他的模型不正确。当全球陷入大萧条时，他与圈中好友一起试图改正模型中的错误。斯基德尔斯基说："新的理论在智慧的论证过程中形成，体现了考虑到所有相关因素的高度责任感。"[4]这并非学术练习。政策依赖于这些争论，而苍生的生计依赖于政策。

后来，凯恩斯的生活开始正常化。在他与一位著名的俄罗斯芭蕾舞女演员莉迪亚·洛波科娃（Lydia Lopokova）结婚后，渐渐疏远了布鲁姆斯伯里团体。在布鲁斯伯里精英眼里，很难说哪一种行为更罪恶：不论是跟任何一位女性成家，还是与一个芭蕾舞女演员结婚。尽管洛普科娃在各方面都很突出，但她没受过教育，更不要说有智慧。凯恩斯进入了官场和商场。受英国大学传统教育影响，他鄙视商业，但在政府委员会就职后，他接触到高官和银行家，逐渐地改变了他的看法。企业家在一定风险的情况下，面对一些不确定而进行投资，击败了"时间的黑暗力量和对未来未知的恐惧"，促进了经济的发展。企业家在一定程度上，成为了《通论》的主角。[5]

## 《通论》

凯恩斯的《就业、利息和货币通论》并非消遣读物。保罗·萨缪尔森认为：

> 外行人受作者名声的影响，可能会花 5 先令买这本书当休闲读物……然后发现书中充满了晦涩难懂的概念和疑惑：非自愿性失业、工资单位、储蓄投资等式。乘数的时间效应。边际效率与利率的交互作用、强制储蓄、货币自己的

利率，还有很多其他的……直觉和灵感充斥在冗长的代数中……当最终掌握了这些，我们发现他的分析是显而易见而且新颖的。总之，这是一部伟大的作品。[6]

这本书没那么糟糕。非自愿性失业有什么值得疑惑的呢？凯恩斯的《通论》问世之后，萨缪尔森在他的教科书中也增加了非自愿性失业的内容。[7]萨缪尔森似乎迷惑不解的是储蓄和投资相等的问题，而现在这个观点在每篇重要的文章中都是不容置疑的，包括萨缪尔森自己的著作中。其他的概念也并不难理解。萨缪尔森的评论中不知不觉地流露出《通论》对经济学深刻的革命性影响。

萨缪尔森之所以对《通论》不满，也许是因为萨翁是以数学思维思考，而凯恩斯并不是。就此而言，萨缪尔森似乎占理。凯恩斯仔细解释了他的假设，在第18章"再论就业通论"（这一章的草稿事实上较早就完成了）中，他拒绝使用数学模型。甚至我都想揪住他的衣领要求他建立一个模型。如果凯恩斯提供了一个模型，那么就无需使数不尽的经济学家花费几十年来讨论他到底想要说明什么。

凯恩斯不用数学来解释他的论点自有他的原因。他用了200多页来解释，他的模型假设惯例在一定程度上有利于保持稳定，也就是说惯例能够暂时控制一些未来不确定的因素。这些惯例可以被认为是可持续的，直到它们突然转变。用数学方法来描述一个模型，就意味着模型的基础是相当稳固的，而不像只是暂时控制了不确定性的惯例那样脆弱。这可能暗示着，可以利用一些杠杆对经济进行"微调"——萨缪尔森那一代经济学家就陷于这样的狂妄自大当中，而现代的经济学家们的自我感觉更是良好。

《通论》中不确定的世界影响了经济决策的做出，而这些经济决策的好坏是由未知的未来决定的。当传统破碎，不确定性显现，企业家无法以任何自信的对预期利润的计算做出投资决策。投资只不过取决于"动物本能"，而且常常变化，就像当脆弱的赌博遭遇了未知因素。随着这些变化，经济体随之削弱。最终陷入低迷的状态。没有自动的力量操作来恢复增长和就业。

但凯恩斯相信，他展示了一个能够帮助人们更好地理解充满不确定性的经济世界的模型。正如斯基德尔斯基对凯恩斯观点的描述：一个模型永远无法证明你是对的，因为其本身只是现实经济的简化图，但它对思想提供了一个"有用的检验"，至少保证了思想的前后一致。[8] 正如萨缪尔森所说，《通论》之所以晦涩难懂是因为它开创了先河——既是革命性的创新，在某种程度上又是显而易见的。有时，这位充满智慧的先导者给读者带来一些不必要的迂回的细节负担；有时，他又没能够在关键点进行详细解析。不幸的是，凯恩斯本人没有时间对最初版本中不明确的地方进行修订。《通论》出版后不久，他就心脏病发作。恢复期间，他应召为第二次世界大战的英国筹措资金。战争结束时，在布雷顿森林举行的重建战后国际金融体系的会议中，他被列为主要的智囊之一。不久之后，他去世了，留下了许多谜题。

我对《通论》的认识是基于我对这本书的反复阅读，凯恩斯在剑桥大学的同事和弟子也提供了资料和解释。他们当中之一就是琼·罗宾逊，她属于"剑桥学术圈"（Cambridge Circus）中较年轻的同事，她会定期与凯恩斯见面，讨论解决一些概念问题。路易吉·帕西内蒂（Luigi Pasinetti）是一位意大利经济学家，在剑桥获得博士学位，他主要在米兰从事教学活动，但他与剑桥一直保持联系。他对凯恩斯模型的结构做了非常清晰的展开描述。[9]这些解释逐渐流传，当我在麻省理工学院跟随兰斯·泰勒和在20世纪90年代在哈佛大学跟随默里·米尔盖特学习期间也接触到了（泰勒后来去了纽约"新学院"，而米尔盖特去了剑桥大学）。由保罗·萨缪尔森和罗伯特·索洛主导的麻省理工学院的主流观点，对凯恩斯有截然不同的解释，我将稍后讨论。

## 有效需求

简单地总结《通论》，需要首先阐释的是"有效需求理论"。这是一个非常简单的理论。美国前总统小布什将其描述得很好："当人们有更多的钱，他们可以把钱花在商品和劳务上。在我们的社会中，当他们要求额外的商品或劳务时，就有人会生产好的商品或劳务。当有人生产好的商品或劳务，就意味着有人可以更容易找到工作。"[10]奥巴马政府投入约8 000亿美元实施经济刺激计划——包括政府支出和税收减免政策，在2009年通过，其目的在于缓解经济衰退——这种做法也是基于有效需求理论。

更准确地说，有效需求包括由国内产业生产的所有商品和劳务，只要是国内生产，无论所有者是谁都包括在内。对美国而言，购买一辆在俄亥俄州生产的本田汽车是有效需求的一部分；购买在巴西生产的福特汽车则不是。因此，有效需求包括家庭在国内生产的消费品或住宅的消费，企业在国内生产的资本设备和其他生产要素的消费，以及政府在道路、薪水、购买铅笔上的所有消费，但购买进口商品除外。有效需求还包括由国内工业制造并销售到国外的商品。

有效需求理论推测出一个因果关系：有效需求决定了国内的经济产出。[11] 如果对国内商品的消费、投资或政府支出增加，经济产出增加。如果国内产品出口增加，经济产出同样增加。

这个理论会引起争议。为什么储蓄不是增加经济产出的因素？罗伯特·亨利·布兰德（Robert Henry Brand）是一个银行家，在20世纪30年代大萧条时期，他是英国首相顾问委员会的主席，凯恩斯也是该委员会成员，两人之间的一次交流抛出了上面这个问题。凯恩斯认为，如果家庭将收入用于消费而不是储蓄，将使经济受益。布兰德表示怀疑："我一直认为，如果我省钱，这些储蓄会以某种形式，通过我自己的投资或银行家的投资，回报行业发展。"[12] 凯恩斯的回答是：不一定。困惑的银行家问道："我的储蓄会发生什么呢？"凯恩斯说："你不花钱就意味着一些本希望卖给你东西的商人无法卖给你那些东西。因此，储蓄实际上会使你变得更贫穷而不是更富裕。"凯恩斯可能已经考虑到，企业看到库存堆积，他们将减少生产，导致产出下降。布兰德回答说："这对苏格兰人来说可真是个奇怪的理论。"*

## 理论的前奏

经过在20世纪30年代长期与"剑桥学术圈"成员和其他同事讨论，凯恩斯试图建立他的模型。但在建立模型本身之前，他想澄清一些定义和概念。经济学家曾经使用的"投资""储蓄"和

---

\* 一般的刻板印象认为苏格兰人很抠门。——编者注

"消费"这样的术语很随意；他们所说的储蓄是投资的剩余部分，或投资是储蓄的剩余部分，可能他们自己都不知道自己在说些什么。凯恩斯提出（也是现在所有经济学家的共识）：如果准确定义术语，储蓄必然总是等于投资。这种相等不能证明其因果关系。正如新古典主义者的一般观点，它可能是指增加储蓄用于投资，导致投资增加。在凯恩斯的观点中，增加投资可以提高国民产出，导致储蓄上升。或其他因素也可能在因果关系中起着关键作用。但首先明确定义和概念是更重要的。

假设有一个没有政府或贸易的经济体。这种简化无伤大雅；它仅仅避免了一些代数，也使某些要点更明显。没有政府、出口或进口，总产值或称为国内产出，必须等于消费支出（通常用 $C$ 表示）加上投资支出（通常用 $I$ 表示）。简单来说，这些是唯一生产和销售的东西。因此，产出的价值，或国内生产总值等于 $(C + I)$（我所说的国内产出与国内生产总值是一样的，即 GDP。国内净产值是国内生产总值减去资本设备折旧。这个不太常用，因为折旧、设备磨损只能大致估计）。

现在从另外一个角度来看待经济。不考虑国内产品或生产的产品，而考虑国内收入，或经营所得。国内收入（仍然假设没有政府和贸易，为简单起见）是工资加上利润。国内收入必须等于国内产品。为什么？所有消费和投资产品的支出，必须用来支付工人工资或者企业的利润。简单来说，没有其他人从销售收入中占据其他份额。

国内收入用于储蓄和消费。所有留下的企业利润都储蓄。如果企业将利润存入银行，他们是在储蓄而不是立即投资；如果企业使用利润购买资本设备或生产要素，他们就将储蓄立即用于投资（甚至购买办公用品的费用也被视为投资。这个相当牵强附会的算法给统计部门省去了无益且琐碎的计算麻烦）。家庭将收入花在消费品上，包括非耐用品如食物或耐用品如汽车等。所有这些货物都算作消费。家庭不花在消费上的收入，都算作储蓄。他们用储蓄可以做两件事。他们可以将储蓄投资在统计部门唯一允许家庭做的投资：住宅建设。或者，如果他们不是将储蓄用于投资，家庭可以囤积现金，把它们放在一个银行账户，或者使用它们来购买股票等金融工具。严格地说，买股票不是投资，因为它并不是用于购买资本设备或其他生产要素。

在经济收入方面，家庭消费支出仍用 $C$ 表示，与生产性消费的符号相同。无论什么产品作为消费品销售，家庭必须购买消费品。储蓄用 $S$ 表示，其包括家庭储蓄（无论是存入银行或投资于住宅建设）加上企业储蓄（无论是存入银行或投资于生产）。因此，国内收入等于 $(C + S)$。

如果国内收入的价值是 $(C + S)$，国内产品的价值是 $(C + I)$，那么国内收入等于国内产品，储蓄必须等于投资。

等一下！如果投资等于储蓄，这意味着如果有一天我决定储蓄 1 000 美元，而不是买一个沙发，我的行动本身必然会增加了 1 000 美元国内投资。凯恩斯承认，这措辞方式听起来有点矛盾。他回答说："一方面，储蓄与投资是恒等的；另一方面，个体显然有根据自己意愿选择储蓄与否的'自由意志'，而无论别人和他自己的投资如何。要解决这种表面上的矛盾，关键在于认识到储蓄与支出一样都是涉及双方的事情。"[13] 我是否花 1 000 美元买一个沙发，或节省 1 000 美元放弃沙发，不仅影响我自己的银行账户，还影响希望卖沙发企业的银行账户。

有一个例子说明了为什么就会计计算而言储蓄等于投资。请记住，投资被定义为企业支出，其中不仅包括固定资本设备支出，而且包括库存——库存是指商品生产完成之后，销售之前的阶段。而且，请不要忽视库存。

假设一个家具制造商为了生产一个沙发并准备出售已经花费了800美元用于劳动和材料上。沙发的库存价值是800美元。我过来花1 000美元购买沙发。国内储蓄和投资会发生什么呢？首先，该企业只花了800美元在劳动和材料上，为什么我要支付1 000美元购买沙发？额外的200美元是企业的利润，是生产沙发的激励。它是只有当沙发卖出后才收到的利润。国内储蓄会发生什么呢？我的储蓄明显下降了1 000美元。家具制造商之前储蓄并投资了800美元在沙发上，交易已经进行，其利润是200美元。因此制造商储蓄增加了200美元。随着企业储蓄了200美元和我的储蓄减少了1 000美元，国内储蓄下降了800美元。国内投资发生了什么呢？也是降了800美元，因为当我带着沙发走出门口，该企业的存货投资下降800美元。[14]国内储蓄和国内投资都下降了800美元。

如果所有的经济活动都是销售库存，经济发展很快就会停止，但幸运的是家具制造商的商品成功出售，现在决定补充库存。假设已经以400美元的价格购买了投入必要的材料，如木头、弹簧和布。家具制造商从银行取出400美元用于支付生产沙发员工的工资。企业的储蓄并未改变——企业仅仅是把货币从银行取出投资到库存，其库存的价值增加了400美元。因此，国内投资增加了400美元。额外的400美元的储蓄是从哪里来呢？当支付员工工资的那一刻，我们虚构的实时国民经济核算赶在他们冲出去购买消费品之前进行了结算——他们的储蓄也多出了400美元。因此，储蓄和投资总是相等的，都是增加了400美元。

## 凯恩斯模型

消费、投资和储蓄的关系是凯恩斯模型的关键，让我们继续想象一个没有贸易或政府的经济体。我们再次强调，这个假设是非真实的，只是为了避免麻烦。我会做出几个其他重要的假设：改变它们，然后整个经济将发生变化。我暂时不会讨论这些，而只是描绘整个画面。我将稍后回到对这些假设的讨论。

大概是2011年时，经济疲软，失业率很高。储蓄等于投资，并且两者都相当地稳定。一些利好消息使企业预计经济将会在一定程度上改善，他们下月可以售出额外的300亿美元的产出，超过他们现有销售额。他们准备扩大生产，预计额外的销售将产生300亿美元的收入，其中包括200亿美元的工资和100亿美元的利润。他们集体预期将再投资利润中的100亿美元，刺激企业生产更多的商品。如果家庭将所有200亿美元的收入用于消费，整个300亿美元的额外产出都将销售一空。但家庭只是花出90%的收入并储蓄10%，部分原因是以备不时之需和应对裁员。因此家庭花费180亿美元购买消费品，把20亿美元存入银行。销售可能比企业预期少20亿美元。谁能从银行账户借20亿美元用于购买商品？只能是企业通过金融系统进行借贷，投资于扩大生产。罗伯特·亨利·布兰德是经济顾问委员会主席，他建议首相将银行体系中所有储蓄用于投资。

企业会做出额外的投资吗？他们的决定取决于两个因素：已

知的购买债券的利率和预期的投资实际回报。他们期望投资回报最好高于利率，不然为什么投资呢？在2010年，美国的利率很低，主要是因为美联储注入金融系统的约2万亿美元或3万亿美元的贷款。投资回报率呢？企业预期他们可以获得5%的回报，也可能没有回报，或遭受5%的损失。因为这个世界从根本上是不确定的，凯恩斯认为，他们不能计算可能的回报，更不用说对任何猜测具有一定信心："决定投资在若干年后的收益率的因素，我们往往所知甚少，几乎可以忽略不计。如果我们坦白地说，我们必须承认，要估计一条铁路、一座铜矿、一家纺织厂、一种专利药的商誉、一艘大西洋邮轮、伦敦城内的一座建筑这些东西十年或者五年后的投资回报率，我们的知识是严重缺乏的，甚至有时什么都不知道。"[15] 当面临很大的不确定时，凯恩斯认为，"我们充其量可能只是决定做一些积极的事情。只能出于作为一个动物的自发冲动的结果，单纯地为了采取行动而不是无所作为，而不是依据定量地加权平均收益乘以定量概率的结果"。[16]

如果作为动物的那种冲动减弱，投资的冲动也会下降。回到我们的例子中，最终的价值20亿美元的收入，就是家庭将收入的20亿美元用于储蓄的那部分，注入到了银行系统。自2010年开始，银行系统已经在美联储持有1万亿美元的存款储备金，这20亿美元可能留在银行系统中。[17] 因此，价值20亿美元的库存滞销。未能出售这部分的产出，企业削减产量。员工失去工作，额外的20亿美元的储蓄也花光了。最终，20亿美元的库存销售出去了，但经济也回到初始点。再次，储蓄与投资或多或少在一个稳定的水平。唯一的问题是，同样的高水平的失业率已经回来了。

我们对以上的内容进行总结：家庭收入的一部分花在消费品上，但他们也储蓄了一部分。为了保持经济水平，更为了推进经济增长，企业必须借贷这部分储蓄并用于投资。他们是火车司机，他们的投资是经济增长的引擎。投资决策基于两个因素：利率和他们预期投资回报。如果他们预计投资回报低于利率，他们不会投资，经济就会萎靡不振；如果预期收益高于利率，他们会进行投资，经济就会好转。他们的预期是变化无常的。在一个不确定的世界里，他们不依赖任何对未来利润计算的自信，而是基于动物精神。这就是凯恩斯的基本模型。

凯恩斯对于改善经济萧条有两个主要的政策建议。如果利率不是很低，中央银行应该降低利率，政府应该投资于基础设施建设，如铁路、桥梁、教育。凯恩斯对增加政府消费是十分谨慎的，如通过提高失业保险支付或者通过减税鼓励家庭开销。他经历过第一次世界大战，那些经验帮助他懂得如何管理在特殊情况下存在潜在通货膨胀的十分危险的经济。政府投资从长期来看有助于可持续增长，同时在短期内可以提振动物精神，提供给工人货币用于购买商品，那些商品是投资者承担着风险进行投资而生产的。

## 不可思议的萨伊定律

我将讨论《通论》的假设。首先它有助于阐明凯恩斯反对的新古典假设，就是我之前提到的所谓的萨伊定律。萨伊定律可以表述为：供给创造自己的需求。所有生产出来的商品都能够销售出去，因为生产这些商品所带来的工资和利润刚好足够用来购买它们。凯恩斯写道,萨伊定律要对"处处受欢迎的传统经济理论的乐观"负责。[18]它导致"经济学家被看作天真汉,他们把整个经济世界当成是验证、培育他们理论的花园,而且乐观地以为一切都是最好的安排"。

李嘉图以萨伊定律作为假设。工人将所有收入用于消费。奢侈的地主将所有的租金收入用于消费,然后一些人陷入贫困。资本家将他们的利润用于投资。每一镑的收入都用于消费或投资,企业的一切生产产出都销售出去。不幸的是,理论在实践中并不奏效。工业革命开始繁荣与萧条的循环。拿破仑战争之后出现大萧条,而当时李嘉图正在写他的《原理》。

在21世纪,萨伊定律似乎不再明显。储蓄存入银行。接下来会发生什么呢?正如剑桥大学的莫里斯·多布打趣道,"常识来看,(萨伊定律)即使不荒谬也是个奇怪的断言。收入从未'贮藏'吗?节俭的个人没有采取持有货币的形式或增加银行存款吗?日常观察表明,这无疑是一个常识。谁的魔杖规定,每一个银行或储蓄存款的增加,将立即伴随着企业增加投资?"[19]

为了援救萨伊定律,需要一些关于投资和储蓄供求的故事。凯恩斯本人在写出《通论》之前,也一直在从事教授萨伊定律的工作,他说那时他也没仔细地思考过这个理论。他简洁地解释道:"投资代表对可投资资源的需求,储蓄代表了供给,而利率是可投资资源的'价格',这两者相等。"[20]如果家庭的储蓄开始在银行账户堆积,利率会下降。低利率促进投资,不鼓励储蓄,直到供求的力量使投资和储蓄恢复到均衡水平。[21]这种机制的运作还可以正好以相反的方向运行。所有这一切都在可能最好的世界中朝着最好的方向发展。

## 不确定性

芝加哥大学经济学家弗兰克·奈特（Frank Knight）是在米尔顿·弗里德曼之前的上一代经济学家，他对"风险"和"不确定性"做出了区分。风险描述了《消费者报告》（*Consumer Reports*）中的世界。具体而言，其中的二手车部分（我经常查阅）不但告诉了你油耗与安全功能，还会告诉你某年产、某型号的某一个零部件（如刹车或者传动系统）出现故障的概率。根据实际经验，这些概率具备可信度。偶尔，当样本不足时，用星号标出表明修理记录无法计算。风险还描述了保险的世界。精算师根据人的性别、居住地、病史和其他因素，估计一个人的寿命。

这样的风险计算会假设那些在模型中被省略的世界的基本特征保持不变。如果这些世界的基本特征突然改变，比如汽车制造商以同样的型号名称引入了一款全新的汽车，或者一个人，无论性别、住址和医疗历史是什么，他突然参与了战争，所有的风险计算都没用了。保险公司称这种世界的基本特征的变化为"不可抗力"，并且不予投保。上帝不对他的行为提供事前概率。

金融模型最初在20世纪60年代开发，到了21世纪初其应用比以往更广泛。金融模型假设金融是一个具有风险的世界，而不是具有不确定性的世界。金融工具的价格可以在过去表现的基础上进行估计。事实证明，所有的模型（或几乎所有）都假设了同样至关重要的世界的基本特征。当这些特征突然改变，模型随之土崩瓦解。2009年，在其模型的基础上，一个金融机构拥有一个特定债券，并声称其实际价值是票面价值的97%；根据标准普尔的评价，它介于票面价值的 87% 和 53% 之间；它实际上交易价格为面值的 38%。[22]

凯恩斯坚持认为，我们生活在一个不确定性的世界里。很简单，德尔菲神庙中并没有神谕。或者如果有，也是没用的。我们可能想要成为聪明的购物者，鉴于我们的品味风格和特性、已知可靠的信息，以及我们耐心的极限，我们试图得到性价比最好的产品。问题在于，与我们买汽车时的情况相比，我们可能无法确定重要的经济决策是否正确，特别是投资，将受到一个不确定的未来的影响。没有类似于《消费者报告》的投资者报告。一辆车的给定组件的损坏概率可以基于过去的表现进行可靠的估计，但正如诚实的律师所说，当涉及投资，过去的表现不能保证将来的结果。

像我这样相信经济不确定性存在的人，可以很容易地找到例子来支持我们的观点。2003—2005 年两年间，佛罗里达迈尔斯堡的一所房子的平均销售价格，从 13 万美元飙升到 32 万美元。在接下来的几年中房价几乎徘徊不前，到 2007 年降至 26 万美元，在 2008 年暴跌至 10 万美元。[23] 如果在 2003 年购房者可以以任何有意义的自信计算房价走势，价格怎么可能上升然后突然下降？或者以 1994 年墨西哥危机为例。1994 年 8 月，当时为信孚银行（Bankers Trust）管理拉丁美洲投资组合的玛丽亚-埃琳娜·卡里翁（Maria-Elena Carrion）宣布："现在是在投资墨西哥的最佳时间。"[24]3 个月后，比索贬值了一半。

有一个更深层次的观点认为：我们不仅常常无法预测未来，未来可能本质上就是不可预测的。例如，我与一些观察家们的观点一样，1994 年的墨西哥比索危机本可以不这么糟糕。[25] 正如墨西哥前财政部长佩德罗·阿斯佩（Pedro Aspe）所承认的那样，经济随时可能分崩离析。墨西哥南部的叛乱和总统候选人遭暗杀肯定于事无补。阿斯佩自愿留任一年稳定经济，但在总统候选人遇害后，埃内斯托·塞迪略（Ernesto Zedillo）取代了他，两者是政敌。为了成为总统，塞迪略解雇了阿斯佩。此外，他还解雇了所有阿斯佩的部下，总干事级别之下90%的人、79位部长和176位副部长，彻底清除了阿斯佩的政治残余。之前没有任何总统如此彻底地清理了财政部，即使是在墨西哥革命期间权力大流转时期。没有经验的财政官员企图让比索贬值15%。一些商业巨头提前听到风声，把数十亿美元从墨西哥抽走。政府在星期三宣布贬值，而不是星期五，不然政府将有时间解释它的计划并安抚投资者。事实上，没有任何解释，因为政府没有计划。财政部长拒绝来自美国共同基金的经理们的电话。市场就陷入了疯狂，比索大幅下跌，远远超过必要的幅度。灾难不出现的概率是多少永远无法确定。

尽管格林斯潘作为美联储主席犯过严重的错误，但他是一个务实的观察者。他对于不确定性的观点是：

美联储在过去的20年里的经验表明，不确定性不仅仅是货币政策的常见现象，还是其不可或缺的特点。"不确定性"（uncertainty）这个词有两个含义，其一意味着"奈特不确定性"（Knightian uncertainty），也就是事件结果的各种可能的概率分布是未知的，其二就是"风险"（risk），就是概率分布已知，因而不确定性已经可以界定。在实践中，一个人很难确定实时处理的是什么类型的不确定性，最好的处理方法就是把它视作可能是清楚界定的风险与完全的未知之间的任何一种情形。[26]

凯恩斯没有说我们每一个决策都面临严峻的不确定性。相反，我们发展社会惯例用来防范不确定性："实际上我们已经默认同意，作为一个规则，要依赖惯例……传统的计算方法将兼容我们的事务中相当程度的连续性和稳定性，只要我们依靠并维护惯例。"[27]惯例一直有效，直至其崩溃："传统的估值是建立在很多无知的人的大众心理之上的结果，是容易剧烈变化的。如果因为与预期收益无关的一些因素而出现信心的突然变化，惯例的估值也可能会发生剧烈的改变。"[28]

## 消费、投资与利率

凯恩斯认为，如果我们的收入增加了，消费会按照一定的比例增加，储蓄也会按照一定可预测的比例增加。米尔顿·弗里德曼用他的"持久收入假说"进行回答。他接受消费者效用最大化的假设，但认为该假设必须加以声明，一生消费必须等于终生收入。你不能把它们留在身边，也不能留给后人。鲁迪格·多恩布什和斯坦利·费希尔（Stanley Fischer）在他们合著的教科书中说，"像很多好的宏观经济学一样"，这个假说"小心谨慎地关注了微观经济基础"。[29]它应该反映出作出最优化选择的个人会做什么。

结果是，效用最大化者的最佳选择，就是在他们生命中的每一年都消费完全相同的数量。为什么？那就回想一下递减的边际效用。你某一年通过额外消费了一些数量的商品所获得的效用，少于你另一年放弃消费这些数量的商品而失去的效用。[30] 这意味着颠覆了凯恩斯关于消费的假设。打个比方，我们假设产出开始陷入衰退。我们知道衰退将是暂时的，因为经济必须回到均衡。由于我们的收入开始下降，我们遵守持久收入假说并继续消费相同数量。在全国范围内，我们消费了收入中较大的一部分并储蓄了较小的部分。有效需求依然保持不变，于是突然变戏法似地衰退就结束了，经济又回到起点。持久收入假说还认为，临时减税，比如作为奥巴马经济刺激计划的一部分，给每个纳税人减税800美元，对经济几乎没有影响，因为我们知道这是暂时的，我们把意外之财平摊在我们生命中的其他年份中去了。

　　唯一的问题是，持久收入假说是基于脱离实际的假设，而且其预测失败。一个关键的假设是：分散化的市场经济应该是稳定的（这与基于阿罗-德布鲁模型的一般均衡理论相矛盾），因此我们知道分散化的市场经济将很快恢复均衡。我们应该知道我们的未来收入是多少。无论如何，2008年金融危机过去三年之后的失业率到底是9%还是16%，取决于如何计算。[31] 我们应该知道如何计算我们每年应该花费多少货币，才能将有生之年获得的效用最大化。如果保持一个恒定的消费水平，我们的银行账户里的货币几个季度或几年就会花光了，这就要求我们能够自由借贷，直到经济复苏，我们的收入增加，然后将货币还上。实际上，这种借贷货币消费的行为甚至对于经济学家来说似乎都是牵强附会的，所以当持久收入假说无法通过实践证实时，他们就在一定程度上指责"流动性约束"的问题。[32]

　　平心而论，有凯恩斯主义倾向的新古典主义者多恩布什和费希尔承认，弗里德曼的假设很难得到数据的支撑。例如，在1990年版的教科书中，他们指出，意大利家庭储蓄收入的24.0%，日本人储蓄16.4%，而美国人储蓄4.3%。[33] 在这些人口寿命几乎相同的国家中，储蓄的差异怎么会如此之大呢？

凯恩斯的假设也并不完全正确。首先，他未明确他的思想适用的时间周期是一个经济周期的短期过程，还是若干个经济周期的长期过程。从长期来看，美国人倾向于储蓄收入的5%—10%。这种普适的模式可通过数据看出。[34]

只涵盖一个经济周期的短期情形是不同的。随着经济的好转，数据显示，美国人可能花费自己的收入的一个比例较小的份额，弗里德曼假说认为，这只是因为我们需要支付更多的税。[35] 储蓄份额保持大致相同。但家庭投资也很重要。随着经济的好转，美国人将更多的储蓄投资于新房子，增加了需求。在周期的这个阶段，我所谓的"家庭储蓄缺口"（我们的储蓄超过我们的住房投资的部分，换言之，我们不直接将储蓄用于购买商品的部分）很小。商业投资只需要填补这个小缺口来保证需求，而且这么做完全没有麻烦。但随着经济状况恶化，我们在房产上的投资占储蓄的比例变得更小。在2008年，住房投资下降了20%。现在家庭储蓄缺口扩大：我们的储蓄大幅上升高于住房投资，削弱需求。商业投资为了保证需求，必须来填补这个大缺口。但是当经济不景气时，其投资下降。如果不阻止这个趋势，经济会直线下降。政府开支，不仅需要一个特定的刺激计划，还需要失业保险等自动"稳定器"。

因此，凯恩斯关于消费倾向的描述并不完全正确，但他的重要理论是有效的。事实上，随着经济萧条，家庭的投资也减少，凯恩斯认为企业需要填补的储蓄缺口比他想象的还要大，总需求的短缺比他想象的更糟糕。凯恩斯的消费和储蓄论赢了。

现在把凯恩斯关于投资的假设与新古典主义的假设进行对比。在新古典主义看来，企业家预期投资的回报是基于已知的事实或自信的预测。简单地说，投资的回报与幻想中的数量相等，即克拉克的资本边际产品。例如，芝加哥大学的凯西·马利根（Casey Mulligan）认为即使在 2008 年金融危机爆发后，也没有必要担心，由于资本的边际产品是 10%，远高于常态。[36]毫无疑问，企业将继续投资，他建议读者："所以，如果你不是受雇于金融行业（你们中的 94% 都不是），那么别担心。"虽然一些新古典主义者不会在此刻如此武断地就下结论，他们暂且也会观望，直到经济恢复均衡，资本挣得其边际产品。在大卫·罗默（David Romer）的研究生教科书《高级宏观经济学》（*Advanced Macroeconomics*）中的每一个长期模型中，资本都能够挣得其边际产品。[37]罗默甚至没有暗示有可能，曾几何时，会存在对克拉克寓言的任何疑问。关于投资回报一个更复杂的新古典主义观点将它视为类似于对消费者一生效用的计算。投资者进行的预期资本边际产品的概率计算，在一个无限的经济时间序列中变得遥遥无期了。我们暂时不需要讨论细节。

即使你认同克拉克生产函数的寓言，如果无论是未来的可确定的收益，还是未来收益的可置信的概率，都无法计算，从而未来在奈特意义上是不确定的，那么凯恩斯主义和新古典主义的投资理论都将是无效的。凯恩斯不否认企业可能像聪明的购物人一样喜欢投资，但他说，他们无法确定投资回报。

凯恩斯在 1936 年写道，南极探险多少是在碰运气，"而对未来收益的精确计算并不比南极探险好多少"。"如果动物精神减弱了，在自发的乐观情绪减弱的情况下，我们只好寄希望于数学计算，企业会消失和死亡，尽管对损失的担忧可能并不比希望得到利润更合理"。[38] 的确，"如果人类的本性没有想要探险的冲动，就不会从建成一个工厂、一条铁路、一座矿山或一个农场中获得满足感，那么可能就不会有什么投资了"。[39]

最后，我将讨论凯恩斯关于利率的论述。他认为，不应该利用利率来调节储蓄量与投资量之间的关系。首先，请先思考一下什么是储蓄。做出储蓄决定的同时也是在决定不消费：如果你不花 1 000 美元买沙发，你就储蓄了 1 000 美元。然后是至关重要的第二个决定。你可以把你的储蓄放在银行的现金账户，且接收很少的利息或根本没有利息，又或者你可以购买债券或其他金融工具获得较高的收益，将你的货币以固定期限借给企业可以投资于生产。在凯恩斯时代，决定持有现金或以固定期限出借的决定可能由个人自己做出。现在，往往是银行或其他金融机构来决定是持有现金还是购买长期债券或其他金融产品，从而可以将现金投入到真正的商业投资之中。原理是相同的。

为什么个人或金融机构会持有现金而不要利息？原因之一是简单的"交易"动机：持有现金可以支付那些定期到期的可预见的账单。你可以合理计算出为此你需要多少货币，而且经济产出总量越大，整个经济对交易货币需求越大。就此而言，货币"没有意义或实际影响力，纯粹为了便利而存在"，凯恩斯如是说。[40]

凯恩斯讨论了两个其他持有现金的原因："预防动机"和"投机动机"。比如，投机动机会产生作用，如果你认为股票、债券或其他金融工具的价格将会下降。假设你认为股票价格会随着经济似乎正在走向衰退而降低，你将出售你的股票换取现金。更重要的是，你可能会持空股。你通过你的经纪人的借股，卖出后换取现金，并计划以后以更便宜的价格重新购买，并用利润补偿他们。做空股票后你因此持有更多的现金。由于债券或其他金融工具是同样的运作方式，投机者就会在经济形势不好时持有更多的现金，当经济形势企好，就会获利。

凯恩斯认为，预防动机比投机动机的心理根源更深，根本上起因于对未来的不确定性。个人可能会将他们的储蓄以现金的形式存入联邦保险的银行或共同基金（2008年美国政府对其进行保险），因为如果他们在意外的紧急情况下需要资金，他们就可直接取用。如果他们持有储蓄债券，他们可以卖出，但如果经济不好，可能会损失。金融机构持有现金，以防他们的金融工具遇到麻烦，这些金融工具也许是衍生品捆绑抵押贷款或保险衍生品担保，他们必须偿还债权人或抵押品。在2010年，银行持有价值1万亿美元的现金，并储备在美联储，几乎没有利息，显然就是因为这个原因。无法提供必要的抵押资产，曾经让美国国际集团等金融机构濒临破产。

因此，并非如供求关系理论所称的那样，利率是储蓄的收益。如果个人和金融机构持有现金储蓄，出于对未来不确定性的防范或投机赌博，他们就是在储蓄但不为收利息。正如凯恩斯所说，相反，利息是对"不贮藏"的奖励。[41] 利息是为了奖励放弃在指定的时间内进行贮藏，将其贷出用于实际的商业投资。[42] 只有以固定期限的方式借贷出去的货币数量增加才能降低利率。人们喜欢贮藏而不喜欢将货币借贷出去，并且喜欢利息高企，只有当经济下行，才最需要低利率来刺激投资。并不存在一个市场利率，来平衡作为供给的储蓄和作为需求的投资。

凯恩斯舌战群雄，对他的批评者做出了有力的回击：

> 出于部分理性、部分本能的理由，我们希望把货币作为财富储存起来，以应对未来的风险和不确定性。即使这种对金钱的感觉本身就是传统或本能，可以这么说，它的运作有更深层的动机。当更高级、更愿意冒险的传统逐渐式微，那么它就开始起作用了。拥有实际的货币会使人更有底气；让人们将货币借贷出去的利息的高低能够衡量人们不安的强烈程度。[43]

离开美联储之后，艾伦·格林斯潘道出了他在任时曾经在几个特殊的时间点发生的令他极度不安的事件。他指出，如1987年10月股市崩盘危机，在1998年的秋天俄罗斯债务违约造成的恐慌及2001年9月11日的恐怖袭击，都刺激"市场参与者努力将非流动性资产转化为现金"。[44]人们试图将股票、债券、期货或任何其他金融工具在一段时间内转换成美元。"当面对不确定性，尤其是奈特不确定性时，人类总是试图脱离中长期的委托关系，以寻求安全性和流动性。"熟悉凯恩斯预防性动机的格林斯潘，让美联储购买债券向经济中注入现金，所以那些出于本能的贮藏行为不会推高利率。

2008年10月，雷曼兄弟（Lehman Brothers）倒闭后爆发金融危机，世界各地的货币市场冻结。资金冻结了，因为货币市场基金和其他机构过于不安，所以他们拒绝放贷，甚至最具信用的AAA评级的公司无论利率多少，都不予借贷。美联储出手救助银行，为银行间贷款进行担保，出资保证居民存入共同基金的储蓄的安全，通过购买债券借出资金——此次危机美联储一共拿出了几万亿美元。尽管美联储做出努力，银行在美联储的现金储备（银行恐慌程度的晴雨表）已经超过法律的最低规定，从 2008 年 8 月的 20 亿飙升到 2010 年 6 月的 1 万亿美元。[45]

所以，不确定性的三个方面会让一个处于恐慌情绪之中的经济运转失灵：焦虑的家庭有储蓄倾向，而不是购买商品；随着金融机构贮藏现金，金融系统将出现资产逃逸；由于对未来的恐惧企业不愿投资。2007 年最后一个季度出现经济"大衰退"，2009 年第二季度 GDP 停止下降。在这期间，经济状况与弗里德曼的持久收入假说相反，相当符合凯恩斯的观点，以 2005 年的美元计算消费比上一年下降了 1 750 亿美元，个人储蓄飙升，需求下降。[46] 住房投资出现了同样的效果，减少了 1 800 亿美元（降为 2005 年的峰值的三分之一）。能够将所有储蓄转移到投资吗？当然不能，固定厂房和设备投资降了 3 000 亿美元，库存投资也下降了 1 700 亿美元。唯一的改善是 2 300 亿美元的贸易逆差下降，原因在于出口增加。私营部门总需求下降约为每年 6 000 亿美元。联邦政府是唯一努力改善下行趋势的力量。

## 货币

凯恩斯的模型围绕着货币。为什么我们要贮藏货币，或者在早前，为什么我们要贮藏黄金而非另一个商品？在某种程度上，凯恩斯认为我们贮藏黄金或货币的本能印在我们的心里。但是我们下意识地贮藏的商品，比如黄金或货币，必须具有两个特点。

首先，它必须耐久，几乎不花钱就能存储。玉米不行，因为储存它成本是昂贵的，而且玉米易于腐烂。其次，该物品必须不能够轻易生产。与经济的规模相比，黄金储备量最少。而且，只有中央银行才能合法生产货币。

这些特征定义了何物可以作为货币。例如，假设我们通过用已经制造好的物品贝壳串珠用于交换买卖商品。贝壳串珠有一个很大的优势。因为闲置公司和工人可以制造它们，不会出现长期经济萧条；因为贝壳串珠作为货币，人们可以买他们需要的任何东西。萧条将很快结束。但贝壳串珠也有一个很大的劣势。因为企业着手生产，会造成通货膨胀。贝壳串珠不能代替货币或黄金的作用，其原因是它们可以被容易地制造生产。货币对现代经济至关重要，但是正因其货币的特征，它也会导致萧条，使工厂关闭，让工人失去工作。

# 第 11 章 长期经济

　　我从未认为任何一个墨西哥人会原谅美国在 1848 年掠夺自己的祖国一半的领土，但 2009 年与墨西哥城一个出租车司机的对话，却令我吃了一惊。车上的电台在播放一个访谈节目，一个女人正在讲述她第一次整容手术失败，因为给她做整容的医生没有执业资格。她找了另一个医生想要修复她的问题，但第二个医生使情况变得更糟，因为他也没有正规的执照。广播一直播放这个医疗事故的故事，我问司机能不能换个台，因为"这种可怕的故事让我觉得不舒服"。

　　他吼道："你这个美国佬！你根本不知道什么叫不幸。在美国，什么都能正常运转，医生不会毁掉病人的生命，人们能获得一些成就。这里什么都不能正常运转，人人都很懒，我们的生活没有指望。我真希望美国人侵墨西哥时，占领整个国家！"

　　我不禁大笑。我说墨西哥人不懒。墨西哥城早上 6 点不会堵车，大学每天 7 点上课，如果在美国开这么早的课，没有一个学生会来。而且，在墨西哥有的事情确实很好。墨西哥地铁比波士顿的地铁更快捷，更安静，更有效率。在波士顿，地铁广播里夹杂各种声音（你根本听不懂，只能靠经验判断它在说什么），列车经常出现故障而晚点。显然，列车没有进行很好地保养。墨西哥城的地铁就不会经常出现故障。我在墨西哥两年，我只记得有一次地铁晚点，广播解释说必须停车的原因是地震，一个小地震。

然而，出租车司机说的也有一定道理。20 世纪 50 年代到 60 年代，那时的墨西哥就像现在的韩国一样，每年经济增长超 6％。一个经济学家跟我打比方说，你种下一粒种子，就会长出一棵树。几百万的墨西哥人的父辈要为地主做苦工抵债，到了他们这一代就都在耕种自己的土地。城市工人在迅速发展的朝阳产业找到工作。在 21 世纪的最初十年，经济很差。每年的增长率不到 2％。海量的供应商生产的 T 恤和音箱摆在路边卖。这些属于所谓的非正式经济，由一些不纳税也没有社会保险的工人进行生产。

究竟出现了什么问题？我读过一些哈佛大学商学院学生的论文，他们纠结于这个问题。他们在案例研究中发现了这些问题。[1]垄断行业扼杀了经济增长，如电信、电力、石油、水泥甚至是啤酒行业。也许垄断啤酒厂生产的啤酒全部出口到全球 100 多个国家，那么其不会对经济造成威胁。墨西哥水泥生产商在美国和欧洲都有工厂，石油也是按照国际价格销售。墨西哥国有电网每度电售价 10—12 美分，美国售价 8 美分，但差距并不大。[2]电信巨鳄卡洛斯·斯利姆（Carlos Slim）在 2008 年被《福布斯》评为全球最富有的人，他控制了 96％的固线电信市场、76％的移动电信市场，还有 68％的宽带市场。[3]电信话费商务套餐的价格是美国的 2 倍，但只比英国贵 10％。[4]移动电话费在墨西哥较低。[5]宽带覆盖率在墨西哥 100 个人中只有 9 个人，美国是 100 人中有 26 个人可使用，且服务较慢，费用相当。[6]最后，斯利姆到底带来多少损害并不清楚。

学生们注意到墨西哥劳工法并不"死板"。当正规行业雇主解雇工人，必须支付至少3个月的失业金。[7]国有石油公司和国家电网的工会既激进又腐败。然而，除了那些工会和不负责任的教师工会之外，墨西哥有组织的劳动力并不强大，还有更多的非正式经济部门的工人根本没有工会组织。墨西哥商业委员会主席说道："墨西哥工人的灵活性是世界上最高的，只要创造了适宜的环境，他们的工作效率非常高。"[8]

墨西哥展开非常著名的打击贩毒集团活动。但墨西哥城的谋杀案犯罪率与美国平均水平相当，大约是十万分之六。大多数州的犯罪率都要低于美国的平均值，只有6个州要比美国高，主要都是北部边界线上的州。除了犯罪率，部分边境州也是整个国家中获得境外投资最高的州。[9]

虽然你能够挑出的具体问题并不是很多，但墨西哥做得并不好。比如拉丁美洲国家智利就是一个成功的案例，智利在21世纪最初十年的平均经济增长率为4%，是墨西哥的两倍。[10]这就是进步与滞涨的区别。智利的投资率每年增长10%；墨西哥只有4%。这两个国家的劳动生产率（工人每小时的产出）都表现平平，但至少智利的增长率为1.6%，墨西哥只有不到0.4%。

学生引用了所有的使人沮丧的数据后，在他们的论文中得出结论说，墨西哥已经失去了"竞争力"，这是通过世界经济论坛年报《全球竞争力报告》(Global Competitiveness Report) 流行起来的词汇。在该报告中，竞争力的评分范围从1到7，智利得4.70分，墨西哥得4.19分，这个评分包含了主观判断，因此很难断言这两个国家有成功与失败之分。[11]如果说墨西哥在21世纪失去了竞争力，那么究竟是什么构成竞争力呢？

两种为长期增长建模的不同方法，至少为我们提供了一个思考这个问题的框架。这些模型试图描述长期增长，时间范围超过十年，或者至少一个经济周期。在整个经济周期过程中，这些模型忽略了短期的经济波动。

标准的新古典主义增长模型是 1956 年麻省理工学院的罗伯特·索洛创立的，后来经澳大利亚经济学家特雷弗·斯旺（Trevor Swan）独立发展，该模型假设只有三个因素能够促进增长：劳动力、节俭和独创性。劳动力——即工人总数——这一因素无法真正促进经济发展。劳动力多只意味着更多的产出在更多的人之间分配。

节俭是传统美德，国内的储蓄能够提高模型中的人均产出增长。储蓄一般被当作是个人自由：个人为未来储蓄而不是现在消费。所有的储蓄将直接转化为投资。换言之，萨伊定律在长期起作用。投资的结果是使每个工人的人均产出增加。

独创性（或者作为其结果的技术创新）是另一个传统美德，它被当作是另一个提高人均产出增长的因素。它通常被称为"全要素生产率"或者"多要素生产率"。自 20 世纪 80 年代"新增长理论"出现后，经济学家试图通过模型来解释这个在一定程度上模糊的概念，随着技术革新，其他因素能够被直接测量，例如：劳动力的教育水平；"社会资本"，如产权的保护；还有避免"寻租"，也就是腐败、院外游说活动，以及其他非生产性活动。

凯恩斯的同事提出了另一种增长模型。事实上，常有人说凯恩斯只关注短期，还引用他的名言"就长期而言我们都死了"，这完全是一个误解。这句话是在写《通论》的若干年前写下的，当他还是新古典主义经济学家，并相信经济注定是向优化的均衡方向发展，而且在这条路上经常受阻。在他的《通论》中，他放弃了均衡的观点，提出经济注定会陷入糟糕的境况。在一个不确定的世界里，只有动物精神支持投资才可以拯救长期运行的经济前景。

尼古拉斯·卡尔多（Nicholas Kaldor）是剑桥大学和伦敦经济学院的教授，他提出了一个增长模型，将投资作为驱动力。[12]外在于市场的经济制度或者社会传统，或许能够影响可预测的环境或促使企业家保持动物精神的乐观，也可能它们无法产生影响。积极或消极的动物精神调节了投资量。投资是经济的发动机，决定了经济增长的速度。随着产出的增长，就像火车后面的一节车厢一样，储蓄也在增长。因此，投资决定了储蓄。凯恩斯模型跟新古典主义模型不同的是，他否定了萨伊定律。

像社会传统这种无形的东西怎样保证动物精神和投资的呢？二战之后，为什么日本比英国投资量大而且增长速度快，读者可以思考一下这个问题。社会学家罗纳德·多尔（Ronald Dore）认为，当日本企业销量下降，道德准则使他们有义务雇用工人并维持供应商。[13]规模较小的供应商和更多的边际工人可能被压榨，但除了不正确的生产方式之外没有其他损失。日本企业因此急于寻求新的投资回报。相比之下，当英国的企业销量下降，他们的主要责任是维持股东的短期利润。这导致他们解雇工人，停止与供应商的合作，并削减投资。根深蒂固的信念很大程度上造成了投资和增长上的分歧。

卡尔多与索洛一样关心生产率增长，但他们认为的因果关系是相反的。卡尔多的模型认为健康的投资导致生产率的快速提高。投资有助于企业更新生产技术和新技术的研发。投资因此能够促进生产率提高和储蓄。这是个勇敢的断言。

## 宏观经济学可能吗？

在对不同的长期增长模型进行比较之前，一个首先要回答的问题是：宏观经济学可能吗？对于这个问题，存在很多疑虑。

近几十年来，新古典宏观经济学家已经宣称他们成功地把"一般均衡"模型建立在"微观基础"之上。也就是说，他们声称他们的模型基于理性的个人和追求利润最大化的厂商之上，而这也正是阿罗—德布鲁模型的假设基础。但在你眨眼之前，他们将市场的多样性统一用一个"代表性行为人"（representative agent）表示，这种假设磨灭了市场存在的意义。如果我们都一样，为什么还要进行交易？他们赋予这个行为人基数效用，可以像标尺一样进行测度。一个世纪前，新古典主义理论家拒绝任何这样的概念，每一本像样的微观经济学教科书都声明这是不合理的，但这都没关系。菲利普和费希尔在总结真正探究过这个问题的相关文献时称：宏观经济学家漫不经心地忽视了"难以解决的加总问题"，他们犹豫不决地将所有不同的消费者和生产资料同质化为一个统一类型的东西。[14] 借助 J.B. 克拉克的总量生产函数的寓言，他们将多样化的厂商转化为均质劳动力和资本转化为相同产出的大厂商。菲利普和费希尔称，克拉克的总量生产函数是"一个缺乏合理性的工具，这在几十年前就已经被证明了"。[15]

这些做法在实践中可能比理论上更合理（即使这对经济学家而言很奇怪），一些最糟糕的做法适用于"短期"经济周期模型，而不是"长期"增长模型。不可思议的是，宏观经济学家是怎样漫不经心地采取这些做法的。菲利普和费希尔相信，大多数宏观经济学家甚至没有意识到，理论家已经宣布克拉克的生产函数是不合理的。[16]事实上，罗默在他的研究生水平的宏观经济学教材中，并未提及这些加总问题，更不用说去解决这些问题。

可以为宏观经济学找到更健全的基础吗？回想一下，皮耶罗·斯拉法开发了一个正式的古典主义模型。如果不同工人的工资可以加总为一个标准工资的倍数——即能够决定经济学家琼·罗宾逊、英国女王伊丽莎白二世及小甜甜布兰妮（Britney Spears）每个人挣多少倍的标准工资——斯拉法就提供了不同的消费品和资本品价格的一致的理论。用他称为"标准商品"的一篮子商品进行衡量，这些"标准商品"的相对价格即使在利润率和工资变化时仍保持不变。一旦有这样不变的价格，理论上就可以加总消费品和资本品。

还有确定琼·罗宾逊、英国女王伊丽莎白二世和小甜甜布兰妮的相对工资的问题（女王真的需要工资吗？）。你可以通过将消费者的消费偏好补充进斯拉法的模型，也就得到了市场对商品的需求，从而在这方面取得进步。[17]也许不久之后对大宗商品的需求可以转换成对特定的生产该种商品的工人的需求，进而影响到工资。但让我们停止玩这种文字游戏。斯拉法的模型确实依赖于相对工资由社会决定，而不是由芝加哥期货交易所大宗商品拍卖价格决定的观点。这可能是一个合理的想法。在那本我经常批评的萨缪尔森的教科书中说，"100%的劳动力"是在受管理的市场定价："大多数公司管理他们的工资和薪金，设置固定薪酬范围，并以入门级的工资或薪金进行招聘。这些工资一般固定一年左右，调整时几乎所有类别都上升相同比例。"[18]萨缪尔森将这些程序看成是产生没有下降趋势的"黏性"工资的原因，从而会导致失业。但如果非市场的行政程序确定了工资，斯拉法的模型可能为加总问题提供了理论依据。它将对李嘉图的古典模型和凯恩斯的《通论》模型适用，但它对克拉克的新古典主义寓言不适用。[19]

还有很多疑问。采访者对肯尼斯·阿罗提出建议时说，宏观经济模型不可能建立在微观基础上。阿罗同意说："（这种说法）很真实也很不幸。"[20]即使你可以将工资和商品化一，你怎么将人们关于经济行为的多样化的想法和对未来的预期划归为一呢？正如凯恩斯强调的，我们的经济行为依赖这些想法和预期。新古典宏观经济学宣称不存在这样的问题。德尔菲神庙的神谕宣告经济正趋于注定的均衡，而代表性行为人则承认这是真理。[21]

古典经济学更加复杂。至少它承认多样性，且假定经济思想和行为取决于资本家、地主或者工人。如果像古典理论假设的那样，社会在某种程度上决定了实际工资——即设定生活标准，确定社会惯例，且信誉良好的工人的生活如果低于这个标准会显得不得体——那么均衡价格也就固定了。新古典主义的不稳定问题，也就是试图让市场做任何事的问题，就被克服了。

凯恩斯也从不同的概念上对社会进行分类。他设想：企业家的集体乐观或悲观能够驱动投资；投机者对未来变化无常的预期可能带来灾难；大多花自己薪水的工人反而节省一部分进行储蓄。因此他认为人们的心理诉求决定人们的集体从众行为。凯恩斯认为，在大多数情况下，人们实际上不会考虑太多，部分原因在于对未来的不确定性，他们的行为是遵循惯例。为对冲基金提供投资建议的著名宽客（quant，即金融工程师）不会思考未来，但会试图找出惯例对未来的看法。如果你赌惯例那一边，那么你至少在短期内能够盈利。凯恩斯说，惯例并不是坏事，至少在惯例改变之前，它能够维护稳定。

实际上，凯恩斯和李嘉图否认宏观经济模型可以建立在对个体微观层面的假设之上。他们对人们的信仰和习惯进行宏观层面的假设。李嘉图假定三类人，资本家、地主和工人，具备典型的行为方式。凯恩斯假定至少在惯例改变之前，他们的行为方式能够引导这些人的行为，比如企业家的"动物精神"，投机者的囤积居奇的本能，工人节俭的习惯。

宏观层面的假设似乎是合理的，只要你承认你所做的。科学家似乎比经济学家更善于进行宏观层面的假设。生物学家通过假定宏观模型来研究某类生物共性，而非专注于特定的植物或动物。因为微观层面的气象变化十分混乱，如果只根据微观层面的观察，就无法做出天气预报。著名的"蝴蝶效应"是指巴西一只蝴蝶振动翅膀，会在北大西洋引起飓风；意思是最初始状态时最微小的错误可能导致最极端的预测的错误。而几千年来，气象学上粗糙的模型已经被用来成功地预测了短期的天气情况。当地球表面某一点附近的气压低，空气密度小，即每立方英寸的空气重量较小，那么该处气压有上升的趋势。当上层大气温度降低，水蒸气凝结，就形成云。如果温度降得很低，而且这种变化很突然，那么根据水手们几千年来的经验表明，将会发生暴风雨。这个宏观模型忽略了微观的复杂性，却依然很奏效。天气预报员如果想继续画一个更复杂的天气地图，那么利用这种宏观模型的方法就不行了。

经济学家是怎样利用宏观层面的假设来构建模型呢？菲利普

和费希尔承认,政府数据将国内产品分成消费、投资、政府开支、出口和进口都不是无意义的。[22]以数据的形式将国内收入分成雇员工资和收益、企业利润、债权人利息和其他费用也不是无意义的。国内产品以美元计算的价值与国内收入以美元计算的价值是相等的(扣除统计误差)。一方面是产品的销售价格,在另一方面,就变成了某类人的收入。

这些数字能够传递重要的经济信息,但你不能在数据中找到因果关系。国民核算要求投资与储蓄必须相等,但没有证明是储蓄决定投资,还是投资决定储蓄,又或者它们之间的关系更复杂。

可以将因果关系作为一种假设纳入国民核算框架中和其他比如财务"资金流"数据内。在数据中做出这样的假设可以组成一个模型。[23]在表达实际观点的时候,我们无论如何也会做出假设,比如更高的利润率会推动还是阻碍增长,又如财政刺激是否会改善衰退。因此,我们不妨清楚明白地说出自己的假设。通过论证这些假设是否足够现实,获得的模型是否与经验相冲突,就能够对这些假设进行评估。利用假设挑战"常识",比建立模型更有吸引力。

## 务实的索洛模型

《商业周刊》记者迈克尔·曼德尔认为索洛的模型表达了经济学的一个最重要的洞见。马尔萨斯提出人类不停繁衍,土地有限,饥饿就会接踵而至。曼德尔称,更宽泛地说,马尔萨斯的观点适用于所有不可再生资源:

如果没有多要素生产率提高,马尔萨斯的观点就可能是正确的。如果没有新技术，就没有替代资源。遇见任何问题都可能导致失败。当技术进步进程变慢，就像 20 世纪 70 年代那样，人们就会说我们在劫难逃了。而且，你知道吗？他们是正确的。现在有两个问题：医疗和能源。如果没有新技术这个神奇的因素，全球资源只能维持 10—20 年的时间。多要素生产率提高这个神奇的因素的贡献仅有 1%。听起来占比很小，但数量巨大。有了这额外的 1%，所有的经济模型的结论都是情况良好。如果没有这 1%，所有的经济模型的结论都是所有的事情都是坏的。[24]

索洛的模型可以简化成一个"增长"框架，将增长分成三个部分：劳动力的增长、投资的增长和这个神奇要素的增长（事实上，在他 1956 年首次提出这个模型的文章中，尽管以萨伊定律为假设基础，但他已经承认萨伊定律可能会失效）。[25] 为了获得实用的索洛模型，我们首先在全国性的数据上附加最少的假设条件；新古典主义复杂的条件可以后期再添加。实用版的模型不是小说。赫伯特·西蒙（Herbert Simon）是为数不多的对新古典主义理论持怀疑态度的人，他在 1978 年获得诺贝尔经济学奖。[26]

实用版模型以简单的计算开始：经济产出等于劳动力成本加资本成本。然后，将成本进一步细化：劳动力成本等于平均工资乘以工人数量。资本成本等于利润率乘以资本总价值。小威廉·斯特伦克（William Strunk, Jr.）① 倡导写作者省略不必要的文字，我要向他道歉，但我还是要重复一遍：总产出等于工资乘

---

① 威廉·斯特伦克，美国流行的写作教材《风格的要素》(*The Elements of Style*) 的作者。——编者注

以工人数量加上利润率乘以总资本价值。这些数字从标准的政府数据中很容易获得。

模型将产出的分解项转换成增长的分解项。[27] 首先，假设总产出中的利润份额与工资份额保持基本不变。准确地说，在美国利润基本占总产出的四分之一，工资占总产出的四分之三。[28] 其次，模型需要假设资本和劳动力分别以大致稳定的速度增长。准确地说，长期以来，美国的资本存量以每年 3% 的速度增长，劳动力以每年 1% 的速度增长。模型假设给经济体赋予某一特定的比例或增长速率是可能的。

美国使用特定的评估方法是为了获得关于资本存量的增长和劳动力增长对整个经济增长的贡献分别是多少的数据。资本存量年增长 3%，资本创造的利润占总产出的四分之一，那么资本积累对年增长的贡献为 3% 乘以四分之一，即 0.75%。工人数量年增长 1%，工资占总产出四分之三，增加的数量的工人对年增长的贡献为 1% 乘以四分之三，也是 0.75%。加起来，这两个要素对增长的贡献为 1.5%。但年均增长为 3%。因此，其他的因素（无论称之为神奇要素或者全要素生产率之类的）对增长的年贡献为 1.5%。曼德尔说，无论是 1% 还是 1.5%，贡献都是巨大的。因为如果没有这个神奇要素，经济就会陷入困境。

## 新古典主义增长理论

新古典主义版本的索洛模型增加了几项假设。如前所述，假设有两个因素决定长期人均经济增长速度：其一是将萨伊定律的假设直接应用到投资领域得出的国民储蓄；其二是全要素生产率。对贫穷国家而言，这个模型强调储蓄的重要性。因为贫穷国家中人均资本存量较少，较高的储蓄率能够大幅提高投资和增长。对富裕国家而言，这个模型强调全要素生产率的重要性。这些国家已经具备较多的人均资本存量。这个模型同样以新古典主义生产函数为基础，因此，在已经具备较高的资本存量基础上，再增加资本存量会带来越来越少的增加的产出。全要素生产率就成为了主要的经济发展引擎。"外生变量"（exogenous variable）是指一种独立的因素从外部对增长过程产生影响，如果全要素生产率这个神奇的因素作为"外生变量"参与到模型中，那么就能促进经济增长。如果其未能参与到模型中，那么就不能够促进经济增长。

上述结论也会引起疑问。全要素生产率简单代表了国民经济增长中无法衡量的任意比例。换言之，将国民经济增长中扣除劳动和资本的贡献，剩下的归为全要素生产率的作用。它也被普遍称为"索洛余值"（Solow residual），指的是无法通过可量化的因素解释的增长部分。或者，正如斯坦福大学的经济学家摩西·阿布拉莫维茨（Moses Abramovitz）所说，全要素生产率是"我们无知的度量"。[29]

生产率会随着经济发展而提高，但经济增长更像是马，而生产率的提高是马车。为什么会这样呢？简单地解释就是生产率的计算方法有两种，其中较常用的一种计量劳动生产率的方法是每个工人一小时的产出，这种方法相对简单，而且数据更充分且易得。此外，在针对发达经济体的索洛模型中，资本积累的影响微乎其微，计算生产率提高的两种方法极其相似。

随着美国经济陷入大萧条，在 1929 年到 1933 年期间经济产出严重缩水，生产率也大幅降至每年 2.2%。随着二战开始，美国在 1939 年至 1945 年期间经济发展繁荣，生产率提高速度惊人达到年 3.7%。[30] 如此看来，并不是技术发展在 1929 年之后瞬间中断，然后到了 1939 年又突然复兴。事实上，经济史学家亚历山大·J. 菲尔德（Alexander J.Field）认为 20 世纪 30 年代的技术发展速度是整个 20 世纪中最快的，比如，电视的发明和第一架商用客机 DC-3 的成功研发。[31] 但由于经济表现不佳，那些发明未投入批量生产或销售，因此这些科技进步没有在生产率相关数据中体现出来。经济的快速增长将那些技术投入使用中，比如，二战期间，建造了成千上万架 DC-3 用于军事运输；二战后，电视机的销量飙升。经济增长使科技发明得到广泛应用，其对生产率提高的作用得以显现。

与新古典主义索洛模型的假设正好相反的观点是，经济增长越快导致生产率提高得越快，也就是费尔多恩定律。费尔多恩定律是以荷兰经济学家彼特鲁斯·约翰内斯·费尔多恩（Petrus Johannes Verdoorn）的名字命名的。费尔多恩定律其实不是定律（我希望经济学家不要再将事物以定律命名），但尽管遭到新古典主义经济学家的坚决反对，费尔多恩的观点往往还是站得住脚的。

回顾 20 世纪 90 年代的"新经济"，美国的经济发展经历了数十年的不温不火之后，突然备受瞩目。根据索洛模型，经济学家过分专注于生产率提高。即使是著名的艾伦·格林斯潘也持有这种观点。作为一个报告人他在 1999 年 6 月国会演讲中总结道："巨大的技术投资能够大幅提高生产率"，从而将"根本地和深远地改进经济运行的方式"。[32]

克林顿总统的经济顾问委员会认为："意想不到的生产率激

增导致了积极的发展：抑制了通货膨胀，使失业率下降低于预期；促进了经济增长，有助于联邦预算平衡；对股票市场的估值起到积极作用。"[33] 委员会甚至认为生产率增长可能支撑永久性经济发展。"扩张只是旧的促进经济发展的方式，而促进生产率提高的方式依然年轻。"该委员会在 2000 年 1 月指出。[34] 由于没有注意到互联网泡沫，带来了下一年的发展梦的破碎。[35]

耶鲁大学的经济学家雷·费尔（Ray Fair）不同意上述观点，认为唯一不寻常的方面就是 20 世纪 90 年代末的互联网泡沫。[36] 他花了数十年时间来开发和检验的宏观经济模型，我觉得非常合理。他模拟了另一个情景：如果股市遵循历史的模式，而不是飙升形成一个泡沫，会怎样呢？他认为经济会像 20 世纪 80 年代一样继续发展。消费显著增加（因为家庭的有价证券升值），提振投资（由健康的消费需求和降低成本提高产权资本所致），更高的经济增长，失业率降低，甚至连进口商品的增加，都可以用股市繁荣来解释。

关于生产率飙升呢？费尔表示，并没有很明显的迹象表明生产率飙升。如果你忽略了 20 世纪 90 年代初的经济衰退，只从 1995 年到 2000 年的新经济阶段来看，生产率似乎飙升。但在经济周期中，生产率增长有很多的波动，所以应该从周期性峰值间衡量（因此，著名的 20 世纪 70 年代的衰退通常可追溯到 1973 年，因为这一年标志着在 20 世纪 60 年代就已开始的经济周期的高峰）。费尔指出，生产率增长之间的差异在 20 世纪 80 年代和在 20 世纪 90 年代两个经济周期（从峰值到峰值来度量）之间的增长很温和，仅仅从 1.5% 增长到 1.8%。[37] 股市泡沫能够促进经济增长和投资，股市泡沫也能够提高生产率，尽管费尔并未指出这一点。博学的经济学家明明知道应该从峰值到峰值来度量生产率的提高,为什么他们还对 1995 年之后生产率的飙升如此兴奋呢? 为了看到事情进展顺利,他们一定求助了他们所钟爱的长期经济增长理论:索洛模型。

## 修补理论

新古典主义经济学家注意到,索洛模型会做出疯狂的预测。有一些麻烦来自所假设的收益递减的生产函数,所以,人均资本越多的国家,任何额外增加的资本收益率越低。假设美国人均 GDP 超过一个中等收入国家 10 倍,如墨西哥。(粗略地通过这两个数量级的比较来说明这一点)如果利润大约是总产出的三分之一(也是粗略的数字),且两国能够获得相同的技术,毕竟跨国公司是全球性经营,那么索洛模型说,美国的人均资本必须得高出 1 000 倍。[38] 这个结论显然是荒谬的。此外,按照模型假定,如果储蓄自动转化为投资,那么储蓄或者投资带来的影响会小到难以置信。在最初的 17 年间,美国储蓄率提高 10%,经济增长率只会增加 0.15%,后来越来越少。[39]

为了做得更好,新增长理论做出了一些修正。其中一个途径就是重建索洛余值。索洛余值被处理为抽象的"知识"概念:你可以假设,一个国家具备越多的知识,知识的增长速度就越快(知识繁衍知识);你也可以假设,一个国家具备的知识越多,知识的增长速度就越慢(知识的收益递减);你还可以假设,无论如何知识都以同样的速度增长。你可以假设,如果人口越多,这个抽象的"知识"就增长得更快(更多的人做更多的发明);

你也可以假设并非如此。你可以假设，如果资本存量越多，这个抽象的"知识"就增长得越快（类似卡尔多假设的投资促进技术）；你也可以假设并非如此。这些模型还是遇到了麻烦。如果一个中等收入国家人均收入是美国的 1/10，因为它不能获得同样的知识，该模型表示，其已经落后 100 年。[40] 这又是一个还未成型就注定失败的理论。

然后，新增长理论寻找阻止贫穷国家吸收新技术的原因。一方面可能是教育不充足。经济学家将教育纳入收益递减的新古典主义生产函数。教育与生产函数有什么关系呢？不管怎样，如果你将教育纳入这样的模型，就像储蓄一样，结果只会是收益递减，而且产生影响很小。[41] 即使在新增长理论中，教育差异仅仅可以解释最富有和最贫穷国家之间（这就需要拿美国跟海地比，而不是跟墨西哥比）差距的四分之一，而资本存量的差异则可以解释六分之一的差距。[42]

为了弥补理论上的缺陷，新增长理论转向"寻租"——以游说、腐败或者其他方法来攫取他人的产出。寻租可能是一个问题，但它也可以是绝望的经济学家最后的救命稻草。愈是陷入更深的隐喻，他们愈是发现"社会资本"的缺乏。在这个标题下，他们提出问题，如产权执行不力、企业家精神不足、殖民地资源不足、过度诉讼（但律师不就是保护产权的吗?），甚至（我希望不会太严重）太多的哲学猜测。[43] 他们有太多的模型和太多的故事，但解释却不够。

## 凯恩斯主义增长理论

卡尔多的模型为理解部分国家的增长经历提供了一个有用的

框架。它认为投资是推动经济增长和储蓄的动力，与此同时，能够促进技术进步——凯恩斯对此也有类似的结论——换言之，全要素生产率并非一种特殊的物质，能神奇地将效率引入资本和劳动，而是一种衡量更先进的资本设备、工人技能的进步，以及其他因素的标准。

当然，卡尔多的观点有其局限性。投资不总是生产技术进步的方法。如前所述，通用汽车浪费 400 亿美元在成本更高的机器人上，其表现却比汽车生产工人的表现更差。然而，在资本主义经济中，竞争倾向于促进创新，尤其是非前沿的经济体，对已知技术更有效的利用通过投资实现，投资本身通常似乎能够带动效率提高。

从不同的角度来看，回想新古典主义索洛模型的概念图式。它的建立是通过假设所使用的资本种类不发生变化，来计算资本的贡献。也就是说，如果从 1950 年前后开始研究，该模型假设，在 2010 年，航空公司仍然使用 21 座的 DC-3 机型，房间大小的电脑在真空环境下运行，医生将小儿麻痹症患者置于铁肺中维持呼吸。模型描述了全要素生产率结合原有的资本产生更大的产出。然而，显而易见，2010 年的笔记本电脑已经大大超出了 1950 年速度最快的电脑，喷气式飞机已经取代了 DC-3 螺旋桨飞机，小儿麻痹症疫苗的诞生使患者不再需要铁肺，资本从根本上改变了。资本本身，或者投资本身就构成了索洛余值的很大一部分。管理方法、工人技能和其他难以捉摸的因素的提升，可以解释剩余的部分。索洛余值只是单独汇总这些进步的巨大贡献。作为一个粗略的重要性估计，务实的索洛模型发挥了重要的作用。作为一个戏剧性的解释，解释生产率如何发挥了天外救星的作用，或使经济增长下降，或使经济岌岌可危，该模型都并无意义。

## 增长故事

目前几乎所有富裕国家在其发展过程中，都有一些卡尔多模型的影子。具体地说，它们都利用产业政策，那些政策旨在同时促进投资和技术进步，剑桥大学的张夏准（Ha-Joon Chang）在一项基础广泛的研究中如是说。[44]

韩国等亚洲四小龙发展的故事现在是众所周知的。当他们从贫困上升到发达国家，他们实行的政策包括贸易保护主义政策、补贴、国有制企业和国家的信贷分配。在 20 世纪初期，中国的中央集权模式获得关注。温家宝总理说，要充分发挥"社会主义制度决策高效、组织有力、集中力量办大事的优势"。[45] 私营企业在出口加工生产和消费品领域竞争，政府主导战略行业，如金融、交通、电信和能源。据说，中国操纵人民币汇率以促进出口。它可能会遇到其他国家都会遇见的问题，但它取得了非凡的进步。

张夏准认为，英国和美国是当今新古典主义市场政策的倡导者，他们本身也热衷于部署战略产业政策。"华盛顿共识"可能是为发展中国家开的"处方"，但它不是美国华盛顿的发展策略。如前所述，亚当·斯密抨击重商主义、社会不公和巨大的浪费、以及使英国成为全球经济领袖的产业政策。它的前殖民地美国也继承这一点。世界上第一位产业政策理论家并不是我们经常说到的德国历史经济学家弗里德里希·李斯特（Friedrich List），而是美国财政部长亚历山大·汉密尔顿（Alexander Hamilton）。事实上，李斯特很大程度上借鉴了汉密尔顿的《制造业报告》(*Report on Manufatures*)。[46] 著名的亚洲模式实际上是美国或英国模式。

正如亚洲模式一样，美国产业政策经常被遗忘，故对美国产业政策的使用进行一次追溯历史之旅似乎是有用的。为了监管对外贸易，美国国会在 1792 年将关税提高到 12.5%。这遭到南方农场主反对，因为关税迫使他们支付更多加工产品的成本。国会在 1812 年战争期间为了增加收入将关税翻了一倍，为了给制造业带来有益的影响，在 1816 年将关税提高到 35%。[47] 关税纠纷及其对经济的影响，可能对美国内战也起到了一定作用。张夏准认为废除奴隶制只是亚伯拉罕·林肯（Abraham Lincoln）当选总统时的一个理论可能；他从来没有明确地支持过废除奴隶制。但他一直青睐工业保护，并为了争取更多的支持在北部各州竞选期间承诺加强它。[48] 上任后，他肯定要提高关税，这可能会使南方各州脱离联邦。在美国内战和第二次世界大战之间，美国保持工业关税在 40%—50%的范围。[49] 到 1930 年美国已经成为全球经济大国，其臭名昭著的《斯穆特—霍利关税法案》成为了一个可怕的例子，引发一连串的贸易保护主义，但与美国内战后的关税水平相比还是相去甚远。[50] 只有到了二战后美国才开始贸易自由化。

和其他地方一样，美国贸易保护主义远非唯一的产业政策。经过长期努力，在沃特敦、马萨诸塞、哈珀斯渡口、弗吉尼亚西部的兵工厂中，顽固的机械师被迫采用"美系"通用部件。[51] 好处远远超出了军事领域。在 19 世纪晚期，美国政府划拨给铁路建设的土地面积大于得克萨斯州，或 35 倍于马萨诸塞州面积。[52] 政府不仅购买了一个高效的交通基础设施，也为发动机、钢铁、蒸汽机、玻璃和其他制成品提供了市场。

二战后美国几乎没有放弃产业政策。美国电话电报公司的贝尔实验室的研究经费来自于通讯行业的垄断利润，该实验室发明了晶体管。美国陆军资助晶体管长达十年的时间，使晶体管的使用过渡到商业领域。美国空军的民兵导弹为集成电路提供初始的市场，随后是国家航空航天局（National Aeronautics and space Administration, NASA）的阿波罗登月计划。国防高级研究计划局（Defense Advanced Research Projects Agency, DARPA）的互联网的发展有相当一部分在麻省理工学院进行。私营部门的创造力对于这些关键技术的创新起到至关重要的作用，但政府支持也是不可或缺的。[53]

美国产业政策在飞机制造领域也扮演了至关重要的作用。[54]美国邮政服务补贴航空运输，但要求商用飞机载客量足够大，它对于顽童作家安东尼·圣艾修伯里（Antoine de Saint-Exupery）所写的冒险式夜间飞行器是不感兴趣的。在 1930 年《麦克纳里—沃特雷斯法案》的权威下，邮政大臣哈罗德·布朗（Harold Brown）强行收购私人航空公司，打造一个横贯大陆的寡头垄断来支持交通发展。结果就是产生了 DC-3——第一个有效的商用飞机的雏形——有密封驾驶室、可伸缩的起落架和其他创新。

飞机制造商同时提供军用和民用飞机，武装部队支付的预付金被用于商业化，对此民用航空局（Civil Aeronautics Board, CAB）也发挥了关键作用。每次波音公司开发一种新的飞机，都是一次赌博。它期望在负现金流六年之后实现收支平衡点，但实际上有可能是十几年之后。波音不能做出这样孤注一掷的赌注，除非航空公司承诺提前支付 20%—30% 的成本。反过来，航空公司寻求他们可以收回成本的保证。放松管制之前，民用航空局提供保证，设置高票价以支付这些费用。民用航空局不仅奖励航空公司订购新飞机，同时还惩罚那些不订购新飞机的航空公司。落后者因服务差还收取相同的票价而失去了市场份额。泛美和其他一些航空公司雇用了大量工程维护人员，他们曾与飞机和发动机制造商共同开发新技术。28 座的 DC-3 推出不到 20 年之后，泛美航空就揭开了喷气机时代——波音 707 从纽约飞往巴黎。下一个十年里，乘载 550 名乘客的波音 747 开始服役。

"华盛顿共识"禁止产业政策的规定效果往往并不好，而新古典主义理论认为国家行为促进投资和技术进步的可能性并不大。杰米·塞拉（Jaime Serra）是墨西哥卡洛斯·萨利纳斯（Carlos Salinas）政府的商务部长。他获得耶鲁大学经济学博士学位，并有一句名言："最好的产业政策是没有产业政策。"[55] 当然，许多前墨西哥产业政策受战争影响都夭折了；但作为一个整体战略，放弃产业政策的计划没有取得成功。事实上，尽管萨利纳斯没有所谓的产业政策，但他还是有一项政策：使用北美自由贸易协定来吸引美国投资墨西哥。在 1994—1995 年金融危机之后的几年，这确实有效果，但最终失败了，因为坐落在墨西哥的工厂主要进口部件和组装出口，与其他经济的联系十分微弱。因此，在 20 世纪初，随着中国的劳动力在许多行业中削弱了墨西哥的竞争力，墨西哥的工厂也土崩瓦解了。

## 哪一个模型更具说服力？

我上面的关于产业政策的故事倾向于支持卡尔多模型，但我证明什么了吗？新增长理论甚至没有提及产业政策——至少没能促进发展、投资和增长。[56]除了那些理论已经提到的一些可疑的结果，我很难理解，如果省略了最成功的故事中一个如此突出的特征，怎么证明有一种可信的方法能够促进增长。一个有正常反应能力的人可能会注意到，新古典主义的"战略—贸易"理论为有效的产业政策留出了一定的空间。假设行业垄断或受到其他市场缺陷的影响，战略—贸易理论发展了新古典主义模型，描述保护和补贴如何将投资从夕阳产业转移到朝阳产业，促进国家经济增长。保罗·克鲁格曼因为沿着这些思路发展的模型而获得诺贝尔奖。

然而，仔细观察发现，这些模型在解释任何一项持续的产业政策的成功方面，表现并不是很好。与凯恩斯主义模型相反，在这些模型中，产业政策不增加总投资，因为国民储蓄作为个人偏好的选择，决定了总投资。政策仅可以推动投资从一个行业转移到另一个行业，如果他们引导错误投资的方向，比如从朝阳产业转移到夕阳产业，就会破坏经济增长。为了使这些政策发挥作用，在这些模型中，政治家必须非常精明，且具备动员公众的能力。首先，他们可能无法识别朝阳产业：哪一项新能源技术将成为赢家？其次，即使确定了正确的朝阳产业，夕阳产业的说客大军也会因为现有产业左右动摇而劫持华盛顿补贴。因此，在新古典主义模型中很难想象政治家成功部署贸易策略和产业政策。然而，如果凯恩斯主义模型声称这些政策可以增加总投资是正确的，那么就给予了容易出错的现实世界的政治更多的空间。这个空间不是无限的：将太多的投资转投到错误的方向会造成损失。但有些明智却远不如那些完美的努力也可能会奏效。尽管政治家总是无能，但产业政策往往会产生作用，凯恩斯主义的观点似乎更为合理。

比较理论的另一种方法，是看人们包括经济学家们谈论理论的方式。新古典主义理论认为，贸易总是给国家带来福利；贸易保护主义就像在港口填满石头。进口会伤害某些行业，但他们不会削弱投资，因为贸易不决定投资；而储蓄决定投资。新古典主义理论宣称，贸易只会将投资从低效转移到高效的产业，而保护主义只会适得其反。但是你永远不会猜到贸易谈判代表中的很多经济学家谈论理论的方式。当他们通过贸易谈判允许他们国家的某一市场打开时，他们称之为"让步"，只是为换取强硬的贸易伙伴的让步。这种观点可能归因于来自利益集团面临增加进口的压力，但如果国家能够通过贸易获得的好处是如此确定，安抚狭隘利益似乎不需要付出如此巨大的努力来讨价还价。

事实上，自由贸易的支持者和反对者都没有用新古典主义的术语来解释他们的观点。美国政府不断指责中国政府操纵人民币汇率以促进出口和投资，是以牺牲其他国家为代价，这种指责是凯恩斯主义的。但当美国政府官员提倡贸易时，他们也经常引用凯恩斯主义的术语。前商务部长唐纳德·埃文斯（Donald Evans）说："有来自美国各地的企业来和我谈他们的未来、增长和开放市场的重要性。这些人来找我说，'我们的未来增长是在美国之外'。美国国内肯定有发展空间，但是他们将目光放在外国市场，因为在过去的五到十年他们经历了持续的增长。"[57]

经济学家将 1930 年《斯穆特—霍利关税法案》引起的贸易中断（由一个国家采取贸易保护措施，另一个国家也做出同样的贸易保护措施产生的恶性循环）称为"向邻居乞讨"政策。剑桥大学的凯恩斯主义者琼·罗宾逊发明了这个词。[58] 她这么做是对的，那些使用这个短语的新古典主义经济学家也是对的。贸易收缩是一种向邻居乞讨的政策，因为它破坏了需求和投资，产生了恶性的循环。问题在于新古典主义理论。如果这个理论是正确的，储蓄决定投资，且保护主义产生的循环只是将投资从更有效率的产业转移到没有效率的产业，那么贸易收缩的结果还不会如此严重。当经济学家自己都不相信那些他们声称支持的理论的实际结论时，那么这个理论看起来就不那么令人信服了。

# 第 12 章 短期经济

在 20 世纪 30 年代所有信奉凯恩斯主义理论的经济学家都是因为看到了该理论能够应对大萧条的希望，但他们并非完全同意该理论的所有解释。这个理论在离开英国剑桥时（我用这个小镇来指代剑桥大学及其盟友），还是一个关于完全不确定的未来的理论，是关于一种不可或缺但危险的叫做"货币"的东西，关于一个可以在任何的失业水平上（好、坏，或者无人关心）停留的经济。而当这个理论来到马萨诸塞州的剑桥时（我用这个小镇指代哈佛、麻省理工学院及其盟友），就变成了新古典主义理论。它假定经济倾向于唯一的均衡，但是可能受到经济过程中缺陷的阻碍，如暂时过高的利率不利于投资，或暂时的高工资导致失业。英国的剑桥认为资本主义存在固有的问题；马萨诸塞州的剑桥认为资本主义只是需要"微调"。

在去往马萨诸塞州剑桥的路上发生了什么事？雪上加霜的是，在《通论》发表之前，凯恩斯那些尚未成型的观点已散落在世界的各个角落。加拿大经济学家罗伯特·布赖斯（Robert Bryce）参加过"凯恩斯俱乐部"，每周一的晚间凯恩斯会在剑桥进行一系列讲座，罗伯特将讲座的内容在他称为"秘密"的文章中进行总结。[1]布赖斯在 1935 年到哈佛大学进行研究生学习，他视自己为该大学中唯一的"凯恩斯著作的专家",并以他的文章为基础组织非正式的研讨会。[2] 在那些讨论中,他反复强调一点:"《通论》并非浅显易懂;它试图通过详细的论证而得出结论。那些研究这本书的人会很困惑。"[3]

布赖斯的警告似乎在哈佛大学有共鸣。保罗·萨缪尔森当时也在哈佛上学,他后来曾宣称《通论》"模糊"且"傲慢"。他对这本书最初的感觉是敌对的,他多年之后回忆道:"我对这本书的厌恶完全是因为它的傲慢,而后又不得不承认我不懂它在说什么。"[4] 凯恩斯不仅自己困惑,同样也给别人带来困惑。格里高利·曼昆(Gregory Mankiw)是著名的"新凯恩斯主义者",他比萨缪尔森一代更远离凯恩斯本人,他认为:"有人可能会认为阅读凯恩斯的书是研究凯恩斯主义理论的一个重要组成部分。事实上,情况恰恰相反。我不确定即使是凯恩斯本人是否都完全明白自己真正的意思。"[5] 我几年前与一位正在崛起的年轻的哈佛大学经济学家共进晚餐,发现他也持有相同的观点。

萨缪尔森感到糊涂的原因可能由于一个简单的事实,即他不能接受凯恩斯的中心理论主张。正如他所说:"我最反对凯恩斯的,是关于存在均衡失业率的观点。"[6] 这一观点与新古典主义理论存在分歧,而萨缪尔森在到哈佛之前在芝加哥大学学习新古典主义理论,且毕生都支持新古典主义理论。然而,他相信凯恩斯的政策建议,如公共工程支出对经济萧条时期创造就业机会是至关重要的。根据本质上务实的理由,弗兰克·奈特和其他芝加哥大学经济学家强烈反对大多数人针对美国经济呼吁赤字消费的观点。[7]

萨缪尔森发现了解决他对凯恩斯理论的担忧的方法,就是在借鉴关键的凯恩斯政策建议的时候,"干脆不去担心"。[8]他将凯恩斯硬塞进新古典主义理论。他指出,他"庆幸可以假设相对价格和工资有足够的刚性,这样从瓦尔拉斯观点到凯恩斯主义能有效过渡"。[9]"瓦尔拉斯"是经济会趋于唯一和最优的均衡的假设的一个代名词。在一个总量新古典主义模型中,价格或工资的"刚性"可以充分阻碍经济趋于均衡的运动,从而证明了凯恩斯主义一些政策的有效性。

萨缪尔森没有通过新古典主义对凯恩斯的《通论》进行解释。像过高的利率这种缺陷可能导致经济周期,这样的思想可以追溯到克努特·维克塞尔,或者是凯恩斯的早期著作。英国经济学家对新古典主义版本的凯恩斯主义思想做出了重要的贡献。其中包括约翰·希克斯爵士(Sir John Hicks),他在1937年推出了开创性的模型,试图捕捉它。萨缪尔森则将新古典版本的凯恩斯主义铸为正统。

在20世纪30年代,由于美国人抵触外来事物,几乎毁灭了凯恩斯的另一种解释。即使美国人听说过凯恩斯,许多人也会将他与马克思混淆,根本不知道凯恩斯其实坚决地反对马克思主义。[10]哈佛大学校长詹姆斯·科南特(James Conant)在许多年后回忆道:"在许多经济文盲,但深深爱国的公民眼中,指责一个教授是凯恩斯主义几乎是相当于认为他是叛国者。"[11]

加拿大经济学家洛里·塔希斯(Lorie Tarshis)更倾向于支持英国系的凯恩斯主义,1936年他开始在塔夫茨大学任教之时就陷入了凯恩斯恐惧陷阱。他与几个哈佛的经济学家一道,但不包括萨缪尔森,合著了《支持美国民主的经济计划》(*An Economic Program for American Democrazy*)一书,富兰克林·罗斯福将其奉为枕边书。[12] 很快塔夫茨大学的校长开始警告塔希斯说校友捐赠被取消，因为他的名字出现在这本书的封面上。塔希斯说："我被当作绝对的共产主义。当你现在读这本书的时候，完全没有共产主义！我们正试图拯救资本主义。"[13]

这一事件只是塔希斯写下一本教科书的前奏。当它在1947年出版时，他首先收到来自出版商霍顿米夫林（Houghton Mifflin）的祝贺，因为一个又一个的大学采用了它。但很快莫温·哈特（Merwin Hart），他支持西班牙法西斯政权并反对取缔童工，组织了一个"国家经济委员会"攻击该教科书。[14] 该委员会给每所采用该教科书的大学致函，许多大学开始取消订单。在耶鲁大学拒绝取消订单后，威廉·F. 巴克利（William F. Buckley）在他的《耶鲁的人与神》（God and Man at Yale）一书中用了一章的篇幅专门痛斥塔希斯。塔希斯回忆说："该书中有大量扭曲的言论。他会从一页中选择一个短语，然后在两页之后再选择一个短语……在四页前再选择一个短语之后再造一个句子，甚至我自己都不能认出那是我写的东西。"[15]

萨缪尔森也谴责攻击塔希斯的行为。[16] 当他自己的教科书出版后，也受到攻击。[17] 他以第三人称描述自己说："有很多人抱怨萨缪尔森与马克思主义者捉迷藏。整个事情是一个悲伤的故事，并没有反映学院受到的来自保守势力的压力。"[18] 他补充道："由于某些原因，我没有认识到对塔希斯的攻击其用心之恶毒要高于对我的书的攻击。"[19]

萨缪尔森的《经济学》（Economics）幸免于难的部分原因是，正如他所说，他写得"仔细又严谨"。[20] 他的新古典主义版本的凯恩斯主义理论被新古典主义经济学家视为清晰之作。书中强调了所谓的"凯恩斯交叉"图，一个曲线上升，另一个下降。这些曲线几乎与微观经济的商品供求曲线没什么关系。但有意攻击马克思主义的凯恩斯主义者的委员会怎能注意这些差别呢？萨缪尔森的方法看起来更科学，被证明是抵御右翼攻击更容易的方法。如果他没有将凯恩斯主义传播到美国，其他和萨缪尔森有相似想法的人也会这样做。

经济会趋向唯一均衡的假设，居于假设萨缪尔森《经济学》第 3 版所宣称的"新古典大综合"的核心。[21] 从今以后，这种观点使得新古典主义者与凯恩斯主义者不再需要进行无休止的哲学辩论，比如对我们未来知识的预测或者市场与社会的关系，因为从长期来看，经济注定会趋向于静止的均衡。当然，在短期内，黏性价格、工资或利率可能会阻碍这种自然进展，导致相当长一段时间失业率较高。正确的政策，或称之为"微调"，就应该是能够减轻经济在趋于长期均衡的过程中的阻碍，从而缓解短期痛苦。经济学家可能会讨论这条曲线如何陡峭，或者那条曲线如何平稳，进而讨论财政政策或货币政策可能更合适。这些辩论将在技术层面，而不在意识形态层面。

剑桥大学的琼·罗宾逊公开表示美国新古典综合派是"冒牌的凯恩斯主义"。至关重要的是，其假设个人努力最大化效用和企业努力在市场上将利润最大化，仿佛被一只"看不见的手"引领达到唯一的均衡。"结构性"的市场缺陷，如工会或垄断企业，能阻碍这个均衡实现最优化，但它仍然是可实现的环境下最好的均衡。

这个"唯一均衡假设"，我认为它是纯粹的理论假设。没有模型表明，一个由不同个人和企业组成的生产和经营各种商品的经济体，会被一只"看不见的手"引导至均衡，更不用说一个唯一的均衡。萨缪尔森的教科书第 1 版出版大约 25 年之后，理论家们放弃了阿罗和德布鲁发起的为"看不见的手"建模的努力。但到那时，宏观经济学家假设存在唯一的且稳定的均衡的研究已经很深入了，因此不是轻易能够放弃的。

## 短期凯恩斯主义

我把美国人的观点称为"短期凯恩斯主义"。尽管我不认同将其融合到长期新古典主义模型中，但我认为如果将研究时段严格限制在几十年或者几年之内，它还是一个很不错的模型。实际上，在短期内，它只是关于有效需求的理论。[22] 假设经济正处于衰退期，行业有能力提高产量。如果有效需求增长，即如果消费、投资或者政府支出来购买本国生产的商品和劳务，各行业将增加这些商品和劳务的产出。产量上升，更多的工人找到工作。此外，随着企业和工人花掉他们的收入，他们的额外需求将进一步提高产出和就业。这个"乘数"效应有上限，因为一些收入用于储蓄，而且需求会直接促进进口。乘数效应的大小取决于环境。

短期凯恩斯主义有助于制定经济衰退的政策。因为在经济衰退期间，个人如果失业将会减少消费，企业因销售下降会降低生产，在主要经济参与者中能够阻止经济触底的只有政府。政府可以减税或增加支出，例如，通过提供失业保险，与美国各州共享税收收入来支付如教育和警察劳务费用，或投资于基础设施。短期凯恩斯主义者依靠这至关重要的论点来支持 2009 年的奥巴马

经济刺激方案和许多继续支持额外刺激的政策（至少到 2011 年
年中）。

这对新古典主义的模型提出了一个理论问题。注意，它与由
个人最优化或经济均衡毫无关系，只是对宏观经济做出了一个假
设，即提出一个有效需求理论的假设。一个与新古典主义理论毫
无关系的模型，怎么能被转换为基于优化和均衡观念的新古典主
义长期模型呢？

我不认为有效需求的模型可以无限期保持有效的时间。如果
经济刺激足够大，持续的时间足够长，将提高政府债务，导致通
货膨胀，并带来其他麻烦。然而，我认为美国的新古典主义和凯
恩斯主义的综合将短期有效需求模型合并入长期新古典主义模型
的做法是混乱的。它混淆了我们对经济的理解。

读者会惊讶地听到，从短期模型到长期模型包括两条曲线，
一个上升，另一个下降。第一个是所谓的总供给曲线；第二个是
总需求曲线。一个小问题是，没有哪条长期的总需求曲线是下降
的。另一个小问题是，尽管总供给曲线确实可信地上升，但你要
绞尽脑汁地想办法扭曲新古典主义理论才能够合理解释。实际
上，向上倾斜的供给曲线为证明新古典主义理论是错误的提供了
很好的证据。

这些总曲线看起来像通常的商品供求曲线，但却与之不同。
总供求曲线描述的不是任何特别的东西，而是总产出，即所有
商品的美元价值。他们关心的不是一个特定的价格，而是所有
商品的平均价格水平。价格水平是一个指数，如消费品价格指数
（CPI），衡量的是一篮子商品的平均价格。该指数是任意地将某
一基准年的价值定为 100；例如，经济学人智库（EIU，隶属于

《经济学人》杂志）目前将 2005 年 CPI 设定在 100。就其本身而言，这个数字毫无意义，但是以该指标为基础衡量的百分比变化体现了这一篮子商品平均通货膨胀（或通货紧缩）。例如，2006年，经济学人智库预计 CPI 为 103.2，消费品物价则有 3.2% 的通货膨胀。如果 CPI 下降到 97.0，则有大约 3.0% 的通货紧缩。不仅仅是消费品，用来衡量构成 GDP 的所有商品的平均价格水平的指数被称为 "GDP 平减指数"。

从总需求曲线下降开始谈起。价格水平下降，换言之就是通货紧缩，消费者和企业应该购买更多的商品。先将理论置于一边，当某种商品的价格下降（比如，汽油的价格从每加仑 4 美元降至 2 美元），人们可能花更多的钱购买汽油（比如，开车去较远的地方度假），所以需求增加。但为什么当平均价格水平下降时，总经济产出的总需求增加，且通货紧缩呢？我回忆自己盯着总需求曲线的时候，困惑了好几个小时。因为我从来没有亲自经历过通货紧缩，尽管在 20 世纪初曾出现对通货紧缩的恐慌，那我也无法想象啊？更糟糕的是，在第二次世界大战之前，"通货紧缩"一词被当作"萧条"的同义词。例如，在 1929 年到 1933年的大萧条时期，根据美国人口普查局的说法，GDP 物价水平指数下跌 25%，即通货紧缩为 25%，GDP 下降 27%。[23] 在这种情况下，总需求怎么可能增加？

经济学家弗兰科·莫迪利安尼（Franco Modigliani）提供了答案。他在社会研究新学院读博士，并于 1944 年发表博士论文，他提出了关于价格下跌可能增加总需求理论。[24] 运行机制应该是这样的：如果价格水平下降且通货紧缩，也就是人们银行储蓄的余额变得更值钱。消费者应该花更多钱，从而增加总需求。[25] 这一效应在理论上不是不可能的。在巴西等已经执行反通胀计划的国家就已出现这种现象。工资、合同和其他等指数应该随着通货膨胀而升高,以维持其实际的价值,突然因法律规定而去指数化了。储蓄账户的实际余额似乎升值(或者停止贬值),人们会花更多的钱。然而,美国最好不要指望实际存款效应会起作用。如果一个家庭有一个20万美元的抵押贷款和3万美元的货币储蓄账户,通缩的作用方式就可能事与愿违。[26] 更高的支付抵押贷款的成本将抑制消费,其效果远远超过实际价值较高的储蓄对消费的鼓励。非金融企业通常是净债务人,所以他们的实际债务负担的增加,他们不可能投入更多。此外,他们不愿投资,因为他们将不得不降价出售商品。在典型的情况下,随着价格的下降,总需求不增加。下降的总需求曲线是难以置信的。

实践中观察到的情况通常是供给曲线是向上的趋势。商业杂志定期报告经济周期中实际产出增长导致通货膨胀,或者换言之,导致价格水平的提高。同样,决策者经常担心如果经济"过热",它会引发过度的通货膨胀。这样,就得出了供给曲线向上倾斜:当实际产出增加时,价格水平上升。

然而,新古典主义生产函数很难与这种典型的行为相一致。一个国家的资本存量通常积累了几十年,甚至几百年的时间。在经济增长期,企业使用未利用的资本存量,但资本的数量仍相对稳定。相比之下,企业使用更多的劳动力,雇用那些在经济衰退期间失去工作的工人。因此,随着经济上升,企业雇用相对更多的劳动力操作相对固定资本存量。

从这里开始,事情变得有点复杂,不是因为实际的经济如此错综复杂,而是因为生产函数比较复杂。生产函数表明,促使企业在相对固定资本存量情况下雇用更多的劳动力，就像经济上升期间发生的那样，实际工资必须下降。但如果实际工资下降，价格水平如何上升，如何触发通胀？理论上这不是完全不可能的，但实际上它不会发生。在经济上升期，货币工资上涨，价格也升高。实际工资，也就是在扣除了因通货膨胀抵消的货币工资上涨部分之后的实际购买力，可能大致保持稳定或上升。但实际工资不会降低，而新古典主义生产函数坚持认为一定会出现实际工资下降的情况。[27]

为了让新古典主义者解决自己的理论困境，让我们暂时满足他们的假设——总供求曲线能够按照设想运行。如此一来，他们如何将短期的凯恩斯主义经济发展成长期的新古典主义经济呢？想象经济开始朝向最佳均衡的方向发展。我们可以假设政府在商品和服务上花费额外的 1 万亿美元。但是，如果我们借米尔顿·弗里德曼的隐喻，假设直升机从天空直接扔下 1 万亿美元，逻辑似乎会更直接。

美国人集中数万亿美元，把大部分的钱花在购买商品上。(我们希望收入最高的 1% 的人不把 90% 的美元投在自己的对冲基金上)，由于将更多的钱用于流通，企业发现他们即使提高价格也不会失去销量，所以他们继续提高价格。工资是黏性的，由工会合同或长期协议所固定，所以工人的实际工资下降。(如前所述，这种现象几乎从不会实际发生，但是请记住，这只是模型。)现在，请注意，根据新古典主义生产函数，他们支付较低的实际工资，企业雇用更多的劳动力增加产出。到目前为止，价格有所上涨，产量也增加。

很快，两个不幸的结果产生了影响。工人注意到他们的实际

工资下降，并要求涨工资。随着实际工资上升，企业裁员并减少
生产。与此同时，通胀侵蚀了"实际存款"，即储蓄的实际价值。
因为我们想保持相同水平的存款（不要问为什么，模型中要求），
我们开始储蓄更多，消费更少。因此，总需求下降。不久，在几
个月到几年之间，经济回到开始时最优长期均衡，除了价格水平
更高。货币扩张在短期内刺激总需求，但从长期来看减少了，只
留下一个更高的价格水平。

我假定一个以长期均衡开始的经济。如果经济开始陷入衰
退，按照新古典主义的观点，它将走向其最优均衡，但对于失业
者来说这个过程也许过于缓慢。无论是货币主义者如弗里德曼青
睐的货币扩张，还是凯恩斯主义者如萨缪尔森青睐的财政扩张，
都会暂时提高总需求。对总需求的刺激更加推动经济趋于均衡。
从长期来看，经济不会减退，但在短期内以通胀为代价减少失
业，似乎是值得的。

## 理性预期革命

在 1960 年代，约翰·F. 肯尼迪总统和林登·B. 约翰逊总统，
接受凯恩斯主义经济顾问委员会建议，经济管理工作似乎做得非
常好。从 20 世纪 60 年代末开始，约翰逊的"大炮和黄油"支出
的政策，也就是"大社会"社会福利项目和越南战争，引起通货
膨胀（事实上，凯恩斯主义经济学家曾给出警告）。到了 20 世纪
70 年代，通货膨胀加剧并引起对通货膨胀的担忧。以米尔顿·弗
里德曼为首的货币主义者认为，政府大力管理经济往往是弊大于
利，特别是他们指责美联储印刷了太多货币。他们的说法是有争

议的。1973 年和 1979 年石油价格的大冲击，以及其他大宗商品价格的冲击，如俄罗斯的小麦歉收，推高了食品价格，当然也起到推波助澜的作用。此外，在 20 世纪 90 年代后期，当没有如此大的冲击时，宽松的货币政策并没有导致高通胀。

无论如何，作为美国经济协会主席的弗里德曼在 1968 年发表的一场演说，后来被视为对 20 世纪 70 年代通货膨胀的预测。他认为，无论政府采取什么货币或财政政策，失业率经过长期变动之后将稳定在"自然率"上。他认为这个水平会在分散交易的一般均衡模型中出现，但前提是"劳动力和商品市场的实际结构性特征"已经预先考虑在一般均衡模型的计算公式之内。"劳动力和商品市场的实际结构性特征"指的是最低工资水平、工人对填补职位空缺的就业形势的抗拒，以及工会推动工资提高的能力。[28] 结构性缺陷侵入越多，自然失业率越高。政府的货币和财政政策可能会暂时降低失业率，使其低于其自然水平，当然，这是以更高的通货膨胀为代价的，但它们可能不会影响到长期的自然失业率。

罗伯特·卢卡斯是弗里德曼的学生，他支持弗里德曼的大部分观点，但他不知道为什么扩大货币供给量能够在短期内提高产量和降低失业率，而在长期内会导致通胀。他的困惑可以描述如下：从长期来看，货币应该是"中性"的，只是一个记账单位。货币供给量翻倍或减半的影响应该是商品价格翻倍或减半，但不会对就业或产出造成真正的影响。事实上，经历了高通胀的发展中国家偶尔将通货价值减去三个零都没有明显的实际效果。然而，短期而言，货币不是中性的。增加货币供给可能会提高就业和产出；大幅减少货币供给，会导致衰退。这不是别人，正是弗里德曼提出的。当然，"黏性"工资和物价本该用来解释为什么货币在短期内具有真实效应。然而，正如卢卡斯抗议的，"如果每个人都明白，价格最终会按照增加货币的比例升高，那么是什么力量阻止它立刻发生呢？"[29]

卢卡斯提出了两个理论观点。第一，他反对几乎所有的经济学家都使用的方法，从芝加哥的米尔顿·弗里德曼到剑桥的琼·罗宾逊。他们的做法就跟我说的一样：利用他们认为真实的国民核算和其他数据作为假设，构建宏观经济模型，为了讲述一个因果逻辑关系。卢卡斯发现这种方法十分模糊。为什么将一个假设建立在另一个假设之上？这有什么信服力？他认为宏观经济模型必须基于个人对效用最大化的追求之上，也就是说大前提应该是人们想赚钱也想寻求休闲，想把挣到的钱都花掉的同时还希望为未来投资。简而言之，卢卡斯想要一个基于"微观基础"的模型。

第二，卢卡斯想要一个能够让个人对未来有较理性认识的模型。如果他们知道美联储要印刷货币，或者通过读报纸开始"对通货膨胀担忧"，模型应该允许他们对这些信息进行思考。如果价格预计将上升，模型不应该让他们愚蠢地相信价格会保持现状。更广泛地说，如果个人能够根据他们对经济的理解或者以他们的经济模型为基础决定自己钱包的收支而受益，那么模型应该允许他们如此行动。

"理性预期"模型假定理性的个人能够充分理解模型，并根据模型来做出有利的决策。在 1961 年，卢卡斯在卡内基梅隆大学（后来的卡内基理工学院）的同事理查德·穆斯（Richard Muth）发表了一篇有关宏观经济学的论文，在这篇论文中卢卡斯将这种方法引入到宏观经济中。穆斯认为养猪的农民可能或多或少地知道关于猪的价格和玉米饲料的价格间的相互作用。他们有一个默认的市场模型，并且在给明年的生猪定价时会将该模型考虑在内，而不仅仅是根据去年的价格推测。[30] 这样理性预期不需要完美的远见。他们要求个人理解经济学建模的结构，能够将过去的数据用于预测未来的发展。但是，他们必须能够利用历史数据对未来做出有自信的概率性的预测。

为了回答他关于货币供给量增加的短期与长期影响的问题，卢卡斯提出了一个著名的理性预期模型。[31] 个人生产商品的同时还购买别人的商品。这里没有黏性价格；价格调整灵活而直接，这样每个商品的供给就等于需求。换言之，经济不仅趋向于其唯一的均衡，而且处于瞬间均衡状态。

但问题是个人信息并不完全。生产者自家商品的货币价格的变化，有两个原因。首先，消费者对他们商品的需求可能会变成对另一生产者生产的商品的需求。今年，一个生产者生产的智能手机更受欢迎，所以它的价格上涨；明年，它不受欢迎，所以它的价格下跌。当需求偏好转向一种商品，其实际价格相比其他同类商品价格上涨。生产者的最优策略是利用当前的情况努力工作，出售更多商品；生产者因此获得更大的实际收入，代价是放弃一些休闲的时间。其次，商品市场价格的变化可能是由于一般的货币供给的增加而影响所有的商品价格。在这种情况下，每个生产者的最优策略是什么也不做，因为良好的实际价格不会改变。增加产出就意味着生产者必须放弃闲暇时间，但却没有更高实际收入的补偿。

但是生产者不能区分是哪一种价格变化。当他们产品的市场价格升高时，他们知道升高了多少，但他们不知道哪部分是因为偏好改变，哪一部分是因为货币供给量的变化。正如卢卡斯所说，生产者应该长一个（关于商品市场价格的）"心眼儿"，还要长两个（关于市场货币供给和对商品喜好变化的）"心眼儿"。[32]面对这一困境，生产者使用模型知识、概率法则以及过去的数据来估计价格上涨最可能的因素。生产者通过对冲自己的赌注方式，一定程度上提高产量，但增产的数量的多少不会超过假设整个价格上涨完全是由于偏好变化而引起的程度。因此，整个经济范围的商品总产量在短期内上升。但随着生产者学会区分货币供给量变化和偏好变化的影响，其水平会回到长期水平。尽管个人能够充分理解模型，并使用它来合理预测未来的发展，尽管完全价格弹性，货币供给确有其短期影响但没有实际的长期影响。卢卡斯解决了他最开始的困惑。

托马斯·萨金特是理性预期革命的先驱之一，他承认说，"我的朋友们说人没有理性预期"。几个月后，雷曼兄弟（Lehman Brothers）倒闭，世界陷入了经济危机，他同意假设理性预期是令人怀疑的："今天，在这种情况下，我们完全不知所措。人们一点儿也不知道发生了什么。但是，什么时候理性预期能够接近真正趋势？如果你生活在正常的时期，事情发展会有一些波动，但是通过你以前经历的事情可发现一些规律，你可以信任它们，这就是理性预期的好处。"[33]

在20世纪70年代，理性预期革命的先驱卢卡斯和萨金特等人，认为宏观经济市场模式是相当稳定和已知的。在他们看来，主要的经济威胁由市场本身之外的外部冲击组成，包括不稳定的货币印刷量和政府预算赤字导致的通货膨胀。就此而言，中东政治推动油价上涨可以添加到模型里各种冲击的清单中。理性预期模型旨在指导政策在这些情况下抑制通货膨胀。

理性预期假说本身有很多值得推广的地方。我们试图理解经济如何运行，我们设想了一些经济模型，并试图根据这些模型做出一些经济决定。萨金特本人也经常指出，理性预期理论简单地假设我们已经掌握了经济的真实模型。它没有解释我们如何得到启示。但如果经济总是趋于一个唯一的均衡，或者确实存在瞬时均衡，我们应该注意到这一事实，并在实践中应用。

如果经济没有一个唯一的稳定的均衡，那么理性预期理论就会遇到麻烦。如果经济有许多种均衡的可能性，或者如阿罗—德布鲁模型（在分散决策经济中多样化的生产和交易）后继研究所发现的那样不存在任何均衡，那么有什么理性预期呢？

货币政策的理性预期模型并不符合根据经验做出的预测，甚至有时在经济相当稳定的情况下也事与愿违。该模型提出了一个卢卡斯强调的十分重要的预言。被完全预期到的货币供给量的变化没有任何实际效果。如果每个人都知道货币供给量将增加10%，企业提价10%，工人要求加薪10%，那么唯一变化的是价格水平。实体经济继续像之前一样。货币供给增加对短期运行的一个意想不到的影响就是，当企业注意到消费增加，他们认为至少有一部分是由于人们对他们的特殊商品存在偏好转移，所以他们提高了产量。

在实践中，充分预期货币供给量的变化确实存在影响。的确，基于弗里德曼和施瓦茨的《美国货币史》，可能存在这样的怀疑。用卢卡斯的话说，他们发现，从1867年到1960年期间，美国发生的每一次大萧条都"与货币供给大收缩有关，每一次大型货币收缩都与大萧条有联系"。[34] 根据模型，货币当局要在所有的时间骗过所有的人，才能成就如此毫厘不爽的记录。但问题是，货币当局真的可以在所有的时间骗过所有人吗？1979 年之后，当美联储主席保罗·沃尔克（Paul Volcker）警告他将减少货币供给而缓解通货膨胀时，当时读到报纸的每一个人应该都能预期收缩，他仍然不可控制地引起了自二战以来最严重的经济衰退。克里斯蒂娜·罗默（Christina Romer）和大卫·罗默发现了六次精心计划的货币供给收缩——每一次事先都会公开宣布，因此本应被公众预期到。所有这六次都引起了经济衰退。[35]

无论我描述的卢卡斯的特定模型是否真实，但他的方法确实影响了宏观经济学建模方法。大多数宏观经济学家承认，他们的模型应该基于微观的因素，也就是考虑个人消费者效用最大化和厂商利润最大化。模型应该纳入理性预期：模型中应用到的各种因素应该基于效用和利润的最大化。

## 约翰·贝茨·克拉克归来

在 20 世纪 80 年代和 90 年代，经济学家芬恩·基德兰德（Finn Kydland）和爱德华·普雷斯科特（Edward Prescott）又大步向最新、最好的主流宏观模型迈进。那些相信新古典主义生产函数的人面临解释经济周期是如何发生的困境。我发现这个难题往往被人忽略，因为它不是来自事物的本性，而是来自对一个复杂而难以置信的生产理论的相信。让我重述这个困境。生产函数表示，为了让企业雇用追加的劳动力并增加就业实际工资在经济上升周期中必须下降。但实际研究表明，实际工资在经济上升周期过程中并不下降。如果你相信新古典主义生产函数，那么经济上行的趋势怎么可能发生呢？

基德兰德和普雷斯科特赢得了 2004 年的诺贝尔奖，因为他们建立了"实际经济周期"（real business-cycle，RBC）模型，从而解决了这个难题。他们接受了卢卡斯坚持宏观模型要建立在微观基础的效用主义原理之上的主张，模型中纳入了理性预期：作为模型中的各种行为人理解和使用它来计算他们的最优策略。卢卡斯的模型是纯货币的，假设技术不变，而基德兰德和普雷斯科特的模型考虑了技术变化。特别是，他们假设新古典主义认为的推动长期增长的"实际"力量，也能够促进经济周期变化：技术带来生产率的变化。积极的技术冲击提高生产率，导致经济上行和增加工资，因此鼓励每个人都工作，同时牺牲一些休闲时间。消极的技术，会导致工作效率降低，导致经济衰退，减少工资，从而鼓励大家少工作并享受更多的闲暇。在这个理论中，虽然基德兰德和普雷斯科特保留新古典主义生产函数，但实际工资在经济上行期间实际上会上升，因为它经常被观察到是这样的。

还有几个问题，但不是很多。实际商业周期模型假设生产率冲击会产生经济周期，但他们根据索洛余值理论测量生产率。没有什么能够证明索洛余值作为衡量我们无知的理论的标准——能够衡量技术。它只是随着经济增长的上升和下降时而上涨或下跌。[36] 如前所述，在大萧条期间它也倒退了，大概因为经济萎缩，然后它在二战期间飙升，大概因为经济高涨。实际商业周期模型是一个同义反复：发生经济周期因为经济的增长或下降。

更糟糕的是，这些模型不仅是同义重复的，而且那个被不断重复的含义最后也被证明是错误的。他们说，就业率上升或下降时，是因为工人选择在生产率更高时多工作而生产率低时少工作。这个观点是愚蠢的。耶鲁大学经济学家杜鲁门·比利（Truman Bewley）访问了数以百计的企业高管、工会领导人、短期中介公司经理和求职顾问关于裁员的问题。他们告诉他公司裁员是"因为金融挫折、技术改进、产品需求下降，而不是因为生产率的下降"。[37] 失业顾问对比利说，他们的客户不愿意选择休闲，他们"渴望工作而且认为失业是痛苦的"。[38] 这是许多经济学家嘲笑的坊间证据，但在比利条理清晰的调查下，无法被忽视。

保罗·克鲁格曼说，实际经济周期理论中，关于经济下行阶段的研究认为，是工人假期的延长导致了大萧条。[39] 罗伯特·卢卡斯补充道——卢卡斯和克鲁格曼都认同，这个观点一定是有问题的——不可能是因为巨大的生产率失败导致大萧条。[40] 基德兰德和普雷斯科特对他们的观点做出修正，声称这只解释了70%的经济周期的起因，其余部分归因于其他原因。[41] 在我看来，他们只是展示了索洛余值与70%的经济周期起因高度相关。这个对索洛余值的洞察很有价值。

## 走高科技路线的凯恩斯主义者

尽管很少有宏观经济学家认为，基德兰德和普雷斯科特的模型假设的生产率冲击驱动经济周期的观点是正确的，但他们中的大多数还是会采用他们的方法建模。新一代的凯恩斯主义者（他们的观点与凯恩斯如果有相似之处的话，也几乎是巧合而已）看到，他们可以在基德兰德和普雷斯科特的模型结构中注入市场缺陷和货币政策，建立他们所谓的"新新古典综合"。随之产生了著名的动态随机一般均衡（dynamic stochastic general-equilibrium，DGSE）模型，美联储等银行用其来制定货币政策。很难用言语来形容它们。实际上，它们是火箭科学，虽然从 20 世纪 60 年代就开始了。[42] 我研究过几个模型来满足我的好奇心。[43] 你在本科教科书中不会见到它们，但很值得尝试了解它们的一些要点。它们甚至没有听起来那么糟糕。

DSGE 模型是动态的，想象经济就像电影一样，随着时间的推移，一帧一帧的移动。每一帧都可能描述了一个经济季度。随着经济收益从帧到帧的变化，可能会随机地出现冲击。在基德兰德和普雷斯科特之后，这些模型允许出现积极的技术冲击，往往会促进经济增长；允许出现消极的技术冲击，往往带来经济萧条。像往常一样，新古典主义生产函数描述科技的重要性。模型也允许出现财政冲击，也就是政府在某一个特定期间增加财政支出，倾向于促进经济增长，而更少的财政冲击会抑制经济增长。当代凯恩斯主义者也将货币冲击产生的短期效果考虑在内。也可以有其他的冲击，如"成本推动"的油价飙升。

这些冲击的关键是，它们都是被描述成轮廓圆滑的钟形曲线，像《消费者报告》中对汽车缺陷的描述。你不知道明年的冲击有多大，就像你无法准确分辨特定的汽车会有什么缺陷。但你知道冲击的力度几乎差不多，以及单个冲击与这个平均值之间的差异。

冲击是从经济外部造成的，比如好的或者不好的技术，或多或少的政府开支，大量或少量的货币供给，但 DSGE 模型假设经济的核心是稳定的。从未被有害的内部机制破坏，如投机泡沫、银行挤兑或主权债务陷阱，经济总是能够顺利推进实现其唯一的均衡。事实上，在时间线上的每一"帧"里，模型描述的经济都已经达到一个稳定的均衡。凯恩斯主义的变种 DSGE 模型允许市场不完美的存在，如垄断公司，所以那可能不是一个最优的完美市场均衡。但经济总是在瞬时均衡。供给总是与需求完全均衡。

在 DSGE 模型中，各种行为人不仅仅要实现现阶段的效用最大化，并且他们追求的是其自身无尽的生命的效用最大化。为什么假设地球上的各种行为人能够永生？各种行为人是如何优化效用，直到时间尽头的？事实上，对于效用优化来说，直到时间的尽头比只有一生的时间在数学上更容易优化。这种假设使其在数学意义上可行。而且无尽的寿命这个假设也许并不像听起来那么疯狂，因为各种行为人贴现未来，他们认为明年 1 美元的价值没有今年高。以此类推，在现实世界中，人们也会有贴现思想。如果你今天借我 1 美元，我必须偿还利息，因为我们认为明年 1 美元的实际价值低于现在 1 美元的价值。我愿意支付的利率在某种意义上代表我现在比以后更需要这 1 美元。在这些模型中，由于贴现，在一个人的正常寿命之后，未来具有的权重会变得很小。

在实际商业周期模型中，选择供给多少劳动，个体同样要衡量收入和休闲的相对效用。如果生产率在一个期间有了飞跃，实际工资上涨，所以他们选择了努力工作并利用这个挣钱的机会。如果生产率落后，实际工资下降，所以他们选择少工作而尽可能地利用这个休闲的机会。他们还计划某一年要投入多少和花销多少。在著名的新古典主义生产函数中，投资回报率取决于资本边际回报率。当回报更高，经济中的各代理人储蓄并且投资更多，借此机会为未来积累财富。回报较低时，各代理人利用这个能够花销更多的机会，因为为将来积累财富的可能性很小。鉴于市场的不完美，所有这些都是为了在所有可能的最好的世界中寻求最好的那一个。

## 回到不确定的未来

罗伯特·索洛是第一代短期凯恩斯主义者，他不能理解为什么宏观经济学家用 DSGE 模型，因为它"似乎缺乏可信度"。他推测，"也许是人性中根深蒂固的不正当的快乐主义在采用和维护完全违反直觉的学说，这个学说会让不知情的乡下人纳闷自己身处哪个星球"。[44] 他嘲笑当代宏观经济学家声称 DSGE 模型建立在微观基础上，称其为"诈骗"。[45] 他特别抱怨"代表性行为人"——模型只有一个唯一的行为人，或者两个又或三个——认为应该概括或平均一个经济中所有不同个体的特点。的确，在一篇为微观基础提供最具说服力的案例文章中，卢卡斯自己轻易地就陷入这个问题中。[46] 他开始想象众多个人和企业存在于一个全景的世界；但为了使其理论更完善，他必须开始将它们加总起来，很快世界缩减为一个"代表性行为人"居住在隧道之中。不同的预期化为乌有。

你可以使只有一个行为人的模型实现经济稳定，但什么是只有一个行为人的经济呢？[47] 如果多样化的行为人对经济的观点不统一，理性预期模型的前提假设显然就不成立。即使是在一个相对稳定的世界，就像 20 世纪 70 年代的情况那样，政策制定者、企业和个人也不符合模型中的理性预期假设前提。在 20 世纪 70 年代的通货膨胀是由石油危机造成的吗？还是宽松的货币政策？还是预算赤字？还是工会协议中规定的增加生活成本？还是福特式的规模化生产技术枯竭？这样相互竞争的观点至今仍保持着。特别是当世界经济急剧变化，就像 2008 年的金融危机一样，很难想象任何"代表性行为人"可以概括经济的不同观点。

当代宏观经济学的原罪也许就是欣然相信这样的模型。哥伦比亚大学的理查德·克拉里达（Richard Clarida）、纽约大学的若迪·加利（Jordi Galí）和马克·格特勒（Mark Gertler）在《货币政策的科学：一个新凯恩斯主义的视角》（*The Science of Monetary Policy: A New Keynesian Perspective*）中对美联储使用的 DSGE 模型进行定义。他们也承认："政策形成的关键障碍是对宏观经济运行方式的认识有限。"[48] 但他们立即将对经济的有限认识等同于不同 DSGE 模型之间的细微差别而忽视："结果是模型高度相关使得模型的使用非常有限。"他们声称，"科学的货币政策"可以从"各种各样的宏观经济框架中总结出来"。如果他们指的是各种各样的宏观经济框架，我可能不会反对；但他们实际上指的是以相同的基本假设为基础的框架：经济会立即达到唯一的均衡、一个"代表性行为人"代表多种个体、克拉克的生产函数法则等等。他们对这些假设的信心是惊人的。

2008 年危机爆发时，DSGE 模型显然是无用的。伦敦 Volterra 咨询公司的保罗·奥默罗德（Paul Ormerod）表示："美国当局不关注学术界过去 30 年的宏观经济理论。有关实际经济周期理论、动态随机一般均衡模型、理性预期等大量的学术论文就像从来没有写过一样。与此相反，当局采取行动。但当时情况有巨大的不确定性，他们的行动并不完美，他们吸取 20 世纪 30 年代的教训，希望那一时期的错误可以避免。"[49]2008 年 10 月，新凯恩斯主义经济学家格里高利·曼昆承认，大萧条的出现让当时的经济学家们"完全措手不及"。他还说，更糟糕的是"现代经济学家掌握着不同时期的数据，却没有做出更好的预测。换言之，即使另一场萧条临近，你也不应该指望经济学界能够做出预警"。[50] 曼昆的诚实应该受到嘉奖。但如果 DSGE 模型开始的假设基础是一个稳定的经济，它怎么可能预测危机，或者囊括危机呢？

## 冒牌的凯恩斯主义：不是一个糟糕的模型？

虽然我不知道如何从萨缪尔森和索洛一代的短期凯恩斯主义模型得出一个长期的新古典主义均衡，而且尽管这种模型没有可靠的配方，但它似乎确实是一个理解短期经济的实际起点。一些反对意见是愚蠢的。其中之一是所谓的"李嘉图等价"定理，尽管这个定理是在李嘉图之后以他的名字命名的，但李嘉图曾对这个观点明确持反对态度。在针对巴拉克·奥巴马总统的经济刺激计划的争论中涉及这个定理。在 2009 年，时任经济顾问委员会主席的克里斯蒂娜·罗默做出预测，与目前的经济状况相比，估计该计划到 2010 年底将使 GDP 提高 3.7%，并增加 367.5 万个工作岗位。[51] 根据李嘉图等价定理，哈佛大学宏观经济学家罗伯特·J. 巴罗（Robert J.Barro）在 2009 年做出预测，刺激计划将毫无作用。[52] 原因在于，我们知道 8 400 亿美元刺激计划将增加 8 400 亿美元的政府债务，所以政府必须还清债务或支付利息。谁将支付债务或利息？还是我们老百姓。知道我们的税收负债必将增加，我们现在会削减支出和节省额外的 8 400 亿美元来弥补未来负债。巴罗说，"给定实际 GDP"，"那么政府采购的提高需要总 GDP 中的其他部分有等量的下降"。[53] 刺激计划仅仅将私人部门的活动移动到了公共部门。

如果我现在听起来像一个坏了的唱片，这是因为一些经济学家的模型不断被重复，就像坏了的唱片一样。如果我们是同样的行为人且一致认为经济是瞬间而且永恒的均衡，如果我们能够预见未来经济会偏离均衡，而且可以计算这些偏差会发生的概率，如果我们总是能够获得支付我们真实的边际生产率的工作，如果我们能够在理论上无限的寿命周期期间最大化效用（当然是通过效用尺度进行衡量），那么巴罗的模型是有用的。我已经抨击过这些假设。但是，那些将他们的房子当成 ATM 机的美国人是否真的担心过未来可能的纳税义务？因此，我再次抗议"代表性行为人"的概念。如果我们中的一些人在经济衰退期间不能储蓄哪怕一分钱，如果我们希望我们的税率将保持在足够低的水平，我们将支付低于人均部分的债务，或者如果我们想象其他各种可能性，我们最终就可能花费 8 400 亿美元。

针对奥巴马的刺激计划的另一个担忧就是美国政府债务，主要是欠外国人的债务，可能会达到一个危险的临界点。就在我写这本书的时候，希腊政府债务显然已经达到这样一个点，问题不在于是否会违约，而是用什么借口逃避违约，以及违约责任将会有多大。美国不是希腊。一方面，美国国债是美元，而美元由美联储印刷，而希腊债务是欧元，希腊不能印刷。印刷美元来偿还债务会导致通货膨胀，但仅以 1% 的通胀为代价就能够偿还很多国家债务。另一方面，根据经济学人智库情报消息，到 2010 年底，美国政府对公众的债务占 GDP 的 62%，以节俭闻名的德国政府欠公众的债务已经占 GDP 的 82%，而欧元区的平均债务占

GDP 的 86%。[54] 诚然，这些测算相差很大，尤其是不能跨国比较，因为类似未来社会安全可靠性等大型项目的考量标准相差很大。但希腊债务却要高得多，大约为 GDP 的 150%。美国债务的利率属于低利率中的低位，表明金融市场认为政府是有信誉的。

针对美国债务可能会达到临界点的问题，我主要是担心紧缩政府开支将增加失业和减少产出，不仅在短期内，而且从长期来看也会如此。短期凯恩斯主义模型所描述的问题可以影响长期效应。失业数年的工人可能永远无法回到工作岗位或可能永远不会获得之前相同的工资。推迟几年的投资可能永远不能像开始那样对 GDP 的贡献多。因为重要的不是债务的货币价值，而是债务占 GDP 的百分比，GDP 降低会增加债务的实际价值。事实上，美国政府债务在二战结束时，占 GDP 的 109%，且从来没有真正偿还，只是随着 GDP 增长和通胀侵蚀了它的价值而减少。[55] 过小的刺激政策跟过大的刺激政策一样危险。

注意，这个分歧不是在于经济是否是肯定地趋于均衡状态，而是在于对不确定的评估，比如经济衰退会达到什么样的深度？需要多大的刺激来改善它？这些刺激措施可能导致多少总体政府债务？以及该债务水平会对全球金融市场造成什么程度的惊吓？这些问题都没有确定的答案。

萨缪尔森和索洛那一代的短期凯恩斯主义者也认为他们的模型有些纸上谈兵。当 20 世纪 60 年代凯恩斯主义者建议肯尼迪总统可以通过"微调"经济管理经济周期，这与主导 DSGE 的经济学家宣布在 21 世纪初将迎来"大稳健"的到来一样，他们犯了同样的傲慢毛病。经历过大萧条的早期凯恩斯主义者，实际上比他们的言辞更加务实。如果他们坚持了实用主义的主张，建立了一些有用的模型，有助于思考经济的重要方面的同时忽略其他不重要的方面，要是这样就好了！不幸的是，他们的言辞使政客和公众认为经济学家知道的东西超过任何人，却最终不可避免地导致一切幻灭。

# 第 **13** 章 资本主义黄金时代之谜

20世纪50年代到60年代被称为资本主义的黄金时代，世界经济呈现前所未有的快速增长和稳定态势。随着西欧从萧条和战争中走出来，人口增长达到年均4.1%，亚洲也差不多。[1]美国和加拿大每年的人口增长从过去20年的1.6%上升到每年2.5%，拉丁美洲做得更好。它的影响是深远的。那些年保守党工人买了房屋和汽车，送孩子上大学，美国中产阶级的人口数量不断增加。在那些年间美墨边界以南也出现了被称为"墨西哥奇迹"的盛况。农民和城市工人的生活都有所改善，而并非巧合的是，越过边境的移民相对呈现出"涓涓细流"的情况。到1970年，不到100万的墨西哥移民到美国居住；到2007年，这个数字接近1 200万。[2]

1973年之后，在世界各地的人均经济增长放缓，包括北美、西欧，特别是拉丁美洲。尽管有"亚洲四小龙"的成功，但亚洲的人均经济增长也从20世纪50年代和60年代的3.9%下降到20世纪70年代至90年代的2.9%。经济放缓，就像之前的黄金时代一样，对人类的影响不仅仅体现在数据方面。美国中产阶级数量开始稳步减少，而经济不安全感无情地上升。越来越多的墨西哥人发现没有比冒险越过边界寻找就业机会更好的出路了。

为什么？基于索洛模型的传统观点认为，这是岌岌可危的生产率增长所引起的。在 20 世纪 50 年代和 60 年代美国平均每年生产率增长为 3%，到 20 世纪 70 年代和 80 年代几乎降至 1%。[3]《纽约时报》社论版问道："为什么美国的繁荣受侵蚀？"为什么外国人在美国投资 7 000 亿美元，超过了美国的海外投资？为什么会有这么多孩子在穷困的环境中长大？《纽约时报》总结说，这些问题有一个"共性"："生产率增长已经崩溃了"。[4] 彼得·帕赛尔（Peter Passell）是《时代周刊》（*Times*）的财经专栏作家，他的一篇专栏文章名为"重要的是生产率"。他写道："提高生活水平以及实现全民医疗和福利改革梦想的唯一途径就是提高生产率。生产率就是指美国人每小时能够生产多少汽车、汉堡。"[5] 这个解决方法听起来无懈可击。只要每小时我们能够生产更多的汽车、汉堡和所有其他的产品，毫无疑问我们会更富有。

我已经指出，"全要素生产率"（通常称为技术驱动的生产率增长）是"衡量我们无知"的好方法：不能归因于资本存量或劳动增加的部分都可以归为技术进步。全要素生产率在多大程度上能够捕捉生产率的有形提高，即技术进步能够使我们每小时多生产多少轿车和汉堡或其他什么东西呢？马丁·贝利（Martin Baily）和几个同事在国家经济研究局（National Bureau of Economic Research）发表的一篇论文中表示，并没有什么作用。标准数据表明，运输行业的生产率，包括航空、铁路、公路运输从 1948 年到 1972 年的年增长率为 3.6%，而从 1972 年到 1986 年小幅增长率为 0.4%。然而，生产率有形的衡量标准（以航空公司为例，就是每工时的客运里程）保持的很好。按照有形的衡量标准的说法，生产率从 1948 年到 1972 年每年增长 3.3%，而后从 1972 年到 1986 年持续以每年 3.3%的速度增长。[6]更概括地说,作者发现,1973 年之后在许多领域都很难通过生产率的有形的衡量标准确认生产率增长是否放缓。

当然,从 20 世纪 70 年代开始发生了不好的事情,但数据没有表明这是由广泛的技术研发失败所引起的。其他问题可能也导致了增长放缓,而增长缓慢可能会影响常规的生产率衡量标准。在西欧和日本,除技术之外的问题导致增长放缓的情况更为明显。根据传统的数据,到 20 世纪 60 年代末,他们的绝对生产率水平还不到美国的一半。[7]也就是说,美国工人仍比欧洲和日本的工人的生产率高 2—3 倍。因此欧洲和日本现有技术有巨大的发展空间。然而这些国家的生产率增长甚至比美国下降得更多。到底是哪里出了错?

黄金时代是资本主义历史上最大的谜题之一。我们作出巨大努力,试图理解从 2008 年以来的各种金融危机,但在某种意义上,它们不是一个巨大的难题。因为危机会反复发生。工业革命以来的两个世纪,出现了 20 年的黄金时代,在这期间所有的方面都运作得最好。它们究竟为什么这么好?是什么使这个功能系统运作如此好呢?

## 古典主义和凯恩斯主义的故事

凯恩斯主义和古典主义都发表过对黄金时代的看法。在 20 世纪 50 年代和 60 年代,资本家和劳工之间就工资管理达成的《底特律的条约》体现了主张合作的凯恩斯主义的观点。有工会的公司和工会之间的"模式谈判"规定,工资增长与生产率提高的速度相同（通胀因素也考虑在内）；像 IBM 一样没有工会的公司也接受类似的工资增长，以免工人组织形成工会；劳工说客们给美国国会施压，要求最低工资也据此跟着相应的增长。此外，政府、企业和劳工广泛接受了这个框架，因为他们认为工资不仅是从利润扣除的一部分，而且是一种商品需求的来源。[8] 主张合作的凯恩斯主义认为，一家公司可能受益于压低员工的工资，但所有的公司算在一起则不能。

在困难重重的 20 世纪 70 年代，"供给学派"经济学彻底颠覆了主张合作的凯恩斯主义。供给学派理论主张减税，理由是它们会刺激储蓄、投资和增长。[9]《华尔街日报》(*Wall Street Journal*) 主笔裘德·万尼斯基（Jude Wanniski）创造了"供给学派"这个词，特别强调消除资本利得税。[10] 他说，资本收益刺激了投资积极性，是企业投机"成功的决定性因素"。[11] 由于它鼓励了投资创业，受到鼓励之后的企业家创办新的企业，雇用新员工，包括那些失业者。最后，这个观点得出结论说，甚至总税收都会上涨。供给学派忽略了萨伊定律中关于维持需求的担心：企业的利润和工人的工资是购买所生产的货物的所有需求。万尼斯基的祖父给了他一本马克思的《资本论》，他的祖父是一个共产主义者，也是一个矿工，他认为供给学派经济学能够复兴从斯密到马克思的古典理论，其特别的原因在于它更注重生产而不是需求。[12]

供给学派经济学没有反映李嘉图的观点，更不用说马克思了。李嘉图简单地假设储蓄就会用于投资，从不需要强调激励投资。合作凯恩斯主义者并没有反映出凯恩斯的观点。事实上，作为对新古典主义的让步，凯恩斯的《通论》中接受了克拉克的生产函数，即随着就业增加，工资必须下降。当经济学家约翰·邓洛普（John Dunlop）和洛里·塔希斯指出，在经济周期内，随着就业的增加，通常工资也会上升，凯恩斯说，他很高兴放弃生产函数。[13] 他的理论如果没有生产函数的妨碍，会更清晰，在这种情况下，也许更高的实际工资能够增加产出和就业。但是凯恩斯并没有推荐他们的观点，在他的《通论》模型中根本就看不到他们的影子。

无论如何，主张合作的凯恩斯主义和供给学派经济学都有对资本主义的洞察。投资者将储蓄用于生产有两种截然不同的动机：一个是保证充足和稳定的需求，因此预期他们可以出售他们可能生产的所有商品；另一种是保证高利润份额，也就是能够从销售份额中拿出较高的比例作为他们的报酬。

这些见解之间存在冲突，尽管不是完全互相矛盾。在这些见解中，其一要求工资占总产出足够的比例，以保证需求；其二要求利润占总产出足够的比例，以奖励投资。但见解可能互相冲突并不意味着一个是正确的，另一个是错误的。冲突反映资本主义本身的特点。互相对立的观点可能都反映了经济的某一方面，在特定的时刻，会得出相反的结论。

两种见解与其他不同的见解一起融入了一系列描述经济的模型之中。他们已经被附上各种前缀，如在"凯恩斯主义""马克思主义""李嘉图主义"和"卡莱斯基主义"等术语的前面加"新"和"后"。[14] 凯恩斯写作《通论》的几年前，波兰经济学家米哈尔·卡莱斯基（Michal Kalecki，发音 Ka-LET-ski）沿着这些思路开发了第一个模型。因为我不喜欢"新"或"后"，而卡莱斯基这个名字又有些复杂，加之他只是发展了这些模型中一个独特的模型，所以我更喜欢兰斯·泰勒（Lance Taylor）的术语"结构主义者"。[15]

结构主义模型与新古典主义理论相比，提供了重要的见解。结构主义学派认为，从长期来看，凯恩斯的需求影响投资和经济增长的观点也成立；它们是长期凯恩斯主义者。他们也认同古典主义的阶级之间收入分配的观点，即收入在资本和劳动工资之间进行初次分配，从长期来看也能够影响投资和经济增长，甚至在一些模型中进一步细化了收入分配的种类。这些模型是"结构主义的"，因为其本质上允许不同经济体有不同的结构，由市场以外的社会惯例塑造。但他们没有预见到任何单一的理想经济是实际经济不完美的偏差。

虽然政治学家和社会学家经常沿着结构主义者的路线进行假设，但结构主义模型却在经济学的主流之外。结构主义学派并没有采用动态随机一般均衡模型建模方法，而且大多数经济学家都不接触他们。缺乏接触是一个损失，尤其是对我们这些只希望更好地理解一个经济体是如何运行的人来说，结构主义者的方法更值得关注。除此之外，我所知道的对黄金时代最合理的解释基本都是以结构主义为基础的。

## 1968 年移民时代

20 世纪 60 年代末和 70 年代初，一群经济学家正在为获得博士学位而进行研究或者刚开始他们的教学生涯这并非是意外，至少在美国不是。在这个动荡的时期，代表工人利益的《底特律条约》转化成对经济发展有益的里根改革，这在结构主义科研计划中发挥了核心作用。许多人在哈佛大学经济系认识彼此。连同来自其他密歇根大学的人一起，成立了激进政治经济学联盟（Union of Radical Political Economics，URPE），就在1968年民主党全国大会上发生芝加哥抗议游行活动的前几周。[16] 结构主义者的宏观经济学还没有被开发出来，但政治经济学联盟支持一系列主流之外的经济思想。许多成员认为自己是马克思主义者，尽管没有要求必须是正统的，于是后来许多人都走向了凯恩斯主义思想。

当这些经济学家分散在世界各地，他们的思想也因变得多样化而互相出现分歧。斯蒂芬·马格林（Stephen Marglin）是哈佛大学最年轻的终身教授之一，他后来写了一本重要的理论书，对马克思主义、凯恩斯主义和新古典主义模型进行比较。塞缪尔·鲍尔斯（Samuel Bowles）在哈佛大学执教十年，1974年他迎来了决定其能够留任还是离开的竞聘。一些著名的经济学家，其中包括美国经济学协会三位前主席，还有诺贝尔奖得主肯尼斯·阿罗，都投票支持鲍尔斯，但他还是失去了机会，离开哈佛，并到马萨诸塞大学经济系任教。随后马萨诸塞大学成为结构主义者的宏观经济学的一个中心。赫伯特·金迪思（Herbert Gintis）跟随鲍尔斯来到马萨诸塞大学。

戴维·戈登（David Gordon）搬到"新学院"，这将成为另一个结构主义者的宏观经济学中心。戈登、鲍尔斯和托马斯·E.魏斯科普夫（Thomas E.Weisskopf）都曾经在哈佛大学任教授，写了关于20世纪70年代和80年代困境的结构主义的主要著作《荒原之后：2000年的民主党经济学》（*After the Waste Land: A Democratic Economics for the Year 2000*）。迈克尔·皮奥里

（Michael Piore）从哈佛大学毕业后，成为麻省理工学院的经济学教授。大卫·戈登逝世几年之后，在 2007 年的一次追忆他的大会上，发言人被劝告来解释他们的宏观经济学模型。皮奥里抗议说他根本就没有宏观经济学模型。他几十年前就与查尔斯·F. 萨贝尔（Charles F.Sabel）提出了一个模型，他写了一本书名叫《第二产业划分》(*The Second Industrial Divide*)，跟踪记录不同年代和国家的资本主义发展。作为在 21 世纪早期我的论文委员会的成员，迈克尔·皮奥里既提供了大量的知识论据又做出了严格的批评。

为了避免列举太多的名字，我将忽略其他的经济学家，兰斯·泰勒是我在麻省理工学院的同学。他专注于研究发展中国家面临的挑战，后来他在麻省理工学院国际研究中心认识了波兰出生的理论家保罗·罗森施泰因—罗丹（Paul Rosenstein-Rodan）。那时候该中心由美国中央情报局资助，罗森施泰因—罗丹似乎是一名中央情报局特工。泰勒回忆说："有个和蔼可亲的老警卫会让你进来的，但是他的办公桌上有枪。"罗丹帮助泰勒在智利的爱德华多·弗雷（Eduardo Frei）的基督教民主政府中找到工作。虽然当时马克思主义在智利的影响正值顶峰，马克思主义者萨尔瓦多·阿连德（Salvador Allende）可能继弗雷之后成为智利总统，但泰勒从不是一个马克思主义者。他的观点属于凯恩斯主义，但他会吸收那些视自己为马克思主义者的同事的观点，如大卫·戈登和斯蒂芬·马格林。之后泰勒回到麻省理工学院，并任职教员直到 20 世纪 90 年代中期，他与戈登一起去了"新学院"。与许多同事和之前在拉丁美洲的研究生相比，他也许是该地区 20 世纪末期最重要的进步的经济学家。[17]

## 失业者

新古典主义模型只允许长期的"摩擦性"失业存在可能性，例如当人们首次进入劳动力市场，或花时间去寻找更好的工作，或从夕阳产业转移到朝阳产业，或进行额外的培训时。除了在这些情况下，长期的新古典主义模型假设充分就业。那么其他没有工作的人，就是因为工资太低，没有诱发工作对他们的吸引力，所以他们是自己选择休闲而不是就业的。

在古典模型中，市场之外的社会惯例或阶级斗争决定收入在工资和利润之间的分配，在这一模型中可以假设新古典主义意义上的充分就业或假设任何失业率水平。李嘉图认为长期失业可以存在而且确实存在，包括资本主义经济之外的仅能维持生活的农民，以及在救济之下从事为提供就业机会而安排的工作的人，还有越来越多的在济贫院的人。但李嘉图模型也可以假设充分就业。既不存在可以加入正式经济工作的后备工人，也不会因为缺乏这部分工人而影响按照惯例决定的工资水平，使得整个家庭生活的方式达到社会认为体面的水平。当按照惯例决定的劳动力工资从总产出中扣除之后，其余是利润。利润被用作储蓄和投资，决定了经济增长。

凯恩斯主义模型假设企业家的"动物精神"推动经济增长（如果考虑到凯恩斯所关心的动物精神，这会显得奇怪），也可以正式假设新古典主义的充分就业。[18] 充分就业的凯恩斯主义模型的运行原理如下：动物精神，或一些塑造动物精神的制度环境，决定了企业家投资的倾向，即他们愿意将利润中的多少用于投资。这个倾向，连同他们的储蓄愿望一起，决定总投资量、总产出和总利润。工人的薪水就是剩下的部分。如果动物精神增加，导致投资和利润增加，通货膨胀会侵蚀实际工资。因此这个模型在某种意义上与李嘉图相反。在李嘉图模型中，资本家获得的是支付了按照惯例决定的工资之后剩下的部分。而在这个模型中，工人的工资是资本家拿走他们的利润之后剩下的部分。

然而，你无法建立一个结构主义模型，使之同时满足工资由社会惯例决定（根据李嘉图的观点），以及投资由动物精神决定（根据凯恩斯的观点），除非在某种意义上你假设永久失业的存在。[19]剩余的后备劳动力必然存在，比如在 20 世纪 50 年代和 60 年代美国南方务农人员北上，在 20 世纪 70 年代女性离开厨房，数百万的墨西哥人越过边境，或者其他可以纳入资本主义劳动大军的劳动力。如果工人都充分就业，而且没有这样的剩余的后备劳动力可以使用，那么模型会发生什么呢？社会惯例决定工资或动物精神决定投资两者之一必须让路。活跃的动物精神可以提高投资和利润，从而引发通货膨胀，侵蚀着工人收入的购买力。实际工资不再由社会惯例决定。另外，如果社会惯例提高实际工资，它将削弱储蓄和投资，所以动物精神不能起作用。

如果新的后备劳动力或多或少总是能够被纳入经济中，那么是否还存在长期失业呢？一个极端是，在我写作这一章的时候，美国官方失业率超过 9%，如果将主动辞职和未充分就业的工人考虑在内，失业率约为 16%。如果有就业机会，具备基本技能的后备工人当然可以被利用。另一个极端是，在 20 世纪 90 年代末，许多曾经领取社会救济的家庭进入劳动力市场后，官方的失业率降至 4%。在新古典主义意义上，经济几乎实现充分就业。

但这两个失业率都是短期的经济周期数据。他们无法回答是否总是存在新的后备劳动力或多或少能够被纳入经济体这个问题。

从历史上看，美国经济似乎总有新的劳动力可利用。在19世纪晚期和20世纪早期，美国正在快速工业化进程中，从爱尔兰到中国有大量移民离开自己的国家，涌入美国。从1940年开始，随着美国为第二次世界大战增加生产，并持续到快速扩张的20世纪50年代和60年代，美国经济需要数以百万计的工厂工人。在开始于20世纪40年代的大移民时期，其中约500万非洲裔美国人，他们涌入北部为了寻找更好的生活并填补了工作空缺，他们中的大部分人都是生活在农村的工人，他们不在最低保障法保障范围之内。[20] 在1970年左右，大迁移逐渐减少，婴儿潮扩充了劳动力，离开厨房的数百万女人提供了巨大的、新的劳动力储备。然后是来自整个拉丁美洲的移民，无论合法还是非法。在1980年到2007年之间，近1 000万名墨西哥人穿越边境到美国寻求工作。[21]

这些相当数量的美国劳动大军表明在需要的时候，资本可以找到新的劳动力，也许并不是立即（可能在特定行业或特定时刻有劳动力短缺），但在合理的时间之内都有可能。另一个有效地扩大劳动力资源的手段是自动化，马克思认为这是使资本主义造成失业后备军的手段。因为计算机控制开关的切换，有多少电话运营商被淘汰？由于自动泵的出现，有多少加油站服务员成了多余？

一旦你走出美国等发达经济体，你几乎不可能错过储备劳动力的海洋。墨西哥官方数据显示失业率很低，在好年景失业率为3%，不好的年景失业率为6%。但他们真正所说的是指，每个人好坏都有点活干，有一些工作来帮助他们维持生存。甚至除去贫困的农民和移民的队伍，也还有大约一半的劳动力划归为非正式的经济部门。[22] 这是一个模糊的范畴。一些工人不需要缴税并没有福利；其他人支付一些税收并得到一些福利。他们既包括在街上卖巧克力的孩子，也包括有利可图的小微企业家。但是大多数人还是会在现代资本主义经济体内工作，他们在墨西哥甚至有工作保障，接受医疗，有退休福利。

在发展中国家的剩余失业者不仅影响美国经济，还影响其自身的经济。需要明确的是墨西哥是一个中等收入的国家，而不是低收入国家。如果你不能把穆罕默德带到山上，那么就把山移到穆罕默德眼前。如果美国成功地关闭了边境，劳动力可以不再进入到这个国家，这个国家可以把资本送到墨西哥、中国或印度，再把货物运送回来。这是一个同样有效利用后备劳动力的手段。此外还可以通过移民、节约劳动力的技术、外包、海外投资或其他方式，总之，从长期来看，经济总是可以发现可利用的后备劳动力。

## 结构主义者的经济图景

结构主义模型要回答的问题是，经济结构如何影响经济发展轨迹。经济结构在很大程度上取决于市场之外的社会惯例或政治决策。结构主义图景的一个要义是社会决定产出分配。总产量的百分之多少分配给工资（工资份额）和百分之多少分配给利润（利润份额）？[23] 更高的工资份额能促进增长、提供需求、持续投资和就业，还是会削弱增长、降低利润、削弱投资和就业？结构主义模型认为答案取决于环境。经济可以是工资主导，在这种情况下，更高的工资份额将增加产出和就业；或者经济也可以由利润主导，在这种情况下，更高的利润份额将增加产出和就业。

是什么决定了经济是工资主导还是利润主导呢？[24] 这取决于哪一个因素对贸易更开放。更加开放的经济更有可能是利润主导的。例如，在 20 世纪 50 年代和 60 年代，美国工会认为经济是工资主导的，部分原因是因为当时经济对贸易的依赖较小，所以更高的工资支持对国内生产的需求。相比之下，在欧洲一些小国家（如瑞典、挪威和丹麦），工会高度依赖贸易，显而易见，需要控制工资以维持出口。[25] 事实上，他们认为经济是利润主导的。全世界的进口平均水平从 1970 年的 14% 上升到 2008 年的 29%，许多经济体可能朝着利润主导的方向发展。[26] 决定经济体是工资主导还是利润主导的另一个同样重要的因素是资本家和工人的储蓄率的差异（实质上是留存收益）。如果利润的储蓄远远高于工资的储蓄，经济更有可能是工资主导的。[27] 如果储蓄率是相似的，经济更有可能是利润主导的。如果工人将收入的很大一部分都进行储蓄，那么通过思考你就会明白为什么上述这种关系可以成立。在这种情况下，更高的工资将主要流入银行账户或其他金融工具，而不是生成商品需求。

工资主导经济和利润主导经济在一些维度上的表现也不同。其一是由科技创新带来更高的生产率增长的影响。在强烈的利润主导的经济中，它将提高经济增长和就业；在较弱的利润主导的经济中，这一类可能包括许多发达经济体，将会出现经济增长但减少就业。[28] 其二是货币崩溃的影响。在工资主导的经济中通货价值下降，实际工资和经济增长都会下降。从 20 世纪 70 年代到

90 年代初，墨西哥是工资主导的经济，它经历了通货的多次崩溃，甚至有时会摧毁经济。在利润主导的经济中，通货的价值下跌，工资也下降，但经济会增长。1992 年，英国是利润主导的经济，当时发生英镑崩溃，但经济继续繁荣。当然，两国之间的不同肯定源于一个事实，墨西哥欠的债务是美元，可墨西哥不能印刷美元；而英国欠债务是英镑，它可以印刷英磅。

如果某一经济或行业达到绝对生产能力顶峰，不能再生产更多，那么结构主义模型会发生什么呢？也许在发展中国家，农业不能生产足够的食物。有效需求显然不能决定实际产出，无论需求多少，产出都无法增加。如果需求强劲，则会引发通货膨胀。可能出现的情况是，通货膨胀会侵蚀工资，而且（如前述充分就业的情况）工资将不再由社会决定。[29] 的确，如果政府试图重新分配收入，比如征收利润税，并使用税收收入支付员工的社会保障，这些努力将产生适得其反的恶果。实际工资可能还会进一步下降。[30] 在拉丁美洲的民粹主义政权已经遇到了这个问题。

结构主义模型还考虑了另一个区别，它有助于人们理解支持利润主导模型的供给学派与支持工资主导模型的合作凯恩斯主义之间的分歧。如前所述，利润份额是指公司获得利润占总收入的百分比。利润率是公司的投资回报，即它们获得的利润与它们资本存量价值的比例。公司可以通过保证更高的利润份额或者增加销量提高其利润率。例如，假设一家汽车制造厂有价值 100 亿美元的工厂和机械。每辆车赚取 1 000 美元的利润（扣除劳动力和其他投入成本）并销售 1 000 万辆汽车，总共获得 10 亿美元的利润。它的利润率是 10%。现在假设每辆车削减工资成本 500 美元，销售 1 000 万辆汽车能够赚 15 亿美元，利润率为 15%。或者，假设需求增加使其销售 1 500 万辆汽车，但没有减少工资成本，所以每辆车仍然挣 1 000 美元。那么，总共赚 15 亿美元的利润，其利润率是 15%。

原则上，公司应该关心利润率，未来的投资应该依据利润率，或至少是预期的利润率。供给学派强调利润份额的影响：在其他条件相同的情况下（需求和销售），更高的利润份额增加利润率并支持投资。主张合作的凯恩斯主义强调需求和销售的作用：在其他条件（即利润份额）相同的情况下，更高的需求和销售增加利润率并支持投资。结构主义模型认为根据环境的不同，任何一种观点都可能是正确的。

## 黄金时代的终结

琼·罗宾逊说过，模型是一回事，历史是另一回事。即使是相对开放的结构主义模型与历史相比，也是令人满意的干净利落。经济史是可识别与不可识别模型的混合，政策决定的结果可能有好几个，还有大量的意外事故。如果一个模型可以帮助我们理解历史，那么它至少已经有了一个良好的开端。

为了解释黄金时代人们提出了多种结构主义模型。在《第二次产业分工》（*The Second Industrial Divide*）一书中，迈克尔·皮奥里（Michael Piore）和查尔斯·萨贝尔（Charles Sabel）讲述了工业革命以来的资本主义发展史，其依据就是工资主导的结构主义模型，或者称之为主张合作的凯恩斯主义模型。由于正式的结构主义模型的发展是在他们写作这本书之后，我在解读该模型的时候就不自觉地结合了他们的说法。皮奥里在麻省理工学院的一份工作报告中清楚地做了说明。资本主义的本质就是驱动工业追求技术和管理的创新，扩大其生产的潜能。[31] 但资本主义的本质并不能够保持商品需求，来吸收由其所有的生产潜力能够生产出来的商品。除非有一些制度框架支持消费需求，减少不确定性，这样公司才有信心能够出售他们生产的商品，不然经济就会萎靡不振。皮奥里用斜体字突出显示：*"资本主义经济的核心增长问题，就是如何组织需求，以使需求成为扩张生产的有力保证。"*[32] 在《第二次产业分工》中，皮奥里和萨贝尔认为："如果储蓄和投资是个人决定的，那么经济就会陷入消费不足的陷阱：消费需求无法吸收总生产能力的所有产出；产出将下降；并且没有自动机制能够将经济活动恢复到以前的水平。"[33]

皮奥里和萨贝尔认为，各个国家不同的政治安排其实支持了类似的工资主导的结构主义增长模型。在美国大萧条时期、第二次世界大战，以及 20 世纪 40 年代末劳工斗争期间，一系列刺激经济和反刺激经济的关税和法规出台。[34] 为了维持需求，提高工资与生产率保持一致的政策（加上通货膨胀）得到了工会的支持，国会通过了提高最低工资的法案，总统经济顾问委员会的指导方针得到批准。[35] 凯恩斯主义的财政与货币管理，等不到 20 世纪 60 年代肯尼迪总统的那些能量巨大的学术顾问，早在 1954 年就开始了，当时的艾森豪威尔政府降低利率、削减税收来对抗衰退。[36]

皮奥里和萨贝尔从两个方面解释 20 世纪 70 年代的危机。首先，危机由 20 世纪 50 年代和 60 年代经济结构崩溃引起；其次，由一系列事故，如石油危机和应对政策的失误引起。[37] 他们认为这两种解释都可能包含一些真理的元素。

皮奥里和萨贝尔认为，经济结构破坏了经济繁荣，部分原因是它依赖于大规模批量生产商品和大量消费，然后消费市场饱和。[38] 在某种程度上，消费者有足够的汽车、电视、电话，所以需求减少。这个想法看起来可疑；事实上，皮奥里和萨贝尔提出这个观点之后自己都质疑它。如果消费者有一辆汽车（或电视）和闲置资金，他们会换一个更炫酷的款式或再买一辆车（或电视）。如果没有人需要更多的普通电话，制造商将开发新的款式，如果消费者有钱的话，他们将会买无线电话、手机、智能手机，以及其他类似的可批量生产的产品。更有可能的是，在我看来，皮奥里和萨贝尔也认为稳定的贸易扩张削弱了需求管理，就像20世纪50年代到60年代的经济结构一样。美国进口的产品从1965年占GDP的5%增加到1980年的13%；法国进口从1965年占GDP的12%上升至20%。其他国家模式也是相似的。[39] 来自发展中国家的进口份额上升，在那些地方的工人工资不够购买他们自己生产的商品。因此，皮奥里和萨贝尔认为"迟早会发生需求短缺的"。[40]

皮奥里和萨贝尔也指出，事故和政策失误会影响市场需求。首先是20世纪60年代末和70年代初的抗议，不仅包括从巴黎到芝加哥的罢工游行，还有劳资纠纷，从欧洲工厂级的罢工到通用汽车洛兹镇工厂工人的自发罢工，不一而足。这种自发罢工就像"产业领域的伍德斯托克音乐节"一样是一种未经工会批准的"野猫"罢工。随着企业提高工资和福利，通货膨胀率也在增加。更糟糕的是，不确定性增加，商业信心被削弱。但资本带来了新的工人，包括移民、外籍劳工、女性劳动力，并且使劳动关系稳定下来。

然后，在 1971 年尼克松总统放弃了有 20 年历史的布雷顿森林体系汇率制度，修复其他货币兑美元的平价汇率，但如果一个国家变得缺乏竞争力则允许重新排序。毫无疑问，布雷顿森林体系遇到了不可避免的问题。随着各个国家从战争中恢复，变得更具竞争力，更多的商品出口到美国，美国诺克斯堡的黄金流出以支付进口货物。然而，皮奥里和萨贝尔认为，有助于稳定经济的布雷顿森林体系的秩序本可以加以改革调整。但事实相反，它被抛弃，取而代之的是浮动汇率的混乱。其不再能够调整通货与国民实际生产率之间的关系，变化的货币汇率使各个国家不得不面对货币的投机活动。在一个贸易变得越来越开放的世界里，企业失去了他们预测进口价格和出口销售价格的能力。投资者信心受到侵蚀。

两次能源危机不仅提高了投入成本（这个问题本可以妥善应对的），而且加剧了不确定性并压抑了动物精神。每个人都知道石油正在耗尽，否则不会发生能源危机。汽车制造商开始生产高里程汽车，然后随着油价下跌又生产高耗油汽车，接着发生了另一场石油危机。

皮奥里和萨贝尔认为，不管怎样，凯恩斯主义的反应持续下来，而且似乎直到 20 世纪 70 年代末都起作用。正如尼克松所说，"我们现在都是凯恩斯主义者"。然而，1979 年石油危机的冲击使政策制定者或公众应接不暇。随着通胀率上升和美元下跌，美联储的利率是原来三倍，从 1979 年最初的 6.8% 升高到 1981 年的 18.9%，而实际利率（通胀贴现）从接近于零提高到接近 10%。[41] 玛格丽特·撒切尔（Margaret Thatcher）和罗纳德·里根上台，为了抑制通货膨胀以自 20 世纪 30 年代以来最严重的失业率为代价，摧毁了工会，结束了凯恩斯主义秩序。

凯恩斯主义的秩序不得不结束吗？皮奥里和萨贝尔不那么肯定。他们问道："如果伊朗改革和第二次石油危机比实际晚发生五年，20世纪70年代末（凯恩斯主义）的政策将会产生五年的繁荣，也会给予世界各国领导人时间、信心和资源来创建国际金融机制以平衡供给和需求……这是否只是无望的牵强的想象"？[42]

除了讲述一个有趣且微妙的经济史，这种说法也是有吸引力的。它表明，在一些基本的层面上，资本主义不需成为冲突的舞台。只要经济有幸得到明智的管理，负责的资本能够与劳动协作；工人可以赚取高薪而企业获得好的利润。并且，这个观点的每一句话都是令人信服的，除此之外，在我看来，关于大众消费市场已枯竭的文章是可有可无的。问题在于皮奥里和萨贝尔是否以正确的模型开始。

在1990年出版的《资本主义的黄金时代》（*Golden Age of Capitalism*）的一书中有两篇文章，提出了与皮奥里和萨贝尔不同的结构主义解释。我发现该观点过于复杂，简单来说就是哈佛大学的斯蒂芬·马格林和新德里尼赫鲁大学的阿米特·巴杜里（Amit Bhaduri）发现20世纪50年代和60年代由工资主导的经济在1970年左右变成了利润主导的经济。[43]书中由牛津大学的安德鲁·格林（Andrew Glyn）和其他人合著的关于实证的一章没有设计出清晰的模型，但他们的观点基本相同。[44]

《资本主义的黄金时代》中的这两篇文章开始阐明二战的直接后果，强调对激进工会的广泛抑制，确保高度发达国家占据利润的高份额。[45]在美国，通用汽车公司爆发了1947年罢工，美国汽车工人联合会（United Auto Workers，UAW）要求加薪30%，缩短工作时间，冻结汽车价格，且更多地控制工作组织形式。在1948 年，公司与有经验的工会签署了最温和的《底特律条约》。[46]这个模式代表了那时美国的劳工关系：在此之前的情形是，企业压制草根阶级的罢工，经常以反共产主义作为武器。在好莱坞黑名单上的人，被指控是共产主义者，虽然被解雇但获得了更大的名声，许多劳工领导人都遭到类似的命运。马歇尔计划帮助重建欧洲，但除了英国和斯堪的纳维亚半岛，它也支持保守政府和发动反共活动，打败激进工会，阻止加薪，压制通货膨胀。[47]这些事件确保美国的利润份额为 24%，发达国家的平均水平是 25%。[48]

这两篇文章强调这些事件在他们的经济模型中的角色。马格林和巴杜里（Bhaduri）认为，到 1950 年，企业不再需要担心提高利润份额了，因为它已经是如此之高，但关于大萧条的记忆让企业担心如何将产出销售出去。美国因此似乎是一个主张合作的凯恩斯主义或是工资主导的经济。实际工资稳定，随着生产率的增长而升高，通过政府支出和利率政策来缓解经济衰退，这些对于企业来说是令人满意的。[49]但随着 20 世纪 50 年代和 60 年代繁荣的持续，企业对他们销售产品的能力感到自信，如果能够提高利润份额，他们很可能已经开始把注意力转向额外的利润。在这个时点上，资本家预期（结构主义模型中的预期与在凯恩斯主义模型中同样重要）的未来更高的利润份额，比可支撑投资的未来更强劲的销售还要重要。工资主导的经济制度可能已经转向利润主导的经济制度。[50]

这个关于制度变化的说法全是纸上谈兵。因为在 20 世纪 50年代和 60 年代，工资和利润的份额仍相当稳定，似乎不可能从

数据上说明工资和利润的份额变化会有什么改变。经济制度可能
是工资主导的，如果工资比例上升，产量将会上升；或者经济
制度可能是利润主导的，如果利润比例上升，产量将会上升。[51]
在收入分配上毕竟没有大的改变（规则要求工资与生产率协调
增长，不是更快，也不是更慢），谁知道如果不是这样会发生什
么？无论如何，经济找到一个较优的点，几乎就停在那里，不再
偏移，而且使得经济繁荣。

但如果结构主义模式具备一定有效性，20世纪60年代末以
后就会存在不能适应发达国家的经济制度：皮奥里和萨贝尔的工
资主导的经济，或主张合作的凯恩斯主义模型。问题是，利润份
额下降，利润率也随之下降。这两个发展方式不能同时发生在主
张合作的凯恩斯主义模型中。[52]在这个模型中，如果利润份额下
降或工资份额上升，不会有严重问题：利润率一定还会继续上
升。但事实并非如此。因此，或者工资主导的经济制度一定会转
变为利润主导，或者它原本一直都是利润主导的经济制度。

在《资本主义的黄金时代》的论文里列出的这些可能性中有
一个一定是对的，只要数据已经接近正确的情况。在美国，利
润占国民收入的份额在黄金时代几乎没有变动，从1951年的占
GDP的24%，到1965年占GDP的23%。鉴于宏观数据的概略
性，可以说没有明显的改变。但到了20世纪70年代早期，利润
份额明显下降到占GDP的16%或17%，而到了20世纪80年
代初已降至GDP的15%左右。[53]同时，利润率大幅下滑。从20
世纪60年代中期的18%—20%下滑至20世纪70年代初期的
12%—13%，又跌至20世纪80年代初期的9%—10%。[54]这是
相当大的数字。即使它们可能并不十分精确（宏观经济数据往往

是这样的），但大趋势似乎是明确的。

这种情形在发达国家基本上是相同的，尤其在制造行业更为明显。所有发达国家，利润占 GDP 的份额从在 20 世纪 60 年代末的 23%下跌至 1973—1975 年衰退期间的 12%，然后在 1975—1979 年的经济复苏期间回归到占 GDP 的 15%。[55] 利润率从 20 世纪 60 年代末的 22%下降到 1973—1975 年的 9%，然后只是慢慢回到 1975—1979 年的 11%。

为何利润份额下降？因为利润受高昂的能源价格和差强人意的生产率增长速度的挤压。我曾说过，很难判断生产率的数据的含义，以及经济增长乏力是否会导致生产率提高缓慢（皮奥里和萨贝尔支持我的这种观点），或相反。但格林和他的合作者认为，在标准生产率数据中能够看出经济下滑的端倪，至少可能有一部分是由于生产管理的原因。工人反复抗争控制工人工作速度的福特方法。哈佛商学院教授理查德·沃尔顿（Richard Walton）在《哈佛商业评论》（*Harvard Buisness Review*）中认可这个观点："尤其是在美国这样的高工资收入国家，市场的成功取决于更高水平的绩效，这要求工人有强烈的责任感，而不仅仅是执行力。惨痛的经验教训表明，这种责任感无法通过习见的管控模式而获得。"[56] 工人表达抗议的方式是"消极怠工"（working to rule），这种方式常常会降低而不是提高工作效率，这表明生产效率的提高靠的是工人们在工作职责之外的非正式努力。[57]

尽管存在这些问题，利润份额只有在劳工提高工资的杠杆高于企业提高商品价格的时候才会降低，毕竟，利润份额只取决于企业产出的产品中可以作为利润的那一部分。一方面，格林和他的合作者认为，在 20 世纪 60 年代末和 70 年代初的罢工斗争使工人赢得了工资合同，明确了指数化工资和生活成本。另一方面，随着贸易份额和竞争压力的增加，企业失去了提高价格使之与工资并行升高的市场力量。[58]

皮奥里和萨贝尔认为，使用合作的工资主导模型，至少在1980年以前存在有拯救国际凯恩斯主义政体的可能性，当凯恩斯主义受到第二次石油危机的冲击时，被撒切尔主义和里根经济政策断然取而代之。基于利润主导的模型，《资本主义的黄金时代》一书中的论文揭示了1970年的所有事情是如何开始崩溃的。在1960年代末，利润份额的下降已经开始侵蚀产出、就业、经济增长。[59]

按照皮奥里和萨贝尔的解释，里根和撒切尔的政策本质上是错误的，这是因为它受第二次石油冲击和意识形态的驱使。这些政策在《资本主义的黄金时代》的文章中得到了合理的解释，因为支持保守党领导人商业团体的利润份额曾经受到侵蚀，这些政策是保守党领导人对他们诉求的回应。此外，除非数据存在严重错误，在20世纪70年代模型一定是利润主导的，所以侵蚀利润份额削弱了投资和增长。[60] 你不能指望政治体制变更的背后有很多经济逻辑，但是在资本主义经济里的妥协似乎比一个主张合作的凯恩斯主义模型里的妥协更艰难。

## 现在该怎么办？

这些在黄金时代的故事给我们的一个教训就是，今天主张合作的凯恩斯主义者——如前美国劳工部长罗伯特·赖克（Robert Reich）——提出的提高工资来加强经济的办法，可能夸大了其作用。我的告诫不是关于短期刺激。我同意在经济衰退期间，联邦政府应该支持市场需求，通过建设基础设施，通过国家共享基金雇佣教师和警察，或者通过为中产阶级减税（我宁愿看到基础设施或可持续能源的投资，因为它支持长期经济增长。同时，减税可能是为了储蓄而并非消费）。结构主义模型符合短期凯恩斯主义模型，这种对总需求的支持在经济衰退时可以提高产出和就业。[61] 但利润主导的结构主义模型要求谨慎地对待工资份额的提高。

赖克认为这个告诫没有任何必要。"真正的问题与经济的结构有关，而不是经济周期"，他如是宣称，同时要求更高的工资和其他措施来"刺激经济"：

> 这场危机几十年前就开始了，当新一波的技术，如卫星通信、集装箱船、电脑和互联网，使美国雇主雇用国外廉价的劳动力或者使用国内可替代劳动力的软件的成本变得更便宜，他们将不再继续支付典型的中产阶级工人的工资。尽管美国经济持续增长，小时工资不复存在。经通胀调整，今天中产阶级工人的男性比30年前收入少……消费者的购买力不足以支付他们生产的商品和工人的劳务。他们的收入无法跟上日益增长的经济速度已经有一段时间了。[62]

这个故事听起来不错。但赖克依据的一定是一个长期结构主义模型——一个新古典主义长期模型认为，更高的实际工资会减少就业——他甚至没有意识到，这样一个模型可能是利润主导的。当黄金时代结束，美国经济似乎确实自20世纪70年代以来是利润主导的。事情可能已经改变。但学者们应该考虑经济实际上是什么样子之后再进行建议。赖克自己描述道，雇主可以随时外包工作，这种经济很可能是利润主导的。他不应该对更高的工资将增加就业和经济增长这一观点如此自信。同时，结构主义模型不建议保持极端的收入不平等，大企业高级职员与其他员工之间的工资差距不可能带来任何好处。

# 第 14 章 经济危机

　　在 20 世纪 90 年代，耶鲁的杜鲁门·布雷做采访时，他试图了解为什么在经济衰退时期，工资不下降，即所谓的导致失业的"黏性"工资。他的同事问他为何如此费心，他们认为不会有另一场经济危机到来。[1] 到 20 世纪 90 年代晚期，许多经济学家开始认为经济已进入他们称之为"大稳健"的时期，即一个明显的温和的经济周期。[2] 2000 年 1 月，在科技加权的纳斯达克指数（NASDAQ Index）开始急剧暴跌的前三个月，总统的经济顾问委员会宣布经济状态仍然是"年轻和充满活力的"，但他们没有看到真正的原因，即除了不幸的意外，为什么扩张不能一直持续：

　　　　研究发现，没有令人信服的证据表明，战后扩张有其固有的随着时间推移而消失的倾向。相反，它们似乎成为了经济干扰或政府政策等特殊事件的牺牲品。例如，伊拉克入侵科威特，导致在 1990 年的秋天石油价格翻了一番，致使在 1990—1991 年的经济不景气期间经济活动的衰退。美国消费者经历过在 1973—1974 年石油价格涨了三倍，随后在 1979 年又翻一番的事情之后，产生了对美国经济预期的负面影响，消费者信心和消费急剧下降。[3]

事实证明经济委员会的做法是错误的，鉴于当时很多人都对经济有错误的判断，所以找出错在哪里似乎比知道错了更有意义。经济委员会错误的预测显示了其自身以及它所代表的经济学界主流观点对经济的认识。冲击可能会从市场之外影响经济，但市场塑造了固有的稳定经济。这种说法与事实偏离太远。事实上，是金融市场本身的泡沫破裂引起了下一场衰退。纳斯达克指数从 2000 年 3 月 10 日的 5049 点降到 2001 年 9 月 10 日的 1695 点，也就是外部冲击事件"9·11"恐怖袭击的前一天。[4] "9·11"事件之后纳斯达克指数继续下跌，而且还不是小的百分比，到了 2002 年 10 月 9 日降至 1114 最低点。

经济学家没有吸取教训。他们对大稳健的信心不断膨胀到整个宏观经济学的分支。中央银行所使用的管理利率的动态随机一般均衡宏观经济模型和基于难以置信的市场经济假设的标准金融模型都仿佛被一只"看不见的手"引导趋于均衡。如前所述，这是纯粹的假设。由效用最大化的形形色色的个人和利润最大化的各种各样的企业组成的分散化的市场交易模型，没有证明一个经济是如何趋于均衡的。更糟糕的是，如果没有外部冲击，动态随机一般均衡模型就变成了所谓的拉姆齐模型。拉姆齐模型是 1928 年凯恩斯的朋友弗兰克·拉姆齐（Frank Ramsey）好奇心的产物。它所谓的"鞍形路径"的稳定，也就是意味着完全不稳定。[5] 鞍形路径将经济的稳定性进行形象化。想象一下将马鞍扭曲，使得从马鞍前端到后端的那条线是弯曲的。沿着那个轨迹滚动一个弹珠。如果它改变方向转向一侧，消费爆炸，资本降为零，"代表性行为人"大概会饿死。如果弹珠改变方向转向另一侧，资本爆炸，消费为零，"代表性行为人"大概也会饿死。所谓稳定性取决于假设"代表性行为人"具有远见和精确的计算能力，保证没有大灾难出现。诚然，如果你做出了难以置信的假设，引导未来经济的数学计算只是空中楼阁。

动态随机一般均衡模型和金融模型的问题不只是它们没能预测到 2008 年的危机，而是描绘了一如既往地回到均衡的经济，造成了一种虚假的信心，即危机根本不会发生。美联储几乎所有的努力都集中在将每年的通货膨胀率控制在 2% 左右。监管法律可以放松，因为我们已进入大稳健的时期。美国对外赤字是随着每年从国外借贷 1 万亿美元而产生，这也是解决全球储蓄过剩的方法。当然，如果经济模型很好地反映了经济，那么它们为什么没有早些就预测到经济出现大稳健？为什么进入资本主义经济之后，周期性经济危机就不断地影响着经济发展？究其原因，难道真的是如米尔顿·弗里德曼的观点，是由于错误的央行政策？或者说过去巨大的外部冲击经济只是运气不佳？又或者，引用针对该问题的一篇权威文章的观点，即早已陈旧过时的金融部门未能"保证消费和投资在新时期的平稳过渡"？[6] 经济学家们会提出这样的疑问，但却从未有人质疑是否是模型可能有缺陷。

一些经济学家很少关注通常的模型，却很担心美国经济在 21 世纪会遇到严重的麻烦。温·戈德利（Wynne Godley）在巴德学院利维经济研究所的十年间所作的一系列文章提出，家庭贷款的上升趋势是不可持续的。[7] 与之类似，我还读过经济和政策研究中心的迪恩·贝克（Dean Baker）在 2005 年 7 月写的《简报》（Fact Sheet），该文章对美国住房和金融泡沫做出预报。[8] 然而，我却从未见过哪一个模型能够预测危机所发生的一切，以及什么时候将会发生。如果 2008 年之前有人塑造过这样一个模型，他现在就一夜暴富了。资产价格上涨缓慢但会快速跳水。如果判断正确，那么做空资产是一个快速而且合法的赚钱方法。

我说过模型不能预测危机，我将以纽约大学的努里埃尔·鲁比尼为例来解释我的观点，因为据说他曾对金融危机做出过预测。值得赞扬的是，他确实警告过不好的事情将会发生，但如果你问他预测到什么糟糕的事情或者什么将什么时候发生，他就不甚知之了。2005 年，在研究了美国大规模对外赤字之后，他说，在一年或两年之内可能会发生"美元价值的大幅下滑、美国长期利率快速增长和包括股票和房地产在内的一系列风险资产价格大幅下跌"。[9]他强调了美元下跌和利率的上升。但这些事情并没有发生（说实话，我也认为这些可能会发生）。住房价格的下跌其实是他做出的事后总结，而非预测。当然，房价下跌导致了崩盘。事实上，美元兑多数货币的汇率上涨，而不是下跌，而美国国债利率几乎降至零。故事还没有结束。美元仍可能暴跌，鲁比尼可能是正确的，但这却是十年之后的事了。通过做空资产赚钱，十年前开始准备并不算为时过早。

只要不指望经济模型上演巫师梅林"泄露天机"的一幕＊，有的模型是可以对经济周期和经济危机的循环进行解释的。好的模型会以这些并非纯粹的附带现象，并非对固有的稳定经济的意外冲击为前提。相反，经济和资产价格周期是由市场固有的不稳定力量导致的。当然，用"周期"（cycle）这个词来形容实际发生的情况并不贴切，但我又一次屈服于惯例并使用了它。好的模型

---

＊ 巫师梅林（Merlin）是亚瑟传说中的巫师，他被一个他透露了妖术秘密的妇女囚于一棵树内。——译者注

应该显示市场本身是如何生成这些周期的。

## 深刻的矛盾

前面讨论的阿罗—德布鲁和费希尔的一般均衡模型确实将矛头指向了市场不稳定中的一般问题,但在 1983 年,芝加哥大学的道格拉斯·戴蒙德(Douglas Diamond)和耶鲁大学的菲利普·迪布韦克(Philip Dybvig)发表了规范化的主流模型,描述银行业危机是如何发生的。[10] 虽然这只是一个框架,缺少了 2008 年银行业危机的许多元素,但其提供了重要的见解。

戴蒙德和迪布韦克开发了第一个包含银行的模型。什么是银行?它的作用是所谓的"资产转换"。银行通过支票或储蓄账户吸收短期资金,并长期贷款给企业用作投资。这是一项有价值的服务,一方面为客户提供现金,另一方面为企业提供了稳定的融资。

该模型作出了一些过于乐观的假设。首先,它是一种理性预期模型:模型中的各行为主体理解这一点并利用它将效用最大化。模型假定银行贷款将投资于完全无风险的技术,并保证两年之后获得高额回报。模型还假设三分之一的客户为了应对意外事件而支付计划之外的消费会提前支取存款。银行有充足的存款准备金,保证提前取款的客户还能够获得一定的利息,而那些存款期满两年没有支取的客户能够获得相当高的利息。

尽管有这些乐观的假设,银行还是脆弱的。这种理性预期模型并没有假定经济会被引向唯一的均衡。银行要保证能够支付客户提前取款的同时,还要有足够的存款进行满两年的金融投资,这是很好的均衡。而很多储户需要提前支取资金，银行亏空，没有足够的存款进行满两年的投资，这就是不均衡。因为银行只能够在满两年之后才可以收回本金和利息，这就会导致破产。

如果银行拥有足够的资金储备，超过那些急需用钱而提前取款的三分之一的客户所需的金额，那它怎么可能会失败呢？尽管理性预期模型假设储户理解该模型，但他们不能读懂彼此的心。他们之间存在信息"不对称"，我不知道你在想什么，你也不知道我在想什么。如果我看到你去银行提款，我不知道你是那些需要应对突发事件而提前取款的三分之一的客户之一，还是你突然怀疑有银行挤兑存款的风险，而想在银行破产之前，为避免损失而取回钱。未雨绸缪，当我看到你去银行，即使我没有紧急需要，我也将银行存款取出。在这种情况下，人们仅仅是担心银行可能破产，也就是说并非银行贷款的根本问题，而是这种担心本身就可能驱使理性储户支取存款而导致银行破产。[11]资产转换是银行的主要功能之一，而正是这一功能反而使银行变得脆弱。

如果政府为银行作保，可以防止银行挤兑存款并平息恐惧。因此提高了私人市场能达到的最好结果。[12]戴蒙德和迪布韦克表明，即使假设理性预期，并且即使投资无风险，也会发生银行挤兑。如果没有这些假设，情况只会更危险。戴蒙德和迪布韦克拿出有力的论据支持联邦存款保险。

然而，他们的论点也带来了疑问。另一个理性预期模型发现，华尔街并不总是投资无风险的技术研发；用行话来说，有时华尔街也投资有毒资产。明尼苏达州大学的约翰·卡雷肯（John Kareken）和明尼阿波利斯联邦储备银行的尼尔·华莱士（Neil Wallace）在 1978 年推出一个模型，捕捉到这个问题。[13]在他们的模型中，银行不执行资产转换功能；借入的资金和贷出的资金同时到期。对于这个不切实际的假设，我认为唯一有用的就是，在1978年还没有人想出了如何为资产转换建模；但不管怎样，这个模型多少与资产转换有关。卡雷肯和华莱士模型中的银行跟真的银行一样，建立了风险投资组合，平均来说，能够产生高预期回报但也可能以破产告终。在这种背景下，政府保险产生了"道德风险"。如果政府不对模型中的银行进行保险，存款人坚持要求银行持有充足的资金储备来弥补潜在损失，那么银行不会倒闭。如果政府对银行进行保险，出借人就不用费心去监视它们，因为他们知道在任何情况下都可以把他们的钱拿回来，那么这样银行倒闭的可能性极高。

从一个角度来看，这些模型似乎是矛盾的。在戴蒙德和迪布韦克的模型中，提供政府存款保险能够防止银行倒闭，而在卡雷肯和华莱士的模型中，废除政府保险能够防止银行倒闭。不同的结论源于不同的假设。因为卡雷肯和华莱士的银行不做资产转换，没有必要需要存款保险，然而这是一个坏主意。而戴蒙德和迪布韦克的银行总是进行无风险投资，没有潜在的道德风险，当然也不会出现。

从另一个角度来看，你可以看到两种模型在2008年都发挥了作用。9月15日，财政部和美联储借鉴了卡雷肯和华莱士的模型，为了警告市场道德风险可能造成的后果，让雷曼兄弟破产：如果你将资金借给金融机构，你最好监督他们，不然你可能失去你的钱。[14]9月16日，戴蒙德和迪布韦克模型就印证了自己的观点。如果债权人只是担心银行或者金融机构，如美国国际集团等存在挤兑风险，他们可能撤回资金，从而导致了真正的挤兑。世界各地的金融市场冻结。现在财政部和美联储不得不提供政府保险减轻恐惧并避免系统性的灾难。他们花了1 700亿美元只为救助美国国际集团和债权人。

把这两个模型结合起来，就得到资本主义矛盾的核心。它被礼貌地称之为"白哲特问题"，这是以19世纪伦敦的《经济学人》杂志的总编辑白哲特（Walter Bagehot）的名字命名的，因为是他明确的提出这个问题。监管者希望主要金融机构认为如果他们陷入麻烦可以允许他们破产，但当他们真的陷入困境时，监管者又必须出手相救，为了防止造成恐慌的升级。拯救资本主义需要巧妙处理一个巨大的矛盾。

## 明斯基时刻？

由于2008年金融危机被媒体称为"明斯基时刻"，那我们就来看看海曼·明斯基（Hyman Minsky）的金融不稳定假说到底是什么。海曼·明斯基是凯恩斯主义者，20世纪70年代至80年代期间在华盛顿大学圣路易斯分校任教，同时列席银行理事会，他具备丰富的金融市场知识。他的假说表明市场本身如何产生泡沫和危机、繁荣和萧条。关于这一点，我发现他的模型有两个问题。其中之一就是我没能完全理解他的观点。在阅读明斯基文章的过程中，我发现一些通过方程式进行说明的有趣想法，但它们放在一起却无法构成模型。虽然对他我是认同的，但我还是与一些不支持他的经济学家分享了我所发现的这个问题。这个问题可以得到解决：兰斯·泰勒开发了一个模型捕捉到了明斯基的本质观点。当我在大脑中带着这个模型重读明斯基时，我逐渐理解了他的观点。另一个问题并非明斯基的错误，而是他的模型描述的经济力量本可以很好地发挥作用，但实际上在2008年的危机中并没有发挥作用。[15] 媒体很欣喜地发现市场本身会带来危机的观点，但它们忘了深入思考明斯基说的到底是什么意思。

明斯基将公司分为三类：对冲公司、投机公司和庞氏公司。当年"对冲"（hedging）这个词还意味着减少金融风险，而非现在作为金融赌注的委婉说法，明斯基称对冲公司就是那些在以下意义上，总是可以让人积极期待的现金流公司：如果整体经济持续或多或少地在正轨上运行，这些公司能够在一个月或一个季度内，预计使总利润超过他们需要支付的本金和贷款利息。[16] 投机公司在这种情况下，几个月或者几个季度都可能预期负现金流，当总利润无法达到金融公司承诺的预期水平时，只能依靠贷款；但很快他们预计经济形势逆转，这样他们可以获得积极的现金流。庞氏公司是以臭名昭著的骗子查尔斯·庞齐（Charles Ponzi）名字命名的，他最终进了监狱。他启动了一个金融链，期望长期负现金流，同时希望在遥远的未来可以出现正现金流。明斯基认为，作为一个繁荣的开始，公司起初自愿从对冲公司发展成投机公司，最后变成庞氏公司，增加杠杆以提振利润，最后金融部门的发展会让公司越走越远。明斯基利用凯恩斯的观点描述金融板块的热情，使这个过程比人们预计维持的时间要长得多，直到它带来经济下滑。

尽管明斯基使用金融比喻来命名对冲、投机和庞氏金融公司，但他谈论的公司是在现实经济中的公司，如生产或软件开发，主要不是金融公司。明斯基认为，庞氏的金融关系，"要比我给出标签的公司更为广泛……庞氏融资是所有具有超长孕育期投资计划的明显特征"。[17] 简而言之，当波音公司押注研究新客机，波音公司知道它甚至十几年都未必能够成功，在明斯基看来这就是一个庞氏公司，即便内涵似乎并不准确。

我不介意明斯基广泛运用"庞氏"这一术语，但他的观点无法解释 2008 年的危机。它描述了金融业和实体经济之间的相互作用，以及这种作用是如何推动实体经济中公司的发展，例如波音公司，采用庞氏融资方式并使经济发展受挫。在金融危机之前，在现实领域几乎没有公司进行庞氏融资。MCI 世通的债务激增只是孤例。相反，是在金融领域内部爆发的危机。只有在金融领域崩溃之后才使实体经济受挫。事实上，在金融变脆弱很久以后，美联储还不相信它会影响到实体经济。[18]

## 捕食者和猎物

生态学模型描述捕食者和猎物物种如何繁衍和灭绝，为一些结构主义模型提供了描述市场之间固有的交互关系如何导致繁荣和萧条、泡沫和危机的基础。[19] 在生态模型中，有捕食者，如野猫；有猎物，如野兔。有时这些模型能够很好地预测这些动物的数量，就像消费者和资源之间的交互关系，或者是寄生虫与宿主之间的关系，但有时候的预测也相当不准。[20] 在一次实验中，肉食的捕食螨被安置在一个容器中，可以捕食素食螨虫。[21] 在第一个试验中，素食螨的数量成倍增长因为它们吃橘子，但食肉螨会将它们吃掉直到两种螨都灭绝。在另一个试验中，相同类型的螨虫被安置在一个更复杂的环境和易于藏匿的地方。其数量正如模型预测的那样持续地周期性上涨和下跌。正式模型的外部环境能产生很大的影响。

捕食者—猎物模型要求区分三件事：数量水平（野兔的数量）、数量增长（每年野兔数量的增加），及数量增长率（兔子数量每年增长的百分比）。假定如果有足够的食物且不受到其他因素如捕食者的影响，其数量会以稳定的增长率增长。例如，细菌培养皿中的微生物以稳定的速率或多或少地生长——直到他们吸收光营养最后死亡。

如果数量以稳定的速率增长，那么其水平将成倍增长。例如，如果每个家庭都有几个孩子长到成年，正如快速的工业化时期那样，人口可能会以每年3%的速度稳定增长。按照这个速度，人口在大约23年后就能翻倍。马尔萨斯最大的担心就是，英国人口会以这样一个稳定的速度增长，耗尽粮食供应。

数量水平和每年数量增长之间的关系是捕食者—猎物模型的关键。给定一个稳定的增长率，年初数量水平越高，每年数量增长的绝对数量就越高。例如，如果有取之不尽的食物供应（野兔繁殖比人类更快），那么兔子数量增长率为每年50%。如果第1年野兔数量水平是100只，每年将增加50只野兔。第2年野兔的数量水平达到150只，每年将增长75只野兔。当第6年野兔数量水平达到约760只，每年将增长约380只野兔。

现在回到捕食者—猎物模型，不过请记住，这只是一个模型。这个模型有时能很好地描述实际动态情况，有时却很糟糕，所以要遵循模型的逻辑，但不要被看起来似乎不现实的因素所困扰。模型描述的是如下两者间的关系：一方面，野兔和野猫的数量的水平（在今年年初野兔、野猫的数量）；而另一方面，野兔和野猫增长的数量（这一年中野兔、野猫的数量增长或减少了多少）。这些关系在方程中被明确，但也可以用语言描述得非常准确。关键的一点是要一次性考虑截然不同的关系。如果在某个时刻，只剩下野兔，那么会怎么样呢？如果在某个时刻，野猫只有固定数量的野兔可以捕食，又会怎样呢？模型将这些独特的关系描述成一个整体的种群动态关系。

让我们从野兔开始分析假设它们有足够的食物能够以稳定的速度增长，因此，它们的数量按指数增加。显然，如果它们长时间继续以这种速度增长，就会耗尽它们的粮食供应。然而，在模型中，它们从来不会长时间持续增长直至耗尽它们的食物，因为野猫的存在会减少开始时的野兔数量。所以，在任何时刻，模型中野兔数量一直保持足够地少，这样粮食供应就不是制约其数量增长的因素。如果假设暂时没有野猫，野兔会因在一段时间内有足够的食物以稳定的速度增长。这样一来，野兔的数量水平越高，每年的数量增加的越多。

现在让我们考虑野兔的数量水平对野猫的数量增长的影响。显然，野兔越多，野猫就有更多的食物可以捕食，因此野猫每年增长的越快。反过来呢？野猫的数量水平对野兔的数量增长有什么影响呢？野猫捕食野兔，年初野猫的数量越多，每年野兔数量的增长就越慢。实际上，如果有足够的野猫，就会导致野兔的数量减少，出现数量负增长。最后，野猫的数量水平如何影响自己每年的增长呢？野猫的数量越大，抓野兔的竞争就越激烈，野猫的数量增长就越慢。如果野猫数量水平足够大，一些野猫将捕捉不到足够的野兔来维持生存，所以每年数量出现负增长。

我们已经详细说明了四种关系：

• 给定一个足够大的环境，野兔的食品供应不受限制，野兔数量越大，增长速度越快。

• 因为野兔是野猫的食物，野兔数量越多，野猫的数量将增长越快。

• 因为野猫捕食野兔，野猫数量越多，野兔数量将增长得越慢（或者它将下降得越快）。

• 随着野猫的数量增加，它们之间必须互相竞争，捕食野兔将越来越困难，因此他们的数量将增长得更慢（或下降得更快）。

模型显示，除非物种灭绝（灭绝是解决方程的一个可能性），周期必然存在。周期开始的阶段，野兔开始繁殖。随着野兔繁殖，捕食它们的野猫也随之繁殖。达到某种程度，大量野猫过度捕食野兔，野兔数量开始下降。在一段时间内，正在野兔数量开始下降的时候，野猫数量持续上升，当超过某一个临界点后，野猫数量开始下降。在某个时刻，野猫相继死去，野兔开始再次繁殖。如此循环往复。

## 金融和实体经济

当把捕食者—猎物模型运用到经济学中，它能够暗示出市场内部张力如何影响经济。兰斯·泰勒的模型说明了 2008 年到底发生了什么：即金融业如何驾驭实体经济。[22] 上涨的金融资产先是加强然后削弱了商业投资和经济增长。模型假定该资产是股票，因为如果假定为房地产会让问题变得更加复杂。这是一个粗略的模型，就像戴蒙德和迪布韦克模型以及卡雷肯和华莱士的模型一样，目的只是在于把一个直觉清晰化。它不能被用来做一个自信的经济预测，但是它有助于洞察金融的繁荣和崩溃是如何影响实体制造业经济的。自亚当·斯密以来经济学的疆域没有太大的拓展，这固然让人遗憾，但实情就是如此。

泰勒以麻省理工学院教授迈伦·戈登（Myron Gordon）在1962年建立的股票收益的标准方程式开始。该方程式的关键假设是普通股民期待的股价的短期变化会出现。凯恩斯也认同金融资产价格的决定就像由英国报业操控的"选美比赛"一样。你不是挑选出最美丽的女人（如果能够确定），而是选择大家一般都认为的最美丽的女人。换言之，目标是预言大家普遍的观点。与之类似，凯恩斯也认为投机者的成功（至少在短期内），不是依赖于预测出资产的"基本"价值（如果能够确定），而是要预测出普遍观点所预期的资产的价值。

凯恩斯对贸易略知一二，在大萧条时期他（主要）通过贸易为国王学院也为自己赚了些钱，但如果将他的观点放在现代的背景下似乎也是有用的。所谓的技术交易的整个目的，是用价格指数即总体价格变动方向、价格调整方式、贸易量等，来预测普遍观点。策略师彼得·雷兹尼切克（Peter Reznicek）是期货与股票交易社区Shadow Trader的战略顾问，他在网上提供交易建议并写博客。在2008年2月24日他根据捕捉到的交易信息指出，"有一个货运公司叫Conway"，并概述了为什么通过股票图表显示Conway的股票很值得入手。事后，他补充道："你知道，原油每桶100美元。看图标，我的意思是，我甚至不注意为什么是100美元，因为它对我没有任何意义。所以没人在乎，你知道吗？光看图表就够了。"[23]换言之，如果你有能力，就可以通过图表去判断普遍观点。在某种意义上，短期内普遍观点从不会错，因为正是它驱动了市场。如果按照普遍观点来看，1美元就代表一张选票，如果普遍观点希望某种资产的价格升高，它的价格就会升高。如果你买了这种资产，你将会获益。

戈登方程假设普遍观点推动资产价格水平达到普遍观点预期的任何水平。除了普遍观点，什么决定短期资产价格？基本因素能够决定。如果一个公司发现自己出现基本方面的问题，即利润降低，债务增加，主要产品召回等，其股价将会降低。但大部分交易活跃的市场价格的变化似乎并不是由可识别的事件决定的。耶鲁大学的雷·费尔跟踪了在1982—1999年期间的市场变化，这期间的市场变化不仅快速（每5分钟变化一次）而且巨大（0.75%或以上）。[24] 在那些年里出现了220次变化，只有69次是由可识别的事件引起的，如美联储利率公告。此外，许多类似的公告对市场有很少或没有影响。很难看出除了平均预期，还有什么能够推动大多数价格变化。所以，我们姑且承认戈登的假设成立。

下一步引入"托宾的 $q$"的概念，这是由诺贝尔奖得主詹姆斯·托宾（James Tobin）使用的一个金融概念。他的分析灵敏度不容小觑。我在上高中时认识他的女儿。有一次我与他下棋。六步之后，他就说，"将军"。我不知道他是什么意思。几步之后，我确实输了。在任何情况下，他的 $q$ 是公司的股票市场价值与注册资本实际价值之比。在理论上，$q$ 应该接近1，所以，一个公司的金融股票价值符合创建公司时的实际股票投资。实际上，$q$ 可能与1有一定差距，但当它相差得太远，这个公司可能陷入困境。例如，如果 $q$ 大大低于1，那么，其股票市场价值与其资本的实际价值相比看起来很低，这是个收购它的好时机。

泰勒的模型是由整个经济体的平均股权溢价 $q$ 和实际投资 $g$ 之间的关系推动的，$g$ 也就是公司的实际资本存量的增长速度。

首先，戈登方程包含 $q$ 的水平和 $q$ 的增长之间的关系。具体来说，$q$ 水平越高，$q$ 增长越快。换言之，股权溢价越高，其增长速度越快。这种关系在模型中构建了一个潜在的泡沫。从戈登方程到这种关系需要一点数学计算，但正如前面提到的，这里重要的假设是：在短期，对股市估价的平均值推动市场实际价格变化。不难看出，如果每个人都像彼得·雷兹尼切或约翰·梅纳德·凯恩斯那样想，试图猜测普遍观点，那么股权溢价 $q$ 就构建于其本身之上。

$q$ 的水平如何影响 $g$ 的增长？人们普遍认为 $q$ 的水平越高，$g$ 增长越快。有两个原因，一个是胡萝卜，另一个是大棒。胡萝卜是指 $q$ 的水平高表示对利润的预期比较乐观，否则股票价格不会高于与其相关的已注入的资本价值，导致由强劲的动物精神引发的投资热情高涨。大棒是指如果 $q$ 的水平高，而公司未能强劲投资，投资者可能会认为股票价格不是其合理的实际价值，股票价格可能下跌。

那么，实际投资水平 $g$ 如何影响自己的增长？如果高水平的投资促进投资增长，而低水平的投资会导致投资减少，实体经济可能非常不稳定，因为投资可能直线飙升或直线下降。发达国家的经济在实际中并非是如此不稳定的。[25] 高水平的投资倾向于将自己消耗殆尽。当投资水平高的时候，经济增长会放缓；当投资水平很低时，自身增长往往会再度回升。因此，投资 $g$ 是一个维稳因素。

最后，$g$ 的水平如何影响 $q$ 的增长？遵循大多数会计规律，投资水平 $g$ 越高，股权溢价 $q$ 增长得越慢。[26] 记住 $q$ 衡量的不是股票价格的水平，而是股票价格水平与资本存量之间的关系。更多的资本投资，即更快速的资本存量积累，会减少 $q$ 的增长。这基本上是红皇后的故事：随着 $g$ 上升，$q$ 将不得不增长得更快，这样才能使其保持相应的水平。

这不是一个捕食者—猎物模型。关系是不同的，而且在任何情况下，经济不是由字面上的野兔和野猫组成的；相同的数学关系可以描述完全不同的现象。但是，关于变量的增长与其水平的关系，我们已经建立了一个模型。总结如下：

- 股权溢价水平 $q$ 越高，$q$ 增长越快。
- 股权溢价水平 $q$ 越高，实际投资 $g$ 增长越快。
- 实际投资水平 $g$ 越高，$g$ 增长越慢。
- 实际投资水平 $g$ 越高，股权溢价 $q$ 增长越慢。

因此，随着资产价格 $q$ 的上升，会导致不稳定，推高了自身增长和实际投资 $g$ 的增长。实际投资 $g$ 是惰性而且稳定的。随着它的水平上升，它会切断自身增长，实体经济中的投资无法跟上资产价格，还会减缓 $q$ 的增长。

模型将这些关系放在一起。在经济繁荣时期，股权溢价 $q$ 开始上升，通过金融交易员的平均观点，推高了 $q$ 本身的增长。如果金融交易员的期望值增长得更为强劲，这个过程可以维持相当长一段时间。任何这样的主观变化必须被视为发生在模型之外，即使这些主观变化的发生有助于解释为什么一些泡沫比其他的更大（模型之外存在着主观变化，所以这只是一个帮助我们思考泡沫的框架，而不是一个可以产生可信赖预测的精确模型）。无论这个过程发展到什么程度，不断上升的股权溢价 $q$ 都会激发实体经济的乐观情绪，使公司更容易筹集资金，从而推动投资 $g$ 的增长。但在某个时刻，随着实际投资 $g$ 的水平上升，行动像龟一样迟钝的实体经济开始发挥作用，给自身增长率施加下行压力。此外，随着 $g$ 的水平上升，它侵蚀了 $q$ 的增长，因为在红皇后的故事中，$q$ 必须增长得更快才能跟得上。在某个时刻，$q$ 水平降低，股票价格转向下跌。然而，在模型中的一个显著结论是，存在像捕食者—猎物模型一样的过度捕食的情况。即使在资产价值 $q$ 开始下降后，实际投资 $g$ 持续上涨一段时间之后才开始下降。这种模式经常在金融泡沫或金融崩溃时被观察到。

这种过度捕食的情况发生在 2008 年。当芝加哥大学的凯西·马利根（Casey-Mulligan）指出，实体经济直到 2008 年 10 月仍然看起来很强大，而在金融危机已经开始爆发一年多后，从数据来看他说的也并没有错。他说："事实证明，约翰·麦凯恩（John McCain）说的'我们经济的基本面强劲'，实际上是对的，他却经常因此被嘲笑。"[27] 但马利根错了，其错误就在于他忽略了模型暗示的模式。因为像捕食者—猎物模型中过度捕食一样，在金融价格开始崩溃之后，实体经济可能继续保持增长一段时间，但是之后仍然会崩溃。

## 美国经济结构变化

前一章中讨论的长期结构主义模型忽略了经济周期。这是一个局限性，因为这些模型考虑的关键因素，如利润与工资之间的收入分配和有效需求水平，随着经济周期而波动。开发一个体现这些波动的结构主义模型似乎是有用的。纳尔逊·巴博萨（Nelson Barbosa）是巴西财政部经济政策秘书长，也是里约热内卢联邦大学的教授，他在新学院写博士论文期间开发了这样一个模型，兰斯·泰勒是他的导师。[28]

该模型忽略了金融，这个导致 2008 年银行危机以及随之而来的大衰退的关键因素。这个模型并没有假装能够完整解释这些事件。也许有一天会有人发明一个无所不包的模型，但我对此表示怀疑。而巴博萨—泰勒模型揭示了可能导致危机的一些经济残骸，在任何情况下，当经济开始衰退，这些问题就更加凸显了。

经济可能存在市场外部的冲击，但是是市场张力，而不是外部冲击，驱动着模型中的繁荣和萧条。模型关注的是"工资份额"和"产能利用率"（它还讲述了其他变量，但我们只关注这两个主要变量）。假定工资份额为 $\Psi$，利润份额恰恰与之相反。如果利润占收入总额的 30%，工资的份额是 70%。[29]美联储通常通过比较当前产出与假定最大可能的产出来衡量产能利用率。通过这种衡量方法，在经济繁荣时期产能利用率可以达到 90%，而在经济衰退其则为 70%。[30]巴博萨—泰勒模型的衡量方法更简单：假设产能利用率为 $u$，就是当前的 GDP 与其长期平均趋势的比率。产能利用率在经济繁荣期升高，在经济衰退期下降。

该模型是基于产能利用率 $u$ 的水平和增长，与工资份额 $\Psi$ 的水平和增长之间的关系，遵循了捕食者—猎物的逻辑。但是当捕食者—猎物相互作用的逻辑表明了该模型中不同变量之间的关系时，没有内在的经济逻辑能够阐明该经济模型中不同变量之间的关系。值得注意的是，在其他结构主义模型中，经济可以是工资主导的或利润主导的。在工资主导的经济中，工资份额的水平 $\Psi$ 越高，产能利用率 $u$ 就会增长越快。利润主导的经济运行正好与之相反。同样，模型中其他变量之间的关系可以有较多的组合方式。但是一些组合显然永远不会发生：它们将引导经济飙升犹如伊卡洛斯飞向太阳，翅膀被烧毁，葬身于大海之中。因为即使是最繁荣的经济时期的年增长率也很少超过 10%，即使是最严重的衰退也不会低于一定的最低限度，因此这些组合在实际经济中不会出现。[31]

看美国经济（其他经济体很可能不同），首先考虑在经济周期中产能利用率和工资份额之间的关系。[32] 当产能利用率 $u$ 在经济衰退中较低时，企业削减产出导致收益受到挤压。公司也减少了劳动力，但比减产更为缓慢，部分是因为他们不愿意解雇核心员工、经理和工程师等人员，因为以后再重新雇用成本会较高。收益大幅压缩，但劳动力相对稳定，工资份额水平 $\Psi$ 很高。在数据中，这通常是接近峰值。那么工资份额的增长呢？随着经济开始复苏，公司产出迅速增加，但最初不增加雇员。他们已经有了比他们最初需要的更庞大的劳动大军，但他们不想雇用，直到他们确定经济正在复苏之中。由于劳动力市场疲软、工资不上涨。因此，劳动力和工资停滞不前，但产出和收益上升，而工资份额 $\Psi$ 正在下降。

现在跳到周期的顶部，当产能利用率 $u$ 很高。公司已经使人均产出达到高峰（你可以在数据中看到这种模式），并占据大部分收益作为利润。工资份额的水平 $\Psi$ 很低。然而，随着劳动力市场紧缩，利润升高，工人发现这个时候相对容易获得加薪。当工人们要求占据收益中更高的份额时，相应的工资份额上升。

简言之，当产能利用率很低（在经济衰退时期）时，工资份额虽高但正在下降；当产能利用率高（在经济繁荣时期），工资份额很低，但正在增长。

假设经济是工资主导的。在经济繁荣时期，产能利用率高，

工资份额增长将推动其更高，经济将会像伊卡洛斯飞向太阳一样
大幅飙升。在经济衰退时期，工资份额增长会导致产能利用率死
在海里。这种剧本肯定是错的。经济一定是利润主导的。利润份
额高，产能利用率增长。前章所述的不同的结构主义理论对美国
经济也得出了同样的结论。

　　另外两个概念的关系仍有待讨论，我将直接叙述结论，避免
读者还要从头到尾地理解两个方程式。产能利用率水平 $u$ 越高，$u$
增长越慢。换言之，繁荣终将耗尽自己。同样地，工资份额的水
平 $\Psi$ 越高，其增长越慢。当工资份额变得足够高，工人会满意但
公司就会变得苛刻，所以工资增长就变得困难。因此，高工资份
额也终将耗尽自己。这两个关系比工资主导的经济更容易使得经
济稳定。"更稳定"并不意味着均衡。这仅仅意味着最糟糕的极端
更有可能逐渐消失，因为没有会产生指数增长或崩溃的因素。

　　模型的统计学估计与美国的实际数据结合，为我刚讨论的关
系增加了可信度。统计学的估计会假设模型是正确的，并基于这
个假设，赋予实际数据到关键关系中。如果对这些数据的各种信
心测试结果很差，他们应该举起警告的旗帜，但是如果结果没有
出错也不能证明模型是正确的。

　　为了做出统计学估计，你将季度数据（或年度数据，如果更
频繁的数据不可以得到的话）代入到模型中。这种情况下，工
资份额 $\Psi$、产能利用率 $u$ 以及它们中的变化，不仅取决于当前季
度，还取决于前几个季度。换言之，模型表现出"滞后"性。它
们应该是：经济的变化不仅由短暂的情况决定，还受早期的历史
情况影响。巴博萨—泰勒模型的统计学估计确认美国的经济是利
润主导的。[33]

实际上，可以使用模型估计出平均跨经济周期的一些数据。如果对美国 2002 年的经济做出估计，工资份额降 3%，或者说利润份额增长 3%，能够让产能利用率提高 1%。如果对美国 2008 年中期的经济做出估计，工资份额下降 6%——或利润份额增加 6%——才能实现产能利用率提高 1%。[34] 经济似乎仍是利润主导的，但已经不那么强烈。

## 再来问一句，那又如何？

我不会过分依赖这些具体数字。但是只要经济是利润主导的（这点有充分证据证明），就会呈现出一幅令人沮丧的画面。这不是我想看到的画面，但是重点是描述你看到的画面，不管你喜欢还是不喜欢。

一方面，从 1980 年到 2009 年，工资占 GDP 的份额下降了惊人的 10%（这不是推测，而有数据证明），这给利润主导的经济带来利益。[35] 工资份额的急剧降低，能够在实质上提高产量，促进增长和增加就业，不仅在经济周期的顶峰，而是整个经济周期的过程中都会如此。这部分地解释了为什么美国经济在危机之前，能够创造就业机会。

另一方面，降低工资份额也有代价。美国人在工资减少时仍保持消费。部分原因在于炫耀性消费和广告影响。还因为日益增长的医疗、教育和住房的费用（直到房地产崩溃）。这些重要的需求很难限制。事实上，如果一个家庭要支付每月 1 000 美元的医疗保险，为什么不买最新的智能手机呢？那是预算之外的消费。政治家推动增加税收，而民众要求减税的呼声很高，这在某种程度上反映了美国人几乎绝望的感觉，我们的收入落后于亚当·斯密所说的体现"体面规则"的惯例工资，这个工资应该能够满足任何值得信任的工人体面的需求。在宏观经济中，与美国工资份额减少相对的，是不断增加的债务。我们先是减少储蓄，然后开始增加借贷。在危机之前的 25 年里，家庭债务翻了一番，占 GDP 的 130%。[36]

对"看不见的手"的错误信仰，所谓的大稳健，和随之而来的不计后果的金融自由化，无疑导致了全球金融危机。欧洲现在正努力避免的主权债务危机与之也不无关系。至少只要金融市场存在，我们就应该纠正自己对"看不见的手"的隐喻的认识，并将其重新管理起来。到目前为止，政府没有采用任何类似《格拉斯—斯蒂格尔法案》和其他大萧条时期的改革。这样的改革非常有助于半个多世纪以来防止金融危机发生，而且并没有证据证明它们不利于促进实体经济增长。世界走出经济大萧条之后，实际的增长是快速而且持续的。

不幸的是，巴博萨—泰勒模型表明，美国及其他发达国家的经济还存在着其他结构性问题。工资份额下降支持利润主导的经济，但也引发不可持续的借贷。如果这个不幸的诊断结果是正确的，那么应该做什么呢？尽管政策建议应该基于一个一致的模型，但它总是建立在模型之外的判断之上。

金融危机及其长期后果的影响是如此深远，可能会改变经济结构。在这种情况下，基于之前的数据对经济状况进行的描述将不再适用。不幸的是，很多事情都依赖于猜想。除此之外，占 GDP 的四分之一以上的贸易量使利润成为经济的主导，因为低工资能够加强出口竞争力，增强本土产品相对进口产品的竞争力。

另一方面，利润的份额接近历史高位，经济似乎已经进入了一个很长的经济衰退期，这可能驱使经济均衡不再倾向于利润主导。企业可能会更担心他们的销售量，进而担心消费者的需求量，对这两者的担心有甚于对销售量中利润份额的担心。至少，利润主导经济的倾向可能弱化了。事实上，在2008年中期，基于巴博萨—泰勒模型的美国经济的统计图，已经显示了它比整个2002年的利润主导倾向更弱了。利润份额的大量额外的增加，可能需要弥补小量的平均增长的不足。当然，这样的策略是不值得一试的。

模型未能充分解释极端收入不平等的现象，而极端收入不平等与高的利润份额完全不同。模型中，较高的利润份额会增加产出和就业，因为其有助于刺激动物精神和投资需求。如果利润以高工资分配给高管，这能在一定程度上刺激动物精神，但如果这部分由企业留存，这种刺激将更强烈。在20世纪50年代和60年代，经济增长率更高，那时候利润份额也很高，但高管的工资比现在低很多。此外，在某种程度上，利润并不是支付给高管的巨额工资或支付红利，而是构成了企业储蓄，可以重新投入投资。减少企业利润税，并用于再投资可能是明智的。但对最高收入人群保持低税率只会加剧收入不平等，并使大多数工人感到没有按照社会上体面的规则被支付工资。

医疗改革可能会减少美国人的借贷压力。如果存在一个我们现在无法控制的成本，那就是医疗保健的成本。保险成本占据家庭预算，无论是直接支付或由雇主从工资中扣除；如果没有保险，不仅会导致可怕的医疗脆弱性，而且会使人有自己的经济能力连"体面规则"都无法达到的感觉。政府需要控制成本，而不是仅仅转移成本到自己身上。美国人支付的医疗费用远远超过其他国家，却没有活得更长或更健康，所以控制成本似乎是一个可能的目标。

最后，产业政策旨在增加结构主义模型中的投资。经济是利润主导还是工资主导都无关紧要。首先，美国基础设施年代久远，已遭耗蚀，削弱了国内企业的生产力。[37] 许多美国公司不搬到墨西哥的一个重要原因是，尽管墨西哥有更便宜的劳动力，但道路、通信、安全等基础设施都非常差。但美国也不应该庆幸自己做得比墨西哥好。它没有能够与欧洲、日本，以及中国相媲美的高速列车。即便是美国铁路公司引以为豪的阿西乐特快列车（Acela），其覆盖网也十分有限，而且平均速度只有欧洲、日本和中国的一半。[38] 美国的宽带覆盖率只排名世界第 25 位，而其空中交通管制系统也是过时的。[39] 在 2008 年大选中，巴拉克·奥巴马（Barack Obama）承诺修复基础设施，推进绿色技术，实际上他的对手约翰·麦凯恩也以此为目标，但结果远远少于承诺。[40] 投资基础设施的最佳数量可能无法确定，但一定远远超过我们所做的投资。

新古典主义经济学家反对除了影响基础设施之外的产业政策，因为很难知道什么是朝阳产业，即使知道了，政客们也可能奖励错误的人。他们的观点有道理，但最重要的需求不是什么天大的秘密：就是可再生能源和低碳能源。当然，有些方法会成功，有些会失败。但是一定量的浪费是事物的本质。在我写这本书的时候，美国政府一直在攻击中国补贴能源项目，显然是相信了中国会对美国构成威胁的论断。但美国为什么不促进美国自己的产业，而是去攻击中国呢？

# 第 15 章  对经济的思考

对于柏拉图而言，逻各斯（*logos*）是完美的真理，照耀我们不完美的存在，明亮的乌托邦屹立于这影子的世界之上。逻各斯的意思是"理性"，英语"逻辑"一词来源于它，但是前者有更强大的精神维度。被英皇钦定版《圣经》译作"the word"的，其实就是希腊文原文"*logos*"。使徒约翰的下面这句话，是柏拉图的回响："起初有逻各斯，逻各斯就是神，神就是逻各斯。"(In the beginning was *logos*, and *logos* was God, and God was *logos*.) 逻各斯是一种的绝对存在，它是我们这个不确定世界的基础。

尽管许多经济学家声称坚持科学，但在某种程度上，与柏拉图的逻各斯相比，新古典主义的理想占据了主导地位是一个不争的事实。这个世界中陷入困境的经济体不过是偏离想象中的乌托邦而已。真正的战斗是努力消除市场的不完美，让人类更接近想象中的乌托邦。这是一个基本的经济学目的。唉，乌托邦不是没达到就是已经崩溃。

我更严厉的批评，其实是针对新古典理论的所谓实用主义的变种。加里·贝克尔（Gary Becker）坚持认为个人"抱有福利最大化的思想，无论是出于自私的、无私的、忠诚的、恶意的或受虐狂的"对"福利"的理解，这只是一种陈述被接受的理论的一种多姿多彩的方式。真正出现问题的是下一步：所谓实用主义的经济学家转过身来，在模型中把他们自己的效用概念强加给行为人。对这套把戏的抱怨不仅是理论上的诡辩，这套把戏还影响了重要的结论。

在《为什么工资不下降》(*Why Wages Don't Falls*) 一书中，耶鲁大学的杜鲁门·比利着重强调了出现在众所周知的宏观经济模型中的问题，建立模型的人赋予工人以效用概念，并以不切实际的心理学作为这些概念的基础。比利问道，为什么在经济衰退期间，工资不下降或只是略微下降？这是一个重要的问题，因为在大多数宏观经济模型中运用的克拉克的生产寓言是，只要工人的工资降低，企业就不会裁员。凯恩斯主义者和新古典主义者基于工人效用概念的假设发展模型，旨在解释为什么工资不降低，为什么失业率上升。然后他们使用这些模型来支持自己主张的政策观点。但几乎所有这些建立模型的经济学者关于工人效用概念的假设都与事实相距甚远，这就是他们的模型基础毁损的原因。比利通过对商人、人事经理、工会领袖、猎头和其他对情况有直接了解的人进行了 300 次的采访，得出了以上结论。

例如，罗伯特·卢卡斯和莱纳德·拉平（Leonard Rapping）有一个著名的模型，认为在衰退期间工资将下降，除非工人拒绝接受减薪，因为他们更喜欢享受更多的闲暇时间。[1] 即工人自愿决定不就业。劳动力的减少可以阻止工资下降，否则工资就会下降。这个理论遇到了麻烦，因为数据显示，很少有工人在经济衰退期间辞职，但经济学家肯尼思·J.麦克劳克林（Kenneth J. McLaughlin）发明了一种应对措施：企业让员工在减薪和裁员间选择，如果他们拒绝降薪，那么就会被裁员。[2] 这只是一个小问题。比利询问了 62 名有过裁员经历的企业经理，问他们在裁员之前是否给予雇员选择减薪或裁员的机会。你猜怎么着？"没有一个企业提供过这种选择。"[3] 相反，"受访者表示，被解雇的工人通常直接被告知要离开，没有事先警告"。[4]

加利福尼亚大学伯克利分校的卡尔·夏皮罗（Carl Shapiro）和诺贝尔奖得主约瑟夫·斯蒂格利茨（Joseph Stiglitz）的一个更具凯恩斯主义倾向的模型也遇到同样的问题，原因在于模型的建立者赋予工人效用概念的特征。他们的"效率"工资假说假定工人很喜欢"偷懒"（shirk）。[5] 为了限制工人偷懒，企业监控员工并解雇那些偷懒的工人。新古典主义理论认为，如果支付工人市场工资，被解雇工人将变得无所顾忌，因为其理想化地假设工人可以以市场工资在任何地方找到工作。因此企业支付高于市场的工资，使得被解雇不是那么轻松的事。比利说，这个理论的基础是经济学家的幻想，它假设经理们"对下属颐指气使，并通过威胁的方式来控制他们"。[6] 经理们告诉比利说，这是对不好的管理方法的一种很好的描述。他们说，以解雇威胁工人的方式会削弱士气，而不会激励大家辛勤工作。他们利用解雇的方法来摆脱糟糕的工人，而不是威胁令人满意的工人。[7] 一个人力资源官员打趣道："这个理论是落后的。它假定人们不想努力工作。大多数人都想努力工作。他们想要成功，并取悦他们的老板，所以他们通常都努力工作。"[8]

比利发现了为什么在经济衰退期间企业不削减工资的各种原因，其中之一是雇员生活艰难，但最主要的一个原因是，企业依赖于雇员的高昂的"士气"。士气有两个主要维度：其一，雇员有积极情绪；其二，他们要认同企业的目标，至少他们知道企业的目标是什么。比利在他的采访记录中总结道："工人有很多机会来占雇主的便宜，单独依靠强制和财务激励作为激励因素是不明智的。雇主希望工人自主操作，有主动性，具备创造力，并承担额外任务。如果工人受到威胁或情绪沮丧，他们做不到这些。"[9]企业甚至需要从底层员工开始都做出这样的努力。例如，接待员接触客户，会影响企业的形象，并提供重要信息。减薪会破坏士气，影响员工的生活，至少同样重要的是，生活水平会较低。雇员认为工资反映了他们的"自我价值和企业对他们价值的认可"。[10]

请注意工人的部分动机是出于利他主义。比利说，"工人可能会不计回报"，"仅仅因为这样做让他们感到快乐或者感到是一种责任而帮助企业"。这种动机完全符合一致的效用定义。当代新古典主义理论放弃了以19世纪的"经济人"观念来看待人们行为的方式。比利指出，当代新古典主义理论并不具体说明偏好的心理维度，但只要求人们保持一致："理性必须与行为有关，从而达到给定的目标。所以采用和进一步发展别人的目标并没什么不合理的。"[11]

关于工人如何定义效用的错误构想被纳入宏观模型的方程中，用以解释为什么工资不下降。例如，将工人有逃避工作的倾向巧妙地纳入方程式中，无疑使得夏皮罗和斯蒂格利茨的模型得到广泛认可。但是这些所谓的方程式是赝品：他们描述了经济学的幻想，却难以捕捉任何雇佣关系。这些模型似乎解释了宏观经济中工资和就业数据之间的关系，但这是因为模型的发明就是为了解释这些关系。然而，随后它们就被不合理地用来作为论据，在失业是自愿的还是非自愿，应该还是不应该采取某种政策来应对失业的讨论中发挥作用。[12] 关于效用含义的理论谬误，于是变成了模型主张和政策含义的实际缺陷。

宏观经济学给出的成绩单太差劲了，否则指导实务的模型与前后一贯的理论之间的背离，可能还会继续持续下去。但对理论的不合理的修正往往会导致令人怀疑的政策，而不是务实的回应。在 2008 年金融危机前宏观经济模型指导政策失败。它在理论上正确，但在实际应用中错了。失败的部分原因是他们弄错了新古典主义理论，忽略了阿罗—德布鲁一般均衡模型中不稳定的问题。他们只是认为经济问题是由于冲击影响到稳定市场，而那些问题不可能出现在市场内部，更不可能摧毁经济。这个误解在全球金融市场冻结之后令人有所察觉，监管机构保全了金融系统，就好像没有人曾经相信那些假设一样。过去的误解是否会死灰复燃，人们无法确定。经济理论的未来将何去何从，仍有待观察。

## 建模的复杂性

为了建立粗略的宏观经济因果逻辑模型，我曾指出，基于宏观数据（如利润、工资、消费、投资等）来做出有根据的假设是合理的。模型的作用是确保假设相一致，尽可能地理解模型的推论，以及建立一致的观点框架，使其可以与历史经验相对照。从李嘉图到凯恩斯再到索洛，经济学家们基本采取这种方法，直到他们开始屈服于将模型建立在所谓的微观基础的"时尚"，将效用概念强加给一个"代表性行为人"。

我建议的传统的建模方法有什么优点呢？社会和经济都是极

其复杂的有机体。事实上，我们还没有具体地了解它们是如何发挥作用和发展的。证明这种方法正当的理由必须是：我们有时能够在宏观水平上确认因果关系，而不必理解每一个微观层面上的互动。捕食者—猎物模型描述了宏观的因果机制。它肯定无法确认整个生态圈中实际捕食者和猎物的数量，但它可能捕捉生态学中的一个重要元素。有了模型之后，你可以观察到捕食者和猎物的数量，或如寄生虫和寄主等其他现象，更好地理解重要的模型可能如何发挥作用，为什么它可能适用或可能不适用，以及其他可能进入的因素。

所谓经济学的"复杂性"（complexity）方法，即试图在从微观到宏观的错综复杂的各个层面上对经济体进行研究，于 20 世纪 80 年代由圣塔菲研究所（Santa Fe Institute）的经济学家、物理学家、生物学家和计算机科学家首创。该研究所主要资助人之一约翰·里德（John Reed）是花旗集团的首席执行官，他觉得传统经济学，特别是自己银行中的经济学家们，对经济没有清晰的认识。[13] 复杂性研究方法的先驱们几乎没有发现经济是复杂的，这一直都是已知的。但从人工智能和统计力学等领域借用数学和计算机技术，他们希望模型可以真正捕捉比过往更多的复杂性。我不知道该项目最终能走多远，但一些模型确实捕捉到经济中一些有趣的现象。

似乎没有人发现有必要正式地定义这种复杂性方法。在"复杂性"这个招牌之下的模型彼此之间可能相当不同，事实上可能相互矛盾。但是它们的确共有一些宽松的假设。[14] 没有中央统治者组织经济；没有拍卖人汇总供求进行合理报价。行为人是异质的。没有任何代表或平均化的个人能够完全代表所有人，尽管可能存在被称之为"阶级"的大类的个体。行为人的行为可能会由于其对经济的不同理解、其他行为人的偏好,或者在模型中指定的他们的地理位置而受到影响。经济并不一定趋向于均衡。相反,会展现出一种总体层面的经济,且总体经济出现之后永远不会停止改变,因为行为人在其自身与其他行为人相互作用的基础之上不断适应,因为关于经济走向的不断变化的经验法则,或者因为模型内部出现的其他变化。

W. 布莱恩·阿瑟(W. Brian Arthur)沿着这些思路构想出一个迷人的股市模型,他最初是运筹学家,后来成为斯坦福大学和圣塔菲研究所的经济学教授,他与另一位经济学家、一位物理学家和两名计算机科学家合作。[15] 模型中行为人可以购买无风险债券或高风险高回报的股票。他们没有理性的预期,他们不在乎经济是如何运作的。相反,他们中的每一个人都根据自身的经验,做出归纳性推理,试图了解市场的走向。然后每个行为人购买债券或股票,希望得到最好的回报。行为人对市场的理解导致他们的行动,而他们的行动又进而塑造他们的理解。

一个计算机程序设定了这一过程,并贯穿交易的整个变化历程,从而捕捉到了对行为人如何行动和股票价格如何演变的描述。描述这个程序如何运行是有用的。行为人形成对市场的假设的第一步,就是认识当前和过去的市场条件。例如,"技术"指标可以判断股票的价格是否高于其为期 5 天、10 天或者 100 天的移动平均线。[16] 真实市场中的技术交易员就是使用这些指标来确定市场"情绪"的,或(用凯恩斯的话说)人们普遍来说持有什么意见。标准金融理论认为这些指标是无用的噪声。例如,"基本"指标告知债券回报率是否超过当前股票股息的 87.5%、

100%或112.5%。在现实市场中的基本面投资者使用这些指标来发现股票的潜在价值。标准金融理论认为这些是唯一有效的指标类型。行为人仍在使用"条件数列"(condition array),即一个数字序列,其中1说明在最近的1天中,相应的技术或基本指标已经满足,而0说明未满足。数组中还包含无意义的标志,没有传达指标是否满足的信息。这些毫无意义的标志允许行为人忽略相应的指标。

行为人根据条件数列来记录哪些指标已经满足,使用"预测方法"来假设将会发生什么,进而发展关于市场的理论。例如,行为人可以预测,如果今天的股票价格高于其5日移动平均线,股票的股息小于债券收益率的87.5%,明天的股票价格加上股息会比今天低95%。

最初,每个行为人获得的条件数列和预测方法完全是随机的。至少在最初,许多行为人显然做得并不好。每个行为人会追踪预测方法是如何执行的。每一天,行为人根据统计结果,结合预测方法的预测,很好地计算出他或她想买卖多少股票,并生成出价和要价。同时,行为人忽略那些没有良好表现的预测。有时,之前表现不好的预测方法可能通过"变异"而发生"基因突变"(数列中的一些数字随机互换)或"组合"(一个数列中的一些元素与另一个数列中的元素结合)。行为人追踪新创建的方法的预测结果,并在只有经验表明它们已经比其他的表现更好的情况下才使用它们。

行为人不知道的是,基本的股票市场模型实际是新古典主义的。如果所有行为人都理解它是如何运作的,即如果在模型中使用理性预期,那么他们会驱使它达到一个均衡价值,从而优化他们的回报。如果程序运行让行为人以非常低的速度探索新的预测方法，行为人的确会收敛于只有一些随机波动的理性预期均衡。于是没有经过真实金融市场验证的标准金融理论的关键预测出现了。成交量较低，因为所有行为人对市场的理解几乎是相同的，因此没有什么理由进行交易。股票价格并没有强烈波动，只是在均衡回报确定的其基本价值周围上下波动。市场并没有出现，在价格剧烈波动之后，又有价格较小波动的较平静时期的那种动荡。此外，所有行为人成为注重基本面的交易员，因为在大多数情况下，他们会忽略技术指标。

然而，如果允许行为人可以以更正常的速度探索新的预测方法，在真实金融市场中可观察到的常见模式将会突然爆发。[17] 这种相对较高的探索速度对我而言似乎依然是温和的，因为与市场中专业交易员应对错误的反应速度和探索新的预测方法的速度之快相比，模型假设的速度还是略显逊色。技术交易会出现，因其可以盈利，所以得以长久存在。显然，一旦行为人观察到类似于市场情绪的情况，他们的预测方法将会验证技术指标，行为人进而会继续使用它们。泡沫和崩溃于是爆发。成交量三倍于理性预期的量。大额交易的时期和小额交易的时期交替出现；同样地，高价格波动时期和低价格波动时期也交替出现。凯恩斯的"选美比赛"不断地播放和重播：行为人通过预测其他行为人的预期，形成对市场的预期。

诺贝尔奖获得者托马斯·萨金特开辟了20世纪70年代的理性预期革命，但随后却放弃了理性预期的部分假设。他作为计量经济学家而出名，通过统计学方法检验模型并确定使一个通用模型适用于一个具体经济体的实际数字。他发展了一个与"复杂性"方法有共性的模型，因为它探索了关于经济的相互矛盾的观点。事实上，这个模型探讨了强大的组织——美联储如何接纳对经济的不同观点，如何了解这些相互冲突的观点，以及如何在政策制定中衡量它们的分量。

首先来了解一些背景资料。萨金特称理性预期是"智能设计"(intelligent design)。[18] 这个深思熟虑的措辞肯定具有准宗教的潜在性质。他写道，在理性预期中，"模型内的所有行为人、计量经济学家和上帝共享相同的模型"。[19] 上帝或智能设计，首先应该创造真实的经济宇宙。然后上帝授予每个人真理的模型知识。模型外部的计量经济学家实际上是格格不入的那一个，他们对行为人的工作与休闲的偏好等用数字表示的细节一无所知，或者在生产上多少资本可以替代多少劳动也不甚了解。但计量经济学家知道上帝的模型的基本结构，并使用统计方法能够发现这些数字。萨金特承认，最大的问题是：是否存在"上帝的模型"？[20]

"学习理论"模型探索对理性预期的偏离，因为行为人（与股票市场模型并没有太大不同）不知道经济是如何运行的，他们会试图学习。在我看来，最有趣的模型把理性预期完全颠覆了。如果上帝不创建一个真实的模型，那么人们是如何了解经济是如何运作的呢，如果不存在确定的模型的话？[21] 萨金特提出，20 世纪 60 年代到 20 世纪 90 年代为了在失业问题和通货膨胀之间做出取舍，美联储权衡了三个相关理论。第一，凯恩斯主义第一理论，主张高通货膨胀率（假设是 5%而不是 2%）和永久降低失业率（假设从 6%到 4%）。第二，凯恩斯主义第二理论，主张在短期内提高通货膨胀率降低失业率，特别是在经济衰退时期，但最终失业率返回到"自然"失业率水平。第三，理性预期理论，该理论断定更高的通货膨胀率对失业率全然没有影响。理性预期的经济学家或许会认为，来自 20 世纪 70 年代的通胀数据应该已经解决这个争议了，已经在凯恩斯主义模型的尸体上"打上了桩"。但是，萨金特指出："没有人有资格宣告模型无效"。[22] 在 2007 年与凯恩斯主义理论有相同的运行方法的模型仍然健在。在我写这本书时，仍还没有消失。

从 1960 年开始，美联储特别倚重上述的凯恩斯主义第一理论，因为其他两个理论尚未正式建模。但由于我们并非一定需要模型才能相信理论，所以美联储也会考虑其他两个理论。美联储根据历史数据，调整对三个理论的倚重程度。随着 20 世纪 70 年代通货膨胀率上升，美联储越来越倚重理性预期模型，它声称限制货币供给控制通货膨胀，对失业不会产生影响。然而，美联储并不会完全采用其信任的基于数据的模型，或拒绝其他模型。美联储深知，各种模型都可能出错，因此美联储总是在权衡：如果它曾认为不准确的模型最终被证明是正确的话，那么可能给国家带来许多损失。因此，在萨金特的模型中，美联储不愿在 20 世纪 70 年代期间的大部分时间里严厉地紧缩货币供给量，因为担心它可能使失业率飙升。显然，到 1979 年，美联储相信通胀成本严重超过了凯恩斯主义模型的警告，紧缩的货币政策可能会导致高失业率。它收紧了货币供给量。但它从未完全放弃其他两个理论；它们可以恢复和重新确立，来影响信念和政策。模型允许美联储持有三个互相冲突和转换的理论，这样可以更好把握通货膨胀与失业的实际演变，比任何假设只有一个理论的简单模型更有效。

正如萨金特本人所指出的那样，没有人可以肯定地说，美联储的政策是那些年导致通货膨胀与失业的主要原因。其他因素，如石油冲击、布雷顿森林体系的崩溃、预算赤字等等，可能比美联储所做的更具危害性。[23] 然而，萨金特本人的模型是一个迷人的模型，该模型允许变换的和冲突的关于经济如何运行的观点，影响到经济本身。

## 怎样才是一个合格的模型？

我们如何区分正确与错误的假设和模型？甚至研究生教材中也对这个问题讳莫如深：戴维·罗默在《高级宏观经济学》中对很多模型的合理性做出评论，但没有说他自己的评价标准。他一开始就提出："建立模型的目的并非是还原现实。毕竟，我们已经拥有一个完全真实的模型，也就是世界本身。这个'模型'的问题是它太复杂，难以理解。"然后他提出了他对于怎样才算是一个好的假设的理解：

> 如果一个简化了的假设会导致模型最终针对于它要解决的问题给出错误的答案，那么这种缺乏现实主义可能就是一个缺陷。即便如此，这种简化在一种理想情形下展示了真实世界特征会引起的结果，因而也可能是有用的参考。如果简化之后，模型能够针对它要解决的问题给出正确的答案，那么缺乏现实主义就是有益的。这种简化将我们感兴趣的效应更清晰地凸显出来，使得理解变得更容易。[24]

多方便啊！如果我们已经知道正确答案，我们可以区分出假设的好坏，因为它们能够给出正确的答案。这不是一个标准，而是同义反复。

米尔顿·弗里德曼在《实证经济学方法论》(*The Methodology of Positive Economics*) 一文中，抨击了假设应该真实的观点：

> 可以发现真正重要的和关键的假设，都是对现实的非常不准确的描述。一般来说，理论越重要，其假设越不现实（在"假设"的意义上）。原因很简单。如果一个假设"解释"得足够简洁，能够从纷繁复杂的环境中概括出共性的重要的元素，并据此做出有效的预测，那么这个假设就非常成功。针对一个理论的"假设"而言，重要的不是它们的描述是否"真实"，因为凡假设皆不真实，重要的是为了达到既定目的它们是否是足够好的近似。这个判断只能通过观察这个理论是否管用而得出，也就是说它能否做出足够精确的预测。[25]

弗里德曼过于乐观地认为，模型（他称之为"理论"，这一术语不幸地模糊了模型和现实之间的区别）可以被决定性地检验。约翰·斯图亚特·穆勒早就指出，为了检验理论，你需要改变其中一个因素，比如，一个国家是采用贸易保护主义还是允许自由贸易，同时保持经济其他一切因素不变。事实上，你需要进行大量的这样的检验，不只是一个。当然，这样的检验是不可能的。经济史不可以重新来过，经济的其他因素从来都不是一成不变的。统计检验中有试图保持其他条件不变的情况，但他们这样做的好坏如何取决于更多模型的有效性。阿里斯·斯帕诺斯（Aris Spanos）在《计量经济建模的统计基础》（*Statistical Foundations of Econometric Modeling*）一书中写道："没有哪个经济理论因为被一些以经验为依据的计量经济学检验否定而被抛弃。在互相竞争的理论之间，也无法以这样的检验结果为依据而干脆利落地判断出孰优孰劣。"[26]

更糟糕的是，正如海曼·明斯基指出的那样，当经济模型真的在检验中失败了，检验的现实意义会随着时间的流逝而消失。[27]在物理学上证明一个模型失败的实验可以通过大量的再实验随时随地地复制。证伪总是存在的。经济学与物理学不同。随着时间的推移，一个模型明显的历史过错也是可能被遗忘的。实验随着时间而成为过去，不能再重新进行，直到恰当的环境再次出现。

尽管使用统计数据或历史事件来检验一个经济模型存在诸多阻碍，尽管弗里德曼对检验的可信性过于乐观，但这样的检验并不是无用的。事实上，我认为2008年金融危机检验了弗里德曼的《美国货币史》并且证明它失败了。他声称在美国历史的进程中，是无能的货币政策，而不是不受监管的金融市场，造成了金融危机。伯南克拥护他的理论，所以他可能是根据弗里德曼的理论制定的货币政策。他是一个杰出的宏观经济学家，如果他竟然都没有听从弗里德曼的建议，那么给那些可能会听从弗里德曼建议的人写一份岗位职责说明将是不可能的。此外，如果伯南克和格林斯潘未能遵循弗里德曼的建议，那么像弗里德曼这样如此犀利的人怎么可能直到他2006年逝世都不提出反对意见来？我断定，弗里德曼的理论经过历史考验并证明是严重错误的。私营金融市场的不稳定性在很大程度上推动了危机。我也不会忘记统计检验。如果执行过程是公平和透明的，那么它们可能是有用的。我设定一条判断标准，就是：模型不应该存在明显不符合历史经验或统计经验的情况。

如果弗里德曼还活着，他一定能够找到论据证明为什么他的模型并未失败。但是鉴于对模型进行验证的不确定性，我们需要更多的标准。在《对经济增长理论的一个贡献》(*A Contribution to the Theory of Economic Growth*) 一文中，罗伯特·索洛提出："所有理论都依赖于并不完全真实的假设。这才使之成为理论。成功理论的艺术在于先做出合情合理的简化的假设，这样可以不受影响地得出最终结果。"[28]换言之，索洛不仅仅是说，可以接受一个简化的假设，只要它能给出"正确"的答案；而且他的意思是说，如果它没有很明显地影响到你得到的答案，你就可以接受它。这是一个实际的标准：在事先不知道正确答案的情况下，你能够辨别在一个模型中包含或者省略现实的某一方面是否将会改变它给出的答案。索洛继续说："结论十分敏感地依赖的假设就是'关键'假设。"改变"关键"假设，确实会影响你得到的答案。在这种情况下，索洛坚持了真实的重要："重要的是，关键假设应该具有合理的真实性。当一个理论的结果看起来特别依赖一个特殊的关键假设时，如果假设是可疑的，那么结果也是可疑的。"任何能够影响答案的至关重要的假设都应该是真实的。

索洛认为关键假设应该真实的观点有着悠久的历史，弗里德曼却对此嗤之以鼻。克努特·维克塞尔是新古典主义的先驱，他也曾表达过同样的观点。结论"符合现实"的程度取决于两个标准，他说，"首先，也是最重要的是，（它取决于）我们的假设本身是否就是建立在现实之上，即至少包含一些我们始终需要的事实元素，否则所有关于它们的推理都将是无稽之谈。其次，我们抽象掉的条件"，也就是我们在一个简化的模型中忽略的条件，"必须是相对不重要的，至少对于正在讨论的问题而言"。[29] 经济学家们，从一般均衡理论学家迈克尔·曼德勒到剑桥凯恩斯主义经济学家杰弗里·哈考特（Geoffrey Harcourt），都同意这个标准，即使他们可能在哪些假设满足这个标准的问题上无法达成一致。[30] 罗伯特·卢卡斯跟随弗里德曼学习，他也衷心地表示赞同："如果我们真的要获得失业理论，我们想要的是关于未受雇用的人的理论，而不是关于未受雇用的'劳动服务工时'的理论。我们感兴趣的是那些正在找工作、有工作或者失去工作的人，他们有着所有那些经历工作变动时的感受。"[31] 如果这不是提倡真实，那我不知道这是什么。

现在我们有了一个选择标准。但如果要求真实的假设必须经过每个证据碎片的证实，那么这就有些过分了。以新古典主义和凯恩斯主义之间针对储蓄还是投资是经济发展引擎的争论为例。两个假设中没有任何一个在所有的时间里都显然是正确的。一方面，储蓄可能是限制因素。一战期间凯恩斯在英国财政部的工作，就是在各种备选的用途之间配置稀缺的储蓄（和借款），这是典型的新古典主义经济的问题。英国竭尽全力地向美国乞求借款，并将所有的食物和能够制造或赊账购买的每一颗子弹都发往前线。另一方面，投资也可能是限制因素。2010 年 6 月，美国的银行持有超过 1 万亿美元的"超额准备金"，即超过美联储法律要求的现金储备。[32] 如果这些万亿美元都借出去作为投资，想象一下将会造成什么样的经济影响，特别是投资者用这些钱购买商品，销售者将钱存进银行之后，银行又把这部分钱放贷出去，如此循环。问题是要么银行害怕贷款，要么公司害怕投资。

简单地断言一个假设比另一个假设更真实是没用的。你需要合理论证为什么你的假设是更真实的。我希望我已经提供了一个论证投资是主要经济引擎的例子，但你永远不应该忘记这个论证的现实性可能依赖于一定的经济环境。我复述一下索洛的标准：一个关键的假设应该捕捉我们的经济世界的基本特征。[33]

经济学家经常被人诟病的是他们愚蠢的一致性，但他们更大的罪过是狡猾的不一致。像托勒密时期的天文学家，他们添加本轮至本轮上，发明新的扭曲模型的方法来解释棘手的局面，而不质疑他们的基本范式。以自由贸易为例。1993 年，在波士顿大学，我参加了一个关于北美自由贸易协定（NAFTA）的讨论小组，该讨论小组包括经济学家和其他社会科学家。当然，我预料到经济学家会最坚持自由贸易的好处，但我着实被他们的激烈情绪吓了一跳。听起来好像他们在捍卫自由反对暴政。然而，如果你真正使用新古典主义理论估计自由贸易的好处，你会发现好处其实是非常小的。芝加哥大学的经济学家阿诺德·哈伯格（Arnold Harberger），是且可能是自由市场唯一的朋友，他在 1959 年的一篇论文中做出计算，如果智利消除 50% 的关税，结果将是 GDP 一次性增长 2.5%。[34] 但他没有说，智利的年增长率将增加 2.5%（新古典理论得不出这样的结论），但只是声称其 GDP 在未来几年内将比原来可能的水平还高出 2.5%。换言之，削减 50% 的关税——这确实是一个很高的水平——能够使一个发展中国家获得半年的经济稳定增长，对中国来说可能只相当于一个季度的增长。后来的研究对贸易自由化影响的评估，得出了类似的微不足道的影响效果。[35] 为什么？尽管高关税会提高消费者的消费成本，但也能够提高生产者的利润。在新古典主义模型中，消费者损失的比生产者赚到的多，但净差异很小。

不知何故，一般来说，新古典主义经济学家（不仅仅是第1章提及的座谈小组中的经济学家）很难放弃自己的自由贸易的信念，所以为了使保护主义看起来很糟，他们发明了修补模型：关于游说、贿赂和其他"直接导致产出低下的逐利行为"的模型，称它们是贸易保护主义之下开放的花朵。[36] 这些问题在采取贸易保护主义的政体中是否会更糟糕，是可以商榷的——卡洛斯·萨利纳斯统治下的自由贸易的墨西哥，以及奥古斯托·皮诺切特（Augusto Pinochet）统治下的自由贸易的智利，都有令人震惊的腐败。撇开这些不谈，这样对待经济学也是马虎大意的。如果你的核心模型挑战你的信念，要么改变你的信念，要么改变你的模型。在这种情况下，我认为模型是错的（无论好坏，贸易的影响巨大，尤其是会影响投资需求），所以可能经济学家们认真对待他们的信念是正确的。但强大的信念加上一个前后矛盾的模型使其提出的建议十分糟糕。

因此，我沿着"奥卡姆剃刀"原理的思路增加了一条模型的标准。奥卡姆属于中世纪的学院派，其原理是："在非必要的情况下，不要做出多余的事情"。[37] 我增加的标准是：好的模型应该始终反映基本范式；应该添加尽可能少的临时的假设。确保你用到的模型密切反映着范式，这可以逼迫你来权衡自己是否忠实于范式。如果太多的结论与经验冲突，那么就有什么东西出错了。如果你在修补模型之上叠加另一个修补模型，那么你可以使用某一个模型做出你想做出的任何解释，但这样做只能证明你自己很聪明。

　　还有一个标准：好的模型应该给我们一些启发，而我们用其他方式无法获得同样清楚的理解。我喜欢费希尔的一般均衡模型甚于阿罗—德布鲁的模型（尽管不可否认费希尔的发表时间晚了几十年），因为它显示了推动市场趋向均衡的过程——经济理论假设那些理性行为人具备察觉经济不均衡的能力，并能遵照他们的知觉做出反应可能会失败。

　　这些标准显然不构成评判假设和模型优劣的"烹调全书秘诀"。的确，如果存在这样的秘诀，你可以用它来编织一个万能的元模型，它将告诉你所有你需要知道的关于所有经济体所有问题的答案。你也可以找到真理的"圣杯"。但即使这些标准不构成一个"烹调全书"，而它们也不只是可以任由随意扭曲的话语。关键假设应该是真实的；模型应该符合经验，它们应该反映基本的范式，而不是修补模型的叠加。

　　构建一个合格的模型是第一步。下一步是运用它。鉴于经济十分复杂，而模型是多么简单（即使是那些打着"复杂性"招牌的模型），所以就需要一定剂量的健康的保守主义。保守派政治作家埃德蒙·伯克认为社会是非常复杂的，因此他担心任何过于依赖抽象原则的程序。正如他在《反思法国大革命》(*Reflection on the Revolution in France*) 一书中写道，乌托邦式的理想，比如"自由""平等""博爱"，听起来非常抽象，但是一旦被生硬地加诸一个复杂的社会之上，这些理念很有可能（正如伯克正确地预见到的那样）会堕落为"大屠杀、酷刑和绞刑"。刻画遥远未来的完美模型中有更多不确定的美好想象，无论模型是新古典主义的、马克思主义的，甚或是凯恩斯主义的，但因为其中隐藏着确定而直接的危险，这美好的想象应该打上折扣。不管这个模型是关于什么的，因为它是一个模型，它从本质上就会忽略现实的重要方面。这些方面很重要，正如伯克坚称的："是具体的情况决定了每一个公民计划和政治计划对人类是有益的，还是有害的。"

无论是好是坏，跟伯克一样，我也倾向于抨击那些我认为有严重问题的理论，而在给出积极建议的时候会更加谨慎。尽管如此，我还是会做出几个积极的建议：

• 经济学家应该透明地描述关键假设。这些假设应该是真实的，而且与特定模型试图解释的情境相关。

• 经济学家应该解释他们模型的结构。模型的结构构成了我们看待经济体中的几个关键方面的视角。一个未经解释的模型，对于认真思考的人来说不应该相信，对于政策制定者来说也不应该使用。

• 无论一个模型的假设是多么符合现实，模型仍很有可能忽略了经济体中的关键方面。因为如果把所有的方面都纳入模型中就太复杂了，以至于无法讨论问题。因此，还应该思考一下一个模型所忽略的因素。

• 针对经济体的任何方面的解释，总是存在互相冲突的模型。为了得出实用的结论，应该在互相冲突的模型之间做出权衡。

• 宏观经济是极其复杂的。经济学家可以做的最有用的事情之一，就是公开地说明什么是他们所不知道的。

# 注　释

## 第 1 章　隐喻：看不见的手

1. Smith 1976, 1:379.

2. Smith 1976, 1:344—345.

3. Eichengreen 2010.

4. Constantinides et al. 2003, ix.

5. John Kemp, "Inside the Markets: Limits on Commodity Traders Sought," *New York Times*, Nov.8, 2009; "Mr. Obama's Economic Advisors," editorial, *New York Times*, Nov.25, 2008; Eric Lipton and Stephen Labaton, "The Reckoning: Deregulator Looks Back, Unswayed," *New York Times*, Nov.17, 2008.

6. 萨默斯年轻时就获得终身教授职位："Spotlight: Lawrence Summers," *Belfer Center Newsletter*, Kennedy School of Government, Harvard University, summer 2008, belfercenter.ksg.harvard.edu/publication/18299/spotlight.html（accessed Nov.15, 2009）。

7. Gretchen Morgenson and Don Van Natta Jr., "Back to Business: In Crisis, Banks Dig in for Fight against Rules," *New York Times*, Jun.1, 2009.

8. Keynes 1953, 383.

9. Samuelson and Nordhaus 1989, 289；同上，706—713，此处论及工会造成的失业；同上，439—441，尤其是图 18 到图 12，讨论最低工

资造成的失业。

10. Levy and Temin 2007.

11. "FMC Program Segments 1960—2000: The Changing Economy: Inflation, Stagflation, and Deregulation: Alfred Kahn and Paul Volcker," Public Broadcasting System（PBS），www.pbs.org/fmc/segments/progseg14. htm（accessed Jul.13, 2009）.

12. Samuelson and Nordhaus 1989, 440.

13. Ellis 1998.

14. 该法案是 1980 年的《存款机构放松监管与金融管控法案》（Depository Institution Deregulation and Monetary Control Act of 1980）。

15. 并非所有人都就读于芝加哥大学，但他们所有人都有自由市场的意识形态。智利财政部长 Sergio de Castro 曾跟随 Milton Friedman 学习（Everett G. Martin, "The Chicago Boys in Chile," *Wall Street Journal*, Oct.5, 1979）。Arnold Harberger，一位来自芝加哥大学的经济学家，频繁向智利经济学家提出建议（Normal Gall, "How the 'Chicago Boys' Fought 1 000% Inflation," *Forbes*, Mar.31, 1980）。

16. Taylor 1988, 14. "Goodbye Chicago?" *The Banker*, Feb.1983, 69，指出银行"迅速成为各集团中的关键环节，服务于商业寡头中其他公司的需要。"

17. 引自 "Chile, Peru: Virtue Unrewarded," *The Economist*, Apr.30, 1983。根据 "Temps Only Need Apply," *The Economist*, Feb.19, 1982; and "Goodbye Chicago?" *The Banker*, Feb.1983, 69 两文，政府最初表示，将不能保证偿还欠外人的债务，但之后又收回了这一态度。

18. 关于智利在 1982 年的债务问题，参见："Chile: Recession Has a Firm Grip on the Economy; Efforts to Cope with Debt Problem Make Importers Wary," *Business America*, May 30, 1983; 和 "Chile, Peru: Virtue Unrewarded," *The Economist*, Apr.30, 1983。关于智利在 1973 年的债务问题，参见 Martin, "The Chicago Boys In Chile"。

19. 关于解雇："Chile, Peru: Virtue Unrewarded," *The Economist*, Apr.30, 1983。

20. 2008 年 Toye 指出，国际货币基金组织和世界银行在 20 世纪 80

年代和 90 年代采用的金融自由化，是"结构调整"方案的组成部分。Chang 2002，83，引用了 Joseph Stiglitz 称国际货币基金组织的经济学家是"一流大学毕业的三流学生"的说法。

21. Williamson and Mahar 1998，29—30.

22. Williamson 和 Mahar 1998，2。2008 年 Toye 也认为"金融自由化导致日益频繁的金融危机"。Williamson 和 Mahar 1998，1，提到以前并没有全面的研究自由化。

23. Williamson 不认为金融自由化是华盛顿共识的一个重要组成部分，但其他人不这么认为，如，Córdoba 1994，233。Córdoba 是墨西哥总统卡洛斯·萨利纳斯的高级顾问。

24. World Bank 2005，220.

25. Stephen Labaton，"Accord Reached on Lifting of Depression-Era Barriers among Financial Industries,"*New York Times*，Oct.23，1999.

26. Kathleen Day，"Reinventing the Bank: With Depression-Era Law About To Be Rewritten, the Future Remains Unclear,"*Washington Post*，Oct.31，1999.

27. Day，"Reinventing the Bank"；Stephen Labaton，"Congress Passes Wide-Ranging Bill Easing Bank Laws,"*New York Times*，Nov.5，1999.

28. 对于他的观点的简要总结，请参阅 Friedman 1968，3。

29. Mankiw 2006，33，证实了共识接受了 Friedman 观点的说法。

30. Bernanke 2002.

31. Hahn 1984，11.

32. Hahn 1984，125.

33. Walras 1984，256，他清楚地表明，他看到了实际市场的不完善。

34. Colander et al. 2004，298.

35. Geanakoplos 1989，43—61，提供了一个高超、简洁的处理。在网页版《新帕尔格雷夫经济学大辞典》中，文中的一些拼写错误变得更明显了。

36. Hahn 1984，114，强调了这一点。

37. Fisher 1983，26，指出在 20 世纪 50 年代一些理论家推测均衡调整的过程是稳定的，我将这些过程称为拍卖过程。

38. Scarf 1960.

39. Fisher 1983，27. Fisher 在他的第 2 章中论述了不稳定会带来的后果，并把均衡得以发生的条件归为"极其严格"的那一类。

40. Blaug 2001，160.

41. Ackerman 2002，122.

42. Fisher 1983，23—24，包括脚注 7。

43. 专访 Franklin Fisher，Cambridge，MA，November 28，2007。

44. 专访 James Galbraith，San Francisco，January 6，2008。

45. 典型的 DSGE 模型假设经济始终处于均衡状态，但市场是不完全的。参见 Clarida et al. 1999。

46. 在金融危机之前，Woodford（1999，11—12）指出，宏观经济学家表示"对维持稳定政策所带来的好处持怀疑态度，而相应地对市场机制的自我调节能力更加乐观"。

47. Lucas 2003，1.

48. Greenspan 2008.

49. 专访 Duncan Foley，New York，November 14，2007。

50. Ackerman 2002，124—125.

51. Fisher（1983，4）提供了这句引述，把它归于一个"非常卓越的经济学家"。2007 年 11 月 28 日我采访他时，他确定该经济学家是 Friedman。

52. Greenspan 2000.

53. Fisher 1983，11，以及其他地方：这是他模型中的一个核心假设。

## 第 2 章　经济学家是做什么的？

1. Samuelson and Nordhaus 1989，10—11.

2. Nicholson 1989，8.

3. Hannah Fairfield，"Metrics: Driving Shifts into Reverse," *New York Times*，May 2，2010，BU 7（印刷版），给出了一个让人印象深刻的图表，显示了这种关系。

4. Elder 1993，56.

5. 专访 David Colander，Middlebury，VT，June 21，2008。

6. Lucas 2001，4—5.

7. Kasper 2002，131. Lucas 1987，18，关于"思想实验"。

8. Lucas 1987，15.

9. Richard Parker，"Can Economists Save Economics？"*American Prospect*，Mar.21，1993.

10. Robert Kuttner，"Real-World Economist，"*Washington Post*，Jan.7，1993.

11. Samuelson，转引自 Kennedy 2008，8。

12. Blanchard 2000，1388.

13. Colander 2007，230.

14. Blaug 2001，145.

# 第3章　寻找模型

1. Smith 作为海关检查员：Cannan 1976，xx。

2. Smith 1976，1:273，讨论了相对较新的发明——纺纱机的使用。

3. Smith 1976，1:8—9.

4. Smith 1976，2:161，关于纺纱机。

5. Smith 1976，1:144.

6. Smith 1976，1:133.

7. Smith 1976，1:152—157. 见 Polanyi 1944，87，关于 19 世纪"贫穷"的含义。

8. Smith 1976，1:493.

9. Dobb 1973，56，认为 Smith 的主要论点，是反对重商主义。

10. Smith 1976，1:450.

11. Smith 1976，1:456.

12. Smith 1976，2:102.

13. Smith 1976，2:54—58.

14. Smith 认为这个数字有些夸大，但仍然报出了这个数字。

15. Smith 1976，2:161.

16. Smith 1976，2:161.

17. Smith 1976，2:256—257.

18. Smith 1976，2:146.

19. Smith 1976，2:272.

20. Smith 1976，2:277，介绍了东印度公司行使发动战争或选择和平的权利；2:273 是关于其占领 Madras、Pondicherry 和 Calcutta。

21. Smith 1976，2:273—274. 为了减少在文章中的运算，我加总了收入的各种类别。

22. Smith 1976，2:274.

23. Smith 1976，2:277.

24. Smith 1976，2:276.

25. Smith 1976，1:405.

26. Smith 1976，1:387.

27. Smith 1976，1:477.

28. Smith 1976，1:32—33.

29. Smith 1976，1:63. Meek 1967，200—201 指出，在 Smith 时期，供求理论已经是对价格的标准解释。

30. Smith 1976，1:67.

31. Smith 1976，1:65.

32. Smith 1976，1:53.

33. Smith 1976，1:34.

34. Smith 1976，1:276；亦见（文笔不加上一处优美）1:58。

35. Smith 1976，2:399—400.

36. Smith 1976，1:112—117.

37. Smith 1976，1:127.

38. Smith 1976，1:124.

39. Smith 1976，1:62.

40. Smith 1976，1:161.

41. Heilbroner 1973 认为 Smith 关于增长和稳定状态的说法，是他的中心论点。

42. Smith 1976，2:200.

43. Smith 1976，1:88.

44. Smith 1976，1:105.

45. Smith 1976，1:78.

46. Smith 1976，1:98.

47. Smith 1976，1:80.

48. Smith 1976，1:107.

49. Smith 1976，1:80—81.

50. Economists Intelligence Unit，Country Data，www.eiu.com（accessed Jun.16，2011）. 我比较了经购买力平价之后的美元工资，发现差异有两倍之大（中国的 2 006 美元相当于美国 41 463 美元的购买力），如果按照汇率衡量。

51. 追随 Smith，我在这里也暗含了关于萨伊定律的假设（在下一章进行解释）。

52. Chang 2002 讨论了目前所有的发达国家，并得出这一结论。

53. Smith 1976，2:180.

54. Smith 1976，2:165.

55. Smith 1976，2:165.

56. Smith 1976，2:177.

57. 欲了解更多有关美国产业政策，参见本书第 11 章。

58. Smith 1976，2:179.

# 第 4 章 当经济学遭遇社会问题

1. Hilton 2006，313—314.

2. Toynbee 1995，33—34. Hilton 2006，11，论述了在 19 世纪中叶小规模生产依然广泛可见的证据。

3. Toynbee 1995，33，称 1710 年至 1760 年，有 30 万英亩土地被圈，1760 年至 1843 年，有近 700 万英亩土地被圈。

4. Toynbee 1995，33.

5. Hilton 2006，3.

6. Hilton 2006，576.

7. Hilton 2006, 574.

8. Toynbee 1995, 34.

9. Toynbee 1995, 35.

10. Ricardo 2005, 4:15.

11. 我指的是"斯宾汉姆兰济贫制度"(Speenhaml and system)。见 Hilton 2006, 591—592; Polanyi 1944, 78。

12. 当代评论可能是基于严重歪曲的数据。见 Blaug 1963; J.S. Taylor 1969。

13. Polanyi 1944, 79.

14. Polanyi 1944, 99, 关于"救济院的淫乱"; 98 关于一些可怕的灾难。

15. Ricardo 2005, 1:106.

16. 我对 Ricardo 的描述源自编辑的介绍和由他弟弟编写的《李嘉图回忆录》(*Memoir of Ricardo*), in Ricardo 2005, vol.10, *Biographical miscellany*。

17. 在 2010 年 6 月, 总储备减去法定存款准备金为 1 035 032 000 美元。Federal Reserve, Board of Governors, "Table 1: Aggregate Reserves of Depository Institutions and the Monetary Base," online at www.federal reserve.gov/releases/h3/hist/h3hist1.txt (accessed Jul.24, 2010).

18. 现代版的萨伊定律认为, 有可能在短期引起"普遍过剩"。

19. Smith 1976, 1:301. Ricardo 2005, 1:290, 解释了萨伊所说的定律。

20. Marshall 1920, 421—422, 承认 Ricardo 看到了工资是由社会决定的。

21. Ricardo 2005, 1:96—97. 我给有关的习惯和风俗民情的短语加了斜体。

22. Senate Committee on Commerce, Science, and Transportation, hearing on S. 2467, GATT Implementing Legislation, October 4, 5, 13, 14, 17, and 18, and November 14 and 15, 1994. Dorgan 的话, 是在 11 月 15 日的听证会上说的第 483 页。参见网页 www.archive.org/details/s2467gattimpleme00unit, 亦见于 U.S. Government Printing Office。

23. Louis Uchitelle, "Economic View: A Recovery for Profits, but Not

for Workers," *New York Times*, Dec.21, 2003.

24. Levy and Temin 2007.

25. Mandler 1999, 46—49, 敏锐地指出, 如果新古典主义的假设添加到 Sraffa 的长期的 Ricardo 模型中, 对商品的需求可以决定收入分配。不过, 他接着说, 在一个现实的 Ricardo 经济中, 价格可以从一个时期到下一个时期改变, 市场并不确定收入分配, 就像 Ricardo 和 Sraffa 的观点一样。

26. 一些主流宏观经济模型允许行业垄断。

27. Ricardo 2005, 1:12.

28. Ricardo 2005, vol.1, ch.4, "On Natural and Market Price." 新古典主义经济学家的"利率", 认为等同于在竞争性市场资金的回报; 他们使用"利润"来表示垄断性的回报。我用古典经济学家意义上的"利润", 作为在竞争市场正常的资本回报。

29. Ricardo 2005, 1:46, 明确包含了我的观点。

30. 我关于租金的讨论, 参考了 Ricardo 的"On Rent"那一章。见 Ricardo 2005, 1:69—70, 作为一个简短的声明。

31. 换言之, 李嘉图假设, 农民并非会开发三等土地, 而是会利用更昂贵的技术, 例如使用更丰富的肥料, 利用相同的第一和第二等的土地。只要土地质量的差异依然存在, 那么租金也以类似的方式收取。

32. Ricardo 2005, 1:41.

33. Ricardo 2005, 1:21.

34. Marglin 1984, 112—113.

35. Taylor 2004, 45.

36. Ricardo 2005, 1:266.

37. Ricardo 2005, 1:71.

38. Nordhaus 1992, 引用并总结于 Romer 2006, 38—42。

39. Nordhaus 1991, 引用并总结于 Romer 2006, 44。

40. Ricardo 2005, 1:76.

41. Ricardo 2005, 1:40.

42. Hilton 2006, 8, 指出租金在拿破仑战争后下跌, 但比其他价格下跌的速度慢。因此, 实际的租金上涨。

43. Hilton 2006，573—574，讨论了实际工资；Toynbee 1995，35，讨论了面包的价格。

44. Ricardo 2005，1:80. 同样见 Dobb 1973，259—260。

45. Ricardo 2005，1:57.

46. 关于工资的话题，李嘉图有时有一个矛盾的黏性说法，这一点经常被其他古典经济学家接受。他提出，高投资带来对劳动力的需求，往往会引起一段期间实际工资上涨，但工人还未习惯于增加工资。相反，他们会生更多的孩子，直到工资下降到原来的水平。Mandler 1999，54，强调，这种说法存在严重问题。

47. Ricardo 2005，1:95.

# 第5章　追逐幻想

1. Dobb 1973，138. Hodgskin 1825 多次引用 Ricardo。

2. 所有 Hodgskin 的话，都引自 Hodgskin 1825。Hilton 2006，345，认定他为一个前海军军官。

3. Hodgskin 写道："劳动者为了获得一块面包，需要付出的劳动比制作一块面包所需的劳动多出多少，我不得而知。我也许可以说是 6 倍；也可以说，劳动者花了 6 便士买的一块面包的实际成本是 1 便士。"

4. Hilton 2006，20.

5. Hilton 2006，616—617，论述了运动领导人对"工人"的重视，并称他们信奉的是"原始的马克思主义政治经济学"（proto-Marxian political economy），强调劳动价值论和经济剥削。

6. Hilton 2006，613.

7. Dobb 1973，141，指出，马克思认可 Ricardo 之后的社会主义者，特别是 Hodgskin。

8. Dobb 1973，152. 马克思通过《资本论》三卷讨论了他的价值理论，而第二卷和第三卷他甚至没有写完。

9. 现代的许多经济学家，如 Nicholson 1989，10，说 Ricardo 信奉劳动价值论。而 Stigle 1958 指出：Ricardo 并不拥护劳动价值论，而那些认为他支持劳动价值论的人一定未读过他的《原理》一书。

10. Dobb 1973，149.

11. Dobb 1973，151.

12. Stigler 1958. 文章实际上是关于 Ricardo。

13. 例如，Marx 1909，1:64，指出"最近的科学发现，劳动产品的价值，不过是人类劳动的物质体现。"关于他的评述的引用，见 Marx 1909，1:153，注释32。

14. 我已经简化了 Ricardo 2005，1:37 中给出例子中涉及的算术。

15. Sraffa 1960 大致表明了这一点。

16. Blaug 1985，231—232，提出了其著名的代数计算方法。

17. Meek 1967，175.

18. 我没有被 Foley 2006 的劳动价值论的论证说服，否则我会认为这本书是相当重要且极具说服力的。Foley（2008）在一篇文章中重点论述了这个问题，也没有说服我。

19. 有些特殊情况下，劳动理论起作用：比如，如果利润率为0%，即如果在所有行业的资本密集度是一样的，也就是说，如果资本劳动比在炼油厂与在服装厂是相同的。这些特殊情况不适用于任何合理的经济。


## 第6章　乌托邦

1. Dobb 1973，111—112，说 Senior 和 Longfield 那群人首先反对的是 Ricardo 的"工资和利润之间及利润和地租的相互对应的关系……这被他们视为危害社会的，因而站不住脚。"

2. Dobb 1973，98，未编号的脚注引用。

3. Blaug 1985，304，称，自 1834 年以降，来自几个国家的9位经济学家，与 19 世纪 70 年代的 Jevons、Walras 和 Menger 持有的观点一致。

4. 引自 Meek 1967，71。关于 Scrope 的小册子写作以及他在议会中的席位，参见 Encyclopædia Britannica Online，"Scrope，George Julius Poulett（2010），"search.eb.com/eb/article-9066399（accessed Jan.30, 2010）。关于他的绰号，参见 Peerage.org，"Scrope，George Poulett

(1797—1876)，" www.peerage.org/genealogy/george_poulett_scrope.htm
(accessed Jan.30，2010)。

5. 关于 Longfield 的职位，参见 Encyclopædia Britannica Online，
"Longfield，Mountifort（2010），" search.eb.com/eb/article-9104518
(accessed Jan.30，2010)。关于劳动者工资，以及立法委员会与工会提高
工资有百害而无一利的说法，参见 Dobb 1973，108; 亦见 107。

6. 引自 Meek 1967，69。

7. 有关物品带来的"快乐"的价值，参见 Jevons 1888b，54。

8. 见 Jevons 1988b，233 有关禁欲值得报酬的论述。Dobb 1973，
104 引用 Senior 的话说："利润是禁欲的报酬。"

9. 有关 Senior 臭名昭著的反对工会的观点，见：Dobb 1973，103。
关于他写的 Poor Law Reform of 1834，见 Encyclopædia Britannica Online，
"Senior，Nassau William（2010），" search.eb.com/eb/article-9066765
(accessed Jan.30，2010)。Polanyi（1944，82）称 Poor Law Reform "也
许是近代史上绝无仅有的残酷行径"。

10. 引用于 Campus 1987，320。

11. Wicksell 1977，28.

12. Jevons 1888a，xiii.

13. Jevons 1888a，xiv.

14. Jevons 1888a，xv.

15. Jevons 1888b，18.

16. Jevons 1888b，18—19.

17. Jevons 1888a，xliii.

18. Jevons 1888a，xvi—xvii.

19. Stigler 1994，1.

20. Stigler 1994，11，Table 1.

21. Blaug 1985，307.

22. Lionel Robbins 1977，x，写道："(维克塞尔）构建的系统不是
他自己的，而是在过去的百年中经济理论界最好的作品的系统总结……
在现代经济文献领域，没有任何一部作品能够比其更清晰地阐述主流的
重要基本观点，以及经济分析中不同的中心立场之间的关系。"

23. Alan Ehrenhalt, "Keepers of the Dismal Faith," *New York Times*, Feb.23，1997.

24. Jevons 1888b，14.

25. Becker 1993，386.

26. 见 Mandler 1999，79，与这几行文字有关的声明。但这并不是争议点。

27. Jevons 1888b，44.

28. Wicksell 1977，31.

29. Jevons 1888b，14.

30. Wicksell 1977，43ff.，将这个例子扩展到市场以及固定价格。

31. Jevons 1888b，11.

32. 早期的新古典主义是矛盾的，有时似乎反对效用是基数，有时又在计算中采用这一观点。Mandler 1999，115 得出结论认为，Marshall 和 William Jevons 似乎已经"相信基数效用，而不是基数效用的可测性"，即存在效用的基本单位，但他们无法测量，此假设并不是一个逻辑上的谬误（111）。

33. Blaug 1985，ch.9，"Marshallian Economics: Utility and Demand,"把这个问题讲得很清楚。

34. Blaug 1985，308，证实 Jevons 从未画过需求曲线。他提到，供给和需求曲线在 Marshall 之前已被绘制出来，但 Marshall 从效用理论中推导出的供给和需求曲线的形式，已被经济学家广泛采用。

35. Robbins 1977，x，提出了这一点。

36. Wicksell 1977，55—57. 他指的是商品 A 和 B，而不是玉米和鸡。但我的处理方式是遵循他的要领。

37. Wicksell 1977，52ff. Varian 1992，152 同样如此。

38. Wicksell 1977，49—51.

39. Wicksell 1977，65—67，试图通过数字给均衡进行定义，但他发现结果并不唯一，且不稳定。

40. 这个结果是众所周知的，见 Nicholson 1989，90，脚注 10。

41. Varian 1992，153.

42. Stigler 1950b，395—396.

43. Marshall 1920，351.

44. Nicholson 1989，197.

45. Romer 2006.

46. Jevons 1888b，141.

47. Walras 1984，256—257. 引文出自 256，辩护出自 257。

48. Ruskin 1885，163.

49. Heilbroner 1980，116.

50. Marx 1978b，197（括号在引用的版本中就有）。

51. Walras 1984，61.

# 第 7 章　不完美世界

1. Robert Kuttner，"Real-World Economist," *Washington Post*，Jan. 7, 1993.

2. 在 Lucas 的例子中，"失业"并不是很合适的词汇。他的模型表明，自愿决定（即使可能是受到误导）会导致很大一部分劳动力没有工作。

3. Blanchard 2000，1385，脚注 9。

4. Paul Krugman，"Driller Instinct," *New York Times*，Jun.20，2008，关于 Cheney 的观点。U.S. Senate，"Senate Fact Sheet," Jun.26，2002，关于价格增加 670%。Fact sheet on McCullough Research website，www.mresearch.com/pdfs/18.pdf（accessed Feb.25，2010）.

5. Joskow and Kahn 2001. Joskow 和 Kahn 写了一系列类似的报告，其中的第一份（见援引文献中的注释 1）发布于 2000 年 11 月 22 日。

6. Taylor 2004，67.

7. Polanyi 1944，147.

8. Krugman 1990，特别是 14.4 节。

9. Krugman 1990，257.

10. Thomas Palley，June 4，2007，"Challenging Orthodoxy，Part Ⅱ: Rigor vs. Neo-classical Economics." Online at bookclub.tpmcafe.com/blog/bookclub/2007/jun/04/challenging_orthodoxy_part_ii_rigor_vs_neo_

classical_economics（accessed Oct.15，2007）.

11. Taylor 2004，67—68.

12. Heilbroner 1980，153.

## 第 8 章　进入生产领域

1. 有关美国罢工的叙述借鉴了 Brecher 1972，37—47.

2. 为了纪念干草市场骚乱而建立劳动节，以及 Cleveland 的回应，参见 "Workers' Day（2010）," Encyclopædia Britannica Online，search. eb.com/eb/article-9438716（accessed May 12，2010）。

3. Stigler 1994，297，Clark 的基督社会主义倾向体现在他早期的作品中。

4. Clark 1899，4.

5. Clark 1899，4.

6. Clark 1899，3.

7. Stigler 1994，3.

8. Arrow-Debreu 模型可以假定 Ricardo 的技术并决定生产要素价格。但是，只有假定一个确实是长期的模型，才能够决定生产要素的价格，也就是说生产要素的价格一旦确定，就得始终保持一致。如果在生产过程中价格重新谈判并调整，那么生产要素的价格就没有确定。见Mandler 1999，42，第 2 章的大部分。

9. Stigler 1994，3—4，指 出 Walras 最 初 也 追 随 Ricardo 的 分 配理论。

10. Stigler 1994，39，脚注 1。

11. 其实，现代微观经济理论拒绝边际效用递减，采用替代假设。但边际生产率递减仍适用于宏观经济模型。

12. Derrick Z. Jackson，"Income Gap Mentality," *Boston Globe*，Apr.19，2006.

13. Samuelson and Nordhaus 1989，440.

14. 生产函数被认为是可区分的，但我要强调的不是这一点。因为，我认为这主要是为了数学上的方便。基本的假设是可选择范围非常广。

15. Clark 1899, viii.

16. Thomas Palley, "Marginal Productivity Theory and the Mainstream," Jun.7, 2007, www.thomaspalley.com/?p=81#more-81 (accessed Dec.6, 2007).

17. Stigler 1994, 4; Campus 1987, 321.

18. Campus 1987, 321.

19. Keith Bradsher, "Thanks to Detroit, China Is Poised to Lead," *New York Times*, Mar.12, 2006.

20. 可参见 Keith Bradsher, "General Motors Plans to Build New, Efficient Assembly Plants," *New York Times*, Aug.6, 1998。

21. Shaiken 1990, 36—37.

22. 专访 Alejandro Flores, Electronic Data Systems (EDS), Mexico City, February 1, 2006。

23. Gerschenkron 1962, 9—10.

24. Warren P. Seering, "Who Said Robots Should Work Like People?" *Technology Review*, Apr.1985.

25. John F. Krafcik, "A New Diet for U.S. Manufacturers," *Technology Review*, Jan.1989.

26. Krafcik, "A New Diet for U.S. Manufacturers."

27. Chenery 1949, 514.

28. Chenery 1949, 517.

29. Chenery 1949, 522.

30. Chenery 1949, 528.

31. Chenery 1949, 528.

32. 如果产出为 $Y$, 资本为 $K$, 劳动为 $L$, 则 $Y/K$, 即产出—资本比率, 在美国已经保持长期稳定 (Taylor 2010, 179)。由于 $Y/K$ 大体不变, 资本劳动比 $Y/K$ 已经随着劳动生产率 $Y/L$ 的提高而增长。劳动生产率增长是根据经济顾问委员会的报告, *Economic Report of the President: 2010 Report*, Table B-49, "Productivity and related data, business and nonfarm business sectors, 1960—2009," www.gpoaccess.gov/eop/tables10.html (accessed May 24, 2010)。

33. 我的这一论证改写自 Paul David 1975。

34. Nicholson 1989，638.

35. Wicksteed 的例子可见于 Stigler 1994，48。

36. Stigler 1994，67.

37. Douglas 1948，5.

38. Clark 1899，101.

39. Clark 1899，249，251.

40. Clark 1899，120.

41. Clark 1899，118.

42. Clark 1899，124.

43. Samuelson 1966. 他把资本看作时间，这一观点是由 Ricardo 提出，被 Wicksell 和奥地利分支的新古典主义经济学家所接受。

44. Felipe and Fisher 2003，211.

45. 资本的价值也可以通过生产的贴现值决定，但这种方法也需要一个已知的利息或收益率。

46. Cohen and Harcourt 2003，201—202.

47. Samuelson 1966.

48. Cohen and Harcourt 2003，202.

49. 本段总结了 Felipe and Fisher 2003 报告的结果。

50. Felipe and Fisher 2003，218.

51. 引用于 Cohen and Harcourt 2003，205。

52. Cohen and Harcourt 2003，209.


# 第 9 章　什么导致收入不公？

1. Johnson 1997，41.

2. 数据来自 Piketty and Saez 2003，下载自 www.econ.berkeley.edu/~saez/TabFig2008. xls, Table B-4.（accessed June 22，2011）。具体比率为 1970 年的 39 比 1，以及 2000 年的 1 039 比 1。

3. 两篇经典论文—Katz and Murphy 1992，及 Bound and Johnson 1992—使用了这种方法，亦如 Johnson 在 1997 年的调查。

4. Johnson 1997，43.

5. Katz and Murphy 1992，47.

6. Katz and Murphy，1992，76.这个问题在 Bound and Johnson 1992 中也有提及。

7. Bound and Johnson 1992，377，列明了他们模型的代数方法。

8. Bound and Johnson 1993，378，脚注 10，认为使用这种平均值方法对整体业绩影响不大。我不太相信这个脚注的说法，因为收入不平等在不同行业内情况有所不同。

9. Bound and Johnson 1992，385.

10. 他们纳入的制度变量，$\mu_{ij}$（375—377），用来代表特定行业特定工人的工资所享有的"租金"。

11. Levy and Temin 2007，2，27.

12. Levy and Temin 2007，12.

13. Levy and Temin 2007，37.

14. Howell 2002，7.

15. Gary S. Becker，"Why Europe Is Drowning in Joblessness," *Business Week*，April 8，1966，援引于 Howell 2002，5。

16. Howell 2002，8，51，收入不平等和失业之间的关系。

17. World Bank，World Development Indicators，data.worldbank.org/indicator（accessed June 11，2010）.

18. Economist Intelligence Unit，Country Data，www.eiu.com（accessed June 11，2010）.丹麦的数据仅限于 2000—2009 年。

19. Howell 2002，9，53（figure 3a）.

20. Howell 2002，25，58（Figure 7）;亦见 Dew-Becker and Gordon 2005，115.同一消息来源指出，20 世纪 90 年代后期见证了收入不平等的一些改善。这种模式是没有争议的。

21. Dew-Becker and Cordon 2005，119.

22. Bound and Johnson 1992，383.

23. Dew-Becker and Gordon 2005，117—118.

24. Dew-Becker and Gordon 2005，119，但这是没有争议的。

25. Dew-Becker and Gordon 2005，122; Howell 2002 提 出 同 样 的

观点。

26. 例如，见，"A Cozy Arrangement,"editorial page，*New York Times*，April 13，2006，A26。

27. Goldin and Katz 2008，106，Table 3.3.

28. 特别是见 Goldin and Katz 2008，120。

29. Goldin and Katz 2008，297，Table 8.1.我把所有数字保留了小数点后一位。

30. U.S. Census Bureau，CPS Historical Time Series Tables，Table A-1，"Years of School Completed by People 25 Years and Over，by Age and Sex: Selected Years，1940 to 2010,"www.census.gov/hhes/socdemo/education/data/cps/historical/index.html（accessed Jul.20，2011）.我的计算与 Goldin 和 Katz 的计算将工人平均分配在"大学学历"和"高中教育"类别之中。我比较了 1950—1980 年以及 1980—2010 年两个期间段。在这 30 年期之间的比较似乎是有效的。

31. Goldin and Katz 2008，310—311，Table 8.5 下的解释。

32. Goldin and Katz 2008，328.

33. Goldin and Katz 2008，294—298，特别见 Table 8.1。在首选模型中，熟练和非熟练劳动力之间的替代弹性为 1.64，这意味着在相对工资增加 1%会产生相对需求 1.64%的跌幅。两位作者还将 1.4 和 1.84 的弹性所对应的相对需求列在了其中。

34. Levy and Temin 2007.

35. Levy and Temin 2007，20.

36. Levy and Temin 2007，24—25.

37. Levy and Temin 2007，17（figure 6）.

38. Levy and Temin 2007，18（figure 7）.

39. Levy and Temin 2007，31.

40. Samuelson and Nordhaus 1989，711.

41. Levy and Temin 2007，33.

42. Levy and Temin 2007，36.

43. Levy and Temin 2007，17（figure 6）.

44. 专访 Robert Solow，Cambridge，MA，January 22，2008。

## 第 10 章 理解不确定的世界

1. 本书中所有关于 Keynes 传记性的内容我都是借用了 Skidelsky 的观点。但 Skidelsky 的贡献更为全面。当然，如果有任何错误都是我自己的误解造成的。

2. Skidelsky 1986，245.

3. Skidelsky 1986，xxiv.

4. Skidelsky 1992，441.

5. 引自 Keynes 1953，155。

6. Samuelson 1946，190.

7. Samuelson and Nordhaus 1989，289—292.

8. Skidelsky 1992，412.

9. Pasinetti 1974 和（源自 Pasinetti）Taylor 2004，ch.4。

10. 引于 Mankiw 2006，42。

11. Taylor 2010，3—4.

12. Skidelsky 1992，351.

13. Keynes 1953，84.

14. 关于国民经济核算的一个有用的解释来自 Lequiller and Blades 2006。

15. Keynes 1953，149—150.

16. Keynes 1953，161.

17. 2010 年 6 月总储量减去法定准备金为 1 035 032 000 美元。参见 Federal Reserve，Board of Governors，Table 1: "Aggregate Reserves of Depository Institutions and the Monetary Base," www.federalreserve.gov/releases/h3/hist/h3hist1.txt（accessed Jul. 24，2010）。

18. Keynes 1953，33.

19. Dobb 1973，217.

20. Keynes 1953，175.

21. 例如，见 Dobb 1973，215。

22. Vikas Bajaj and Stephen Labaton， "Big Risks for U.S. in Trying to Value Bad Bank Assets," *New York Times*，Feb. 2，2009.

23. Damien Cave, "Florida's Crossroads of Foreclosure and Despair," *New York Times*, Feb. 8, 2009. 我尽可能准确地从一个图形中读出数字，并进行了四舍五入。

24. Bloomberg Business News, "Mexico Rallies after Election," *New York Times*, Aug. 23, 1994.

25. 这一段总结了 Schlefer 2008, 215—217。

26. Greenspan 2004.

27. Keynes 1953, 152.

28. Keynes 1953, 154.

29. Dornbusch, Fischer, and Startz 2004, 341. Richard Startz 是我参考那一版书的合著者，但在文本中我忽略了他的名字，因为下文中我参考的是早期版本，他并非合著者。

30. Dornbusch, Fischer, and Startz 2004, 344—345. 完整的计算（在这本教科书中被省略）在 Ramsey 模型中完成。

31. Bureau of Labor Statistics, "Employment Situation Summary," Table A-15: "Alternative Measures of Labor Underutilization," June 3, 2011, www.bls. gov/news.release/empsit.nr0.htm（accessed Jun. 17, 2011）.

32. Dornbusch and Fischer 1990, 285.

33. Dornbusch and Fischer 1990, 262.

34. Taylor 2004, 162.

35. 我此处的讨论是借自 Taylor 2010, 202—203。

36. Casey Mulligan, "An Economy You Can Bank On," *New York Times*, Oct. 9, 2008.

37. Romer 2006, ch.1（on the Solow model）and ch. 3（on new growth theories）.

38. Keynes 1953, 162.

39. Keynes 1953, 150.

40. Keynes 1953, 215—216.

41. Keynes 1953, 174.

42. Keynes 1953, 167.

43. Keynes 1953, 216.

44. Greenspan 2004.

45. Federal Reserve, Board of Governors, Table 1: "Aggregate Reserves of Depository Institutions and the Monetary Base," www. federalreserve.gov/releases/h3/hist/h3hist1.txt（accessed Jul. 24, 2010）.

46. 本段数据来自：Bureau of Economic Analysis, Table 1.1.6: "Real Gross Domestic Product, Chained Dollars"；Table 2.1: "Personal Income and Its Disposition," 更新于 Jun. 25, 2010, www.bea.gov/（accessed Jul. 28, 2010）。真实的个人储蓄数据无法从 BEA 获得。我用两种方法估计的：第一，用当前的美元来表示的数字；第二，算出目前的个人储蓄占当期可支配收入的百分比，然后应用该百分比乘以实际可支配收入。结果差异很小，完全足以说明我们的观点。

## 第 11 章　长期经济

1. Musacchio, Vietor, and García-Cuéllar 2010.

2. Musacchio, Vietor, and García-Cuéllar 2010, 10.

3. Musacchio, Vietor, and García-Cuéllar 2010, 9.

4. OECD 2011, Figure 7.7.

5. OECD 2011, Figure 7.10.

6. OECD 2011, Table 4. 13, Figure 7.21.

7. Musacchio, Vietor, and García-Cuéllar 2010, 12.

8. Musacchio, Vietor, and García-Cuéllar 2010, 12.

9. Musacchio, Vietor, and García-Cuéllar 2010, Exhibits 8 and 9.

10. 数据来自 OECD 2011, Annex Table 1, "Real GDP"；Annex Table 5, "Real total gross fixed capital formation"； 和 Annex Table 12, "Labour productivity in the total economy"。我省略了 2009 年和 2010 年的数据。当时危机重创发展中国家。即使纳入这两年也不会改变相对表现。

11. World Economic Forum 2009, Table 4.

12. 我在 Taylor 2004, 188—199 的基础上总结 Kaldor 模型。

13. Dore 1983 提出有关日本与英国工厂对比的社会学的论点。我可能提出一个关于文化规范如何能更清晰地影响总投资的宏观经济的说法，而且在 2011 年 7 月 13 日的电子邮件通信中，Dore 发现这一观点没有错。

14. Felipe and Fisher 2003，208.

15. Felipe and Fisher 2003，251.

16. Felipe and Fisher 2003，251.

17. Mandler 1999，ch. 2，特别是 2.7—2.9，表明你可以在 Sraffa 的模型上增加需求，并建议这种合并是可以实现的。Mandler 并没有把这一点展示出来。

18. Samuelson and Nordhaus 1989，291.

19. Keynes 在《通论》中接受了新古典主义生产函数，但这带来不必要的麻烦，这么做只是向新古典经济学家证明了尽管他的假设很传统，但他的观点是正确的。当经济学家 John Dunlop 和 Lorie Tarshis 指出，经济周期的数据与新古典主义生产函数有冲突。Keynes 说，他很高兴放弃它。他的理论如果没有生产函数，确实会更加清晰。

20. Arrow 2004，293.

21. 一些可能被称为新古典主义的模型（例如，假设经济可能实现好的或者坏的均衡的模型）是这一规则的例外。

22. Felipe and Fisher 2003，248.

23. Taylor 2004，ch. 1，提倡这种建立宏观经济模型的方法，但它本质上是直到 20 世纪 70 年代的几乎所有宏观经济学家都使用的做法。

24. 专访 Michael Mandel，New York，May 8，2008。

25. Solow 1956，91—94.

26. Herbert A. Simon，"Rational Decision-Making in Business Organizations，" Nobel Memorial Lecture，December 8，1978. nobelprize.org/nobel_prizes/economics/laureates/1978/simon-lecture.pdf （accessed Aug. 23，2010）.

27. Taylor 2004，58，Taylor 沿着这些线索导出 Solow 模型。他还将新古典主义生产函数作为长期经济增长的解释，但并没有暗示在给定时间内，可以用资本替代劳动。Felipe and McCombie 2003 以一种稍有不同的方法做了同样的事情。

28. 我从 Dornbusch，Fischer，and Startz 2004，55，引用数字并四舍五入以简化算术。

29. Abramovitz 1993，237.

30. Wright 2006 的计算，"Table Cb 28—31: Indexes of industrial production，1884—2003"。

31. David Leonhardt，"The Depression: If Only Things Were That Good，"*New York Times*，Oct. 8，2011，引自 Alexander J. Field to this effect。

32. Richard W. Stevenson，"Fed Chief Says New-Age Economy Can Have Old Problems，" *New York Times*，Jun. 15，1999.

33. Baily et al. 2000，80.

34. Baily et al. 2000，77.

35. National Bureau of Economic Research，"Business Cycle Expansions and Contractions，" wwwdev.nber.org/cycles/cyclesmain.html (accessed Dec. 17，2008).

36. Fair 2004，ch. 6.

37. Fair 2004，97，and Figure 6. 16a.

38. Romer 2006，26—27.

39. Romer 2006，26，计算国内生产总值将在 17 年后高出 2.5%，增长率亦如此。

40. Romer 2006，126.

41. Romer 2006，138.

42. Romer 2006，140.

43. Romer 2006，28，120，145，151—152.

44. Chang 2002.

45. Michael Wines，"China Fortifies State Businesses to Fuel Growth，" *New York Times*，Aug. 29，2010.

46. Chang 2002，25.

47. Chang 2002，26.

48. Chang 2002，28—29.

49. Chang 2002，17；World Bank 1991，97.

50. Chang 2002，29.

51. Smith 1985.

52. 土地总面积数据来自 Morison et al., 1977, 418—419。得克萨斯和马萨诸塞的土地面积数据, 来自 U.S. Census Bureau, State and County Quick Facts, quickfacts.census.gov/qfd/index.html（accessed Aug. 27, 2010）。

53. 关于军队和晶体管, 参见 Misa 1985。关于集成电路, 参见 Ceruzzi 1998。关于 DARPA 与互联网, 参见 DARPA's website: www. darpa.mil/history.html（accessed Aug. 27, 2010）。

54. 见 March 1990 和 MIT Commission on Industrial Productivity 1989, 关于飞机制造业生产率。

55. 例如, 被引用于 José Luis Calva（an economist at the National University, UNAM）, "Competitividad industrial," *El Universal*, Dec.8, 2006。

56. Romer 2006, 在这一文献中, 并非单一的增长模型, 而是有多个详细解说的模型符合这一标准。

57. Federal News Service, Hearing of the Senate Finance Committee (chaired by Senator Max Baucus), June 21, 2001, Washington, D.C.

58. Taylor 2010, 22, 指出 Robinson 创造了这个短语。

## 第 12 章　短期经济

1. Bryce 1996, 42.

2. Bryce 1996, 44—45.

3. Bryce 1996, 44—45.

4. Samuelson 1946, 187—188.

5. Mankiw 1991, 3.

6. Samuelson 1996, 159.

7. Colander and Landreth 1996, 15, 关于 Knight；Samuelson 1996, 1557, 关于 Henry Simons 和芝加哥大学中支持开支赤字的一派。Dimand 1990 表明他们在该专业中还是少数。

8. 引自 Samuelson 1996, 159。

9. Samuelson 1996，160.

10. Colander and Landreth 1996，21.

11. Colander and Landreth 1996，12.

12. Colander and Landreth 1996，8—9.

13. Tarshis 1996，64.

14. Tarshis 1996，68. Hart 反对童工法，并支持 Franco，见："Merwin K. Hart of Birch Society: Controversial Lawyer Was Head of Chapter Here, Target of Ickes," *New York Times*, Dec. 2，1962。

15. Tarshis 1996，68—70. 这里的省略号是因为在它的位置文本中是"页"这个字，没有实际意义。

16. Samuelson 1996，171.

17. Samuelson 1996，171—172.

18. Samuelson 1996，172.

19. Samuelson 1996，172.

20. Samuelson 1996，172.

21. Samuelson 1955，360. 根据 Colander and Landreth 1996，24，几乎 20 世纪 30 年代所有美国凯恩斯主义者都接受这个假设。20 世纪 50 年代和 60 年代的新古典综合派，以及 Woodfood 1999 和 Blanchard 2008 都确实如此接受。

22. 我在这里省略了凯恩斯的短期货币供给量和需求曲线，即"LM"曲线。省略了一些不必要的信息之后，就得出央行通过设定短期利率的方式影响产出的结论。

23. U.S. Census Bureau，2011 Statistical Abstract，Table HS-36: "Consumer and Gross Domestic Price Indexes，1913 to 2002," and Table HS-32: "Gross Domestic Product in Current and Real（1996）Dollars，1929 to 2002," www.census.gov/compendia/statab/hist_stats.html（accessed Jul. 8，2011）.

24. Taylor 2010，24.

25. 通常涉及利率的下降，但要点是相同的。

26. 我采用的这个例子改写自 Taylor 2010，158—159。

27. Romer 2006，264—266，对一些研究成果做出解释并得出结论认为，实际工资是顺应经济周期的（即经济在上升期间工资也会增长）。Dornbusch and Fischer 1990，502，认为这个结论的证据不够充分，但"可以肯定的一点是当经济处于长期繁荣时，工资肯定不会持续走低"。

28. Friedman 1968，8—9.

29. Lucas 1996，663.

30. Colander 1996，7.

31. 我对这个模型的描述主要来自 Romer 2006，272—280。Lucas 1972 使用了一个代际交叠模型。解释它会带来不必要的麻烦。

32. Lucas 1987，99，描述了这个困境。

33. 专访 Thomas Sargent，San Francisco，January 5，2009。

34. Lucas 1996，667—668.

35. Romer and Romer 1989；Romer 2006，263—264，报告了一个更强大和更复杂的检验。

36. 例如，Woodford 1999，25，说经济学家普遍接受"生产技术有很强的顺周期性这一事实"。

37. Bewley 1999，18.

38. Bewley 1999，400.

39. Ormerod 2009，7.

40. Lucas 1996，668.

41. Kydland and Prescott 1996，82.

42. Taylor 2010，236.

43. 我对这些模型的描述是将几种描述结合起来。Romer 2006，ch. 2，介绍了 Ramsey 模型，ch. 8 纳入了投资；chs. 4 and 6 讨论真实商业周期和凯恩斯主义 DSGE 变种。McCandless 2008 清楚地、一步步地解释概念和数学。Kydland and Prescott 1996，特别是 77—78，简明扼要地总结自己的方法。Clarida et al. 1999 提供了一个中央银行目前正在使用的 DSGE 模型的版本。

44. Solow 2007，236.

45. Solow 2007，235.

46. Lucas 1987.

47. 事实上，基于 Ramsey 模型的 DSGE 模型只有"鞍形路径"的稳定，见 Romer 2006，56—63。就像在扭曲的马鞍上从前往后地滚一个大理石球。如果一侧失衡，在模型中，消费爆炸，资本为零，经济戛然而止。这不是任何合理意义上的稳定模式。

48. Clarida et al. 1999，1662.

49. Ormerod 2009，13.

50. N.Gregory Mankiw，"Economic View: But Have We Learned Enough?" *New York Times*，Oct. 26，2008.

51. Romer and Bernstein 2009，Table 1.

52. Barro 2009，3. 他估计，与和平时期政府采购相关的"乘数，在统计上并非显著有别于零"。

53. Barro 2009，2.

54. Economist Intelligence Unit，CountryData，www.eiu.com（accessed Feb. 11，2011），有关政府债务的数字。我没有使用 OECD 的数据，是因为他们夸大美国的债务，包括美国的社会保障责任，见 OECD 2011，注意 Annex Table 32。

55. Roscini and Schlefer，2011，4.


# 第 13 章　资本主义黄金时代之谜

1. 增长数据引自 Maddison 2006，选取了 1950 年至 1973 年的数据，通常认为黄金时代在 1973 年结束。

2. Consejo Nacional de Población（of the Mexican government），México en Cifras，Migración Internacional，Series Sobre Migración，Población Residente en Estados Unidos，Table 3.5.1，"Población de origen mexicano residente en Estados Unidos，1900—2007，" www.conapo.gob.mx（accessed Jul. 11，2011）.

3. 例如，见 Dornbusch and Fischer 1990，719:"Table 19-5 聚焦业绩增长恶化的原因：20 世纪 70 年代生产率的平均增长率在整个工业化世界下降。

4. "Two Trillion Dollars Is Missing；Why Is U.S. Prosperity Eroding? It's No Mystery，" editorial，*New York Times*，Jan. 8，1989.

5. Peter Passell，"What Counts Is Productivity and Productivity，" *New*

*York Times*，Dec. 13，1992.

6. Baily et al. 1988，415，Table 23.

7. Glyn et al. 1990，91—92.

8. Piore and Sabel 1984，79—81.

9. Douglas Martin，"Jude Wanniski，69，Journalist Who Coined the Term 'Supply-Side Economics,' Dies," *New York Times*，Aug. 31，2005.

10. Wanniski 使用"供给学派"这个词语的原因是他受到 Herbert Stein 的攻击，见 Alan Reynolds，2007，"What Supply-Side Economics Means," Creators Syndicate，www.creators.com/opinion/alan-reynolds/what-supply-side-economics-means.html（accessed Sep. 7，2010）。

11. 引自 Wanniski on capital gains from Jude Wanniski，"Capital Gains in a Supply-Side Model," Statement before the Committee on Finance，United States Senate，104th Congress，First session，Feb. 15，1995。

12. 关于 Wanniski 的祖父给他的《资本论》：Martin，"Jude Wanniski，69"。关于 Wanniski 强调重振经典理论：Jude Wanniski，"Learning Supply-side," Polyconomics Institute，Nov. 27，1996. www.polyconomics.com/ssu/ssu-961127.htm（accessed Sep. 7，2010）.

13. Taylor 2004，134.

14. Taylor 2004，1.

15. Taylor 从 20 世纪 60 年代和 70 年代借来了这个词，当时的拉丁美洲经济学家自称是"结构主义者"，虽然他使用这个词与他们颇为不同。

16. URPE website，www.urpe.org/about/history.html（accessed Sep. 6，2010）.

17. Epstein 2004.

18. 见 Taylor 2004，176—177。Kaldor 的增长模型也假定充分就业（Taylor 2004，188—189）。

19. 见 Taylor 2004，173—178。如果假定充分就业，结构模型的假设就会"过分确定"。你只能要么放弃工资由社会决定的假设，要么放弃独立投资函数。

20. Schomburg Center for Research in Black Culture，New York Public Library，2010，"In Motion: African American Migration Experience，

The Second Great Migration,"www.inmotionaame.org/migrations/topic. cfm?migration=9&topic=1（accessed Sep. 9，2010）．

21. Comisión Nacional de Población，www.conapo.gob.mx（accessed Jul. 11，2011）．

22. The U.N. International Labour Organization 报告中说，墨西哥的非农业工人的54％是在非正规部门就业。"Women and Men in the Informal Economy: A Statistical Picture"（Geneva: ILO，2002）。

23. 将利润份额与工资份额区分是非常粗略的做法。美国国民收入和产品账户（NIPA）会将收入进一步细分，包括"企业利润"和"工资薪金应计"。不幸的是，顶级 CEO 们的巨额收入，在报告 W-2 表格中，与那些被视为普通工人的报酬混在了一起。但是，如果这些巨额收入真要是被纳入了利润份额，就像在 20 世纪 70 年代那样，那么只会让这一章所讨论的问题更加复杂。

24. 关于工资主导模型与利润主导模型的比较，见 Taylor 2004，125—129 and 173—176。

25. Katzenstein 1985.

26. World Bank，World Development Indicators，"Exports of goods and services（percent of GDP），"databank. worldbank. org（accessed Jul. 22，2011）．

27. Taylor 2004，125—129 and 173—176.

28. Taylor 2010，186.

29. Taylor 2004，177.

30. Taylor 2004，178.

31. Piore 1981，7.

32. Piore 1981，20.

33. Piore and Sabel 1984，73. 他们一开始就承认，这是凯恩斯的说法，但显然他们也接受。后来，他们说，"过去几十年的危机是消费不足导致的"（1984，252）。

34. Piore and Sabel 1984，103.

35. 事实是，CEA 设置这样的基准，是根据 Dornbusch and Fischer 1990，442。

36. Piore and Sabel 1984，74.

37. Piore and Sabel 1984，252，讲"耐用消费品核心市场的饱和"。

38. Piore and Sabel 1984，184—189.

39. Piore and Sabel 1984，187.

40. Piore and Sabel 1984，184.

41. Piore and Sabel 1984，178.

42. Piore and Sabel 1984，193.

43. Marglin and Bhaduri 1990，我已经简化了他们的模型，并用了不同术语。Marglin 和 Bhaduri 认为：如果工资份额较高，增加了产出和就业，这样的经济为"停滞"；如果利润份额较高，增加了产出和利润，这样的经济为"通胀"。他们又做出了进一步的区分。如果高工资份额不仅增加了产出和就业，还促进长期增长，那么经济就是"停滞"和合作型的。(我称这类经济为"工资主导"或者"主张合作的凯恩斯主义"经济)。如果高工资份额增加了产出和就业，但不利于长期增长，那么经济就是"停滞"和冲突型的。同样地，"通胀"经济也可细分为"合作型"和"冲突型"。我称所有通胀经济为"利润主导"的经济。

44. Glyn et al. 1990 有可能视经济为完全利润主导的。

45. Piore and Sabel 1984 讨论过这些事件，但不强调这些事件是他们的模型的一部分。

46. Piore and Sabel 1984，101. 两位作者并不讳言 20 世纪 40 年代对罢工活动的镇压，但 *Golden Age* 中的文章认为镇压罢工对塑造经济制度十分关键。

47. Glyn et al. 1990，54，68; Marglin 1990，5（其中的 introduction 与 Marglin and Bhaduri 1990 一脉相承）。

48. Marglin and Bhaduri 1990，182，Table 4.4.

49. Marglin and Bhaduri 1990，174—175.

50. Marglin and Bhaduri 1990，175—176，其实看到经济体是冲突型的，最开始是趋向停滞，然后趋向繁荣或者是我所谓的"利润主导"。这两者之间的细微差异取决于曲线的形状和移动的位置，我觉得恐怕无法真正地分辨清楚。

51. Taylor 2004，286—292，提出了一个统计估计得出结论认为，美国经济在这个时代为利润主导。

52. Marglin and Bhaduri 1990，173.

53. Marglin and Bhaduri 1990，182，Table 4.4.

54. Marglin and Bhaduri 1990，178，Table 4.1.

55. Glyn et al. 1990，78—79，Table 2.11. 在 Table 2.12 中经济体的规模加权的平均数略有不同，但他们总结的几乎一样。

56. Walton 1985，77—78，转引自 Glyn et al. 1990，89。

57. Glyn et al. 1990，89.

58. Glyn et al. 1990. 94—95.

59. 如果模型是工资为主导的冲突型经济，那么产量虽然将上升，但增速仍下滑。

60. Marglin and Bhaduri 1990，180. 在冲突型的工资主导模型中，通过降低利润增长率进而降低利润份额，的确会减缓增长。

61. 关于短期结构主义模型，请参阅 Taylor 2004，chapter 4，特别是 124—129。它转换成一个长期的模型的方式，请参见 Taylor 2004，ch. 5，esp. 173—182。

62. Robert B.Reich，"How to End the Great Recession," *New York Times*，Sept. 3，2010，A—19.

# 第 14 章　经济危机

1. 专访 Truman Bewley，November 13，2008。

2. Stock and Watson 2003. 他们最初发表他们的论文是在 2002 年 4 月 5 日至 6 日的一次会议上，他们参考了在 1999 年和 2000 年的研究。

3. Baily et al. 2000，77—78.

4. NASDAQ Composite Index，Global Financial Data，www.globalfinan cialdata.com（accessed Jul. 24，2011）.

5. Romer 2006，56—63，描述了鞍形路径中的不稳定。他没有说真的没有稳定性可言。

6. Stock and Watson 2003，162.

7. 可见：Wynne Godley，Dimitri B.Papadimitriou，Greg Hannsgen，

and Gennario Zezza，"Strategic Analysis：The U.S.Economy：Is There a Way Out of the Woods?" Levy Economics Institute of Bard College (Annandale-on-Hudson，NY)，November 2007; Wynne Godley，"Imbalances Looking for a Policy," Policy Note 2005/4，Levy Economics Institute of Bard College。

8. Dean Baker，"The Housing Bubble Fact Sheet," *Issue Brief*，Washington: Center for Economic and Policy Research，July 2005.

9. Roubini and Setser 2005，5.

10. Diamond and Dybvig 1983. Sargent 向我描述了本章介绍的 Diamond 和 Dybvig 的模型，以及 Kareken 和 Wallace 的模型。我借用他的一些类比。我的讨论也基于我读过的他们的一些文章。

11. Diamond and Dybvig 1983，410，417.

12. Diamond and Dybvig 1983，404.

13. Kareken and Wallace 1978.

14. Paulson 声称，法律上的规定使他无法保释 Lehman，但很少有局外人认真对待这种说法。

15. Taylor 2010，198.

16. Minsky 1982.

17. Minsky 1982，24.

18. 例如，Edmund L.Andrews，"Fed Seeks a Delicate Balance as Investors Clamor for Action," *New York Times*，Aug. 22，2007。

19. Taylor 2004，281—283，描述了 Goodwin 最初应用的基本的模型。同样，见 Hoppensteadt 2006，以及 Chisholm et al. 2005。

20. 关于这些应用：Hoppensteadt 2006。

21. Chisholm et al. 2005.

22. Taylor 2011，14—17.

23. Shadow Trader，video weekly，Feb. 24，2008，www.shadowtrader.net/videos/sunday022408st.html（accessed Oct. 19，2010）.

24. Fair 2002.

25. 情况可能是，尽管实际投资在孤立的情况下不稳定，但存在其他因素阻止它的失控飙升。

26. 如果美国企业发行了大量的股票，这种关系就不成立，但企业会回购股票（Taylor 2011，16）。

27. Casey Mulligan，"An Economy You Can Bank On," *New York Times*. Oct. 10，2008.

28. Barbosa 的全名是 Nelson Barbosa Filho（"Filho"意为"Junior"）。我省略了"Filho"以避免混乱。

29. "业主收入"——特指未注册的经营活动的收入——这部分在美国经济中占有非常重要的地位，但标准数据会尽量准确地在利润和工资之间分配"业主收入"。

30. Federal Reserve，Statistical Release G.17，Industrial Production and Capacity Utilization，October 18，2010，www.federalreserve.gov/releases/g17/Current/g17.pdf（accessed Nov. 4，2010.）

31. Taylor 2011，Table 1.另外，其他变量，如利率可能会同时稳定产能利用率和工资份额，以利于达到一个更高维的捕食者——猎物模型。

32. 这个解释改编自 Taylor 2010，189—190。

33. Taylor 2004，286—292，报告结果从 1984 年到 2002 年。Barbosa and Taylor 2006 的报告结果大致相同。Rezai and Taylor 2010 报告了直至 2008 年第二季度的数据。

34. 我将 Taylor 2004，291，的结果与 Rezai and Taylor 2010 中 Table 1 相比较。

35. Taylor 2010，Figure 5.5，关于工资份额。此段中的论据相当一部分是根据 Taylor 2010，208—212。

36. Taylor 2010，201.

37. Ghilarducci et al. 2008.

38. Ghilarducci et al. 2008，21，关于 Acela。

39. 关于互联网的覆盖范围：Internet World Stats，2011，List of Countries Classified by Internet Penetration Rates. www.internetworldstats.com/list4.htm（accessed Jun. 28，2011）。

40. Milberg 2008，11，关于宽带覆盖与 Obama 和 McCain 的基础设施投资的支持。

## 第 15 章　对经济的思考

1. 我重述了 Bewley 的总结（1999，3）。那篇文章是 Lucas and Rapping 1969。Rapping 在反复思考之后，改变了在这篇文章中采用的经济学的方法。

2. Bewley 1999，3，5.

3. Bewley 1999，242.

4. Bewley 1999，241.

5. Bewley 1999，6. Bewley 指出，如果"偷懒"理论的假设是正确的，这可以解释为什么工资是高于市场水平的，但不能解释为什么工资不下降。没关系，该理论有时会用来解释为什么工资不下降。

6. Bewley 1999，113.

7. Bewley 1999，129.

8. Bewley 1999，115.

9. Bewley 1999，431.

10. Bewley 1999，432.

11. Bewley 1999，438.

12. Bewley 1999，7.

13. Santa Fe Institute，2011，History of the Santa Fe Institute（unclear when the history was most recently updated），www.santafe.edu/about/history（accessed Jul. 15，2011）.

14. Arthur，Durlauf，and Lane 1997，3—4; 和 Kirman 2008。

15. 我对该模型的描述完全摘自 Arthur，Holland，LeBaron，Palmer，and Tayler 1997.

16. 该模型有固定的交易时段；我称他们为"天"只是为了更具体。

17. Arthur，Holland，LeBaron，Palmer，and Tayler 1997，28 和 Appendix A.

18. Sargent 2007 多次使用这个词语来形容理性预期。（我还没有提到这篇论文的精简版，发表于 *American Economic Review*，2008，98.1:5—37，因为它忽略了有趣的观点）

19. Evans and Honkapohja 2005，4.

20. Sargent 提出了 Evans and Honkapohja 2005 中的这个问题，特别提到"上帝的模型"。

21. Sargent 2007，28—31.

22. Sargent 2007，30.

23. Sargent 2007，31—32. Sargent 没有指出我提到的具体因素，而只是指出，货币政策之外的冲击可能引起通货膨胀。

24. Romer 2006，14. 斜体字来自他的原文。

25. Friedman 1953，14—15.

26. Spanos 1986，引自 Kennedy 2008，8。

27. Minsky 1975，16.

28. Solow 1956，65.

29. Wicksell 1977，9.

30. Cohen and Harcourt 2003，205. Mandler 的论证（1999，67，以及其他出处）衡量"理性"的定义是否准确地表达了这个词语的意思。

31. Lucas 1987，53.

32. 在 2010 年 6 月，总储量减去法定准备金为 1 035 032 000 美元。Federal Reserve，Board of Governors，Table 1: "Aggregate Reserves of Depository Institutions and the Monetary Base," www.federalreserve.gov/releases/h3/hist/h3hist1.txt（accessed Jul. 24，2010）。

33. 我借用了 Cohen and Harcourt 2003，205 的术语"基本特征"。

34. Harberger 1959，135.

35. Shapiro and Taylor 1990，865.

36. Shapiro and Taylor 1990，864.

37. Encyclopædia Britannica，2010，"Ockham's Razor," www.search.eb.com/eb/article-9056716（accessed Jul. 25，2010）．

# 参考文献

Abramovitz, Moses. 1993. The search for the sources of growth: Areas of ignorance, old and new. *Journal of Economic History* 53.2: 217–243.

Ackerman, Frank. 2002. Still dead after all these years: Interpreting the failure of general equilibrium theory. *Journal of Economic Methodology* 9.2: 119–139.

Arrow, Kenneth. 2004. Interview. In *The changing face of economics: Conversation: with cutting edge economists*, ed. David Colander, Richard P. F. Holt, and J. Barkley Rosser, Jr. Ann Arbor: University of Michigan Press.

Arthur, W. B., S. N. Durlauf, and D. Lane. 1997. Introduction. In *The economy as an evolving complex system II*, ed. W. Brian Arthur, Steven N. Durlauf, and David A. Lane, 1–13. Reading, MA: Addison-Wesley.

Arthur, W. Brian, John H. Holland, Blake LeBaron, Richard Palmer, and Paul Tayler. 1997. Asset pricing under endogenous expectations in an artificial stock market. In *The economy as an evolving complex system II*, ed. W. Brian Arthur, Steven N. Durlauf, and David A. Lane, 15–44. Reading, MA: Addison-Wesley.

Baily, Martin N., Robert J. Gordon, William D. Nordhaus, and David Romer. 1988. The productivity slowdown, measurement issues, and the explosion of computer power. *Brookings Papers on Economic Activity* 2: 347–431.

Baily, Martin N., Robert Z. Lawrence, and Kathryn L. Shaw. 2000. The Annual Report of the Council of Economic Advisers. In *The economic report of the president*. Washington, DC: United States Government Printing Office.

Barbosa-Filho, Nelson H., and Lance Taylor. 2006. Distributive and demand cycles in the us economy—A structuralist Goodwin model. *Metroeconomica* 57.3: 389–411

Barnett, William A. 2004. An interview with Paul A. Samuelson. *Macroeconomic Dynamics* 8: 519–542.

Barro, Robert J. 2009. Demand side voodoo economics. *Economists' Voice* 6:2. Online at www.bepress.com/ev/vol6/iss2/art5 (accessed Nov. 25, 2009).

Becker, Gary S. 1976. *The economic approach to human behavior.* Chicago: University of Chicago Press.

Becker, Gary S. 1993. The economic way of looking at behavior. *Journal of Political Economy* 101.3: 385–409.

Bernanke, Ben S. 2002. On Milton Friedman's ninetieth birthday. Remarks at the conference to honor Milton Friedman, University of Chicago, Chicago, Illinois (Nov. 8). Online at www.federalreserve.gov/boarddocs/speeches/2002/20021108/default.htm (accessed Feb. 12, 2010).

Bewley, Truman F. 1999. *Why wages don't fall during a recession.* Cambridge, MA: Harvard University Press.

Blanchard, Olivier Jean. 2000. What do we know about macroeconomics that Fisher and Wicksell did not? *Quarterly Journal of Economics*, 115.4: 1375–1409.

Blanchard, Olivier Jean. 2008. Neoclassical synthesis. In *The new Palgrave dictionary of economics online,* ed. Steven N. Durlauf and Lawrence E. Blume, 2nd ed. Palgrave Macmillan. At www.dictionaryofeconomics.com/article?id =pde2008_N000041 (accessed Jul. 24, 2011).

Blaug, Mark. 1963. The myth of the old poor law and the making of the new. *Journal of Economic History* 23.2: 151–184.

Blaug, Mark. 1985. *Economic theory in retrospect,* 4th ed. Cambridge: Cambridge University Press.

Blaug, Mark. 2001. No history of ideas, please, we're economists. *Journal of Economic Perspectives* 15.1: 145–164.

Bound, John, and George Johnson. 1992. Changes in the structure of wages in the 1980s: An evaluation of alternative explanations. *American Economic Review* 82.3: 371–392.

Brecher, Jeremy. 1972. *Strike!* Boston: South End Press.

Bryce, Robert. 1996. Interview. In *The coming of Keynesianism to America: Conversations with the founders of Keynesian economics,* ed. David C. Colander and Harry Landreth. Cheltenham, UK: Edward Elgar.

Calomiris, Charles W. 2008. Banking crises. In *The new Palgrave dictionary of economics online,* ed. Steven N. Durlauf and Lawrence E. Blume, 2nd ed. Palgrave Macmillan. At www.dictionaryofeconomics.com/article?id= pde2008_B000051 (accessed Jun. 14, 2009).

Campus, Antonietta. 1987. Marginalist economics. In *The new Palgrave: A dictionary of economics,* ed. John Eatwell, Murray Milgate, and Peter

Newman, vol. 3. London: Macmillan.

Cannan, Edwin. 1976. Editor's introduction. In Adam Smith, *An inquiry into the nature and causes of the wealth of nations*, ed. Edwin Cannan. Chicago: University of Chicago Press.

Ceruzzi, Paul. 1998. *A history of modern computing*. Cambridge, MA: MIT Press.

Chang, Ha-Joon. 2002. The Stiglitz contribution. *Challenge* 45.2: 77–96.

Chenery, Hollis B. 1949. Engineering production functions. *Quarterly Journal of Economics*. 63.4: 507–531.

Chisholm, Penny, Graham Walker, Julia Khodor, and Michelle Mischke. 2005. 7.014 Introductory Biology, spring 2005. Massachusetts Institute of Technology: MIT OpenCourseWare. Online at ocw.mit.edu (accessed Aug. 20, 2010).

Clarida, Richard, Jordi Galí, and Mark Gertler. 1999. The science of monetary policy: A new Keynesian perspective. *Journal of Economic Literature* 37.4: 1661–1707.

Clark, John Bates. 1899. The Distribution of Wealth: A Theory of Wages, Interest and Profits. London: Macmillan. Online at books.google.com.

Cohen, Avi J., and G. C. Harcourt. 2003. Retrospectives: Whatever happened to the Cambridge capital theory controversies? *Journal of Economic Perspectives* 17.1: 199–214.

Colander, David. 1996. Overview. In *Beyond microfoundations: Post Walrasian macroeconomics*, ed. David Colander. Cambridge: Cambridge University Press.

Colander, David. 2006. *The stories economists tell: Essays on the art of teaching economics*. Boston: McGraw-Hill Irwin.

Colander, David. 2007. *The making of an economist, redux*. Princeton: Princeton University Press.

Colander, David, Richard P. F. Holt, and J. Barkley Rosser, Jr. 2004. *The changing face of economics: Conversations with cutting edge economists*. Ann Arbor: University of Michigan Press.

Colander, David, and Harry Landreth. 1996. Introduction. In *The coming of Keynesianism to America: Conversations with the founders of Keynesian economics*, ed. David C. Colander and Harry Landreth. Cheltenham, UK: Edward Elgar.

Constantinides, George M., Milton Harris, and René M. Stulz. 2003. Preface. In *Financial markets and asset pricing*, ed. George M. Constantinides, Milton Harris, and René M. Stulz. Vol. 1, part 2 of *Handbook of the economics of finance*, 1st ed. Amsterdam: Elsevier/North-Holland.

Córdoba, José. 1994. Mexico. In *The political economy of policy reform*, ed. John

Williamson. Washington, DC: Institute for International Economics.

David, Paul A. 1975. Concepts and preconceptions. In *Technical choice, innovation and economic growth: Essays on American and British experience in the nineteenth century,* ed. Paul A. David, 19–91. Cambridge: Cambridge University Press.

Dew-Becker, Ian, and Robert J. Gordon. 2005. Where did the productivity growth go? Inflation dynamics and the distribution of income. NBER Working Paper 11842, National Bureau of Economic Research, Cambridge, MA.

Diamond, Douglas W., and Philip H. Dybvig. 1983. Bank runs, deposit insurance, and liquidity. *Journal of Political Economy* 91.3: 401–419.

Dimand, Robert W. 1990. The New Economics and American Economists in the 1930s Reconsidered. *Atlantic Economic Journal* 18.4: 42–47.

Dobb, Maurice. 1973. *Theories of value and distribution since Adam Smith: Ideology and economic theory.* Cambridge: Cambridge University Press.

Dore, Ronald. 1983. Goodwill and the spirit of market capitalism. *British Journal of Sociology* 34.4: 459–482.

Dornbusch, Rudiger, and Stanley Fischer. 1990. *Macroeconomics,* 5th ed. New York: McGraw Hill.

Dornbusch, Rudiger, Stanley Fischer, and Richard Startz. 2004. *Macroeconomics,* 9th ed. New Delhi: Tata McGraw Hill.

Douglas, Paul H. 1948. Are there laws of production? *American Economic Review* 38.1: 1–41.

Dutt, Amitava K. 1984. Stagnation, income distribution, and monopoly power. *Cambridge Journal of Economics* 8.1: 25–40.

Edlin, Aaron S., and Dwight M. Jaffee. 2009. Show me the money. *Economists' Voice* 6.4: 1–5. Online at www.bepress.com/ev/vol6/iss4/art8 (accessed Jul. 19, 2010).

Eichengreen, Barry. 2010. The last temptation of risk. *The National Interest* (March). Online at nationalinterest.org/article/the-last-temptation-of-risk -3091 (accessed Nov. 14, 2010).

Elder, Alexander. 1993. *Trading for a living.* Hoboken, NJ: John Wiley and Sons.

Ellis, Diane. 1998. The effect of consumer interest-rate deregulation on credit-card volumes, charge-offs, and the personal bankruptcy rate. *Bank Trends* 98–05 (March). Washington, DC: Federal Deposit Insurance Corporation.

Epstein, Gerald. 2004. Review of *Reconstructing macroeconomics: Structuralist proposals and critiques of the mainstream. Challenge* 47.5: 116–122.

Evans, George W., and Seppo Honkapohja. 2005. An interview with Thomas J.

Sargent. *Macroeconomic Dynamics* 9: 561–583.

Fair, Ray C. 2004. Estimating how the macroeconomy works. Cambridge, MA: Harvard University Press.

Fair, Ray C. 2002. Events that shook the market. *Journal of Business* 75.4: 713–731.

Felipe, Jesus, and Franklin M. Fisher. 2003. Aggregation in production functions: What applied economists should know. *Metroeconomica* 54.2&3: 208–262.

Felipe, Jesus, and J. S. L. McCombie. 2003. Cambridge capital controversies (response to Cohen and Harcourt 2003). *Journal of Political Perspectives* 17:4 (fall), 230.

Fisher, Franklin M. 1983. *Disequilibrium foundations of equilibrium economics*. Cambridge: Cambridge University Press.

Foley, Duncan K. 2006. *Adam's fallacy: A guide to economic theology*. Cambridge, MA: Harvard University Press.

Foley, Duncan K. 2008. The long-period method and Marx's theory of value. Department of Economics, New School for Social Research (June 25).

Friedman, Milton. 1953. The methodology of positive economics. In Milton Friedman, *Essays in positive economics*, 3–43. Chicago: University of Chicago Press.

Friedman, Milton. 1968. The role of monetary policy. *American Economic Review* 58.1: 1–17

Geanakoplos, John. 1989. Arrow-Debreu model of general equilibrium. In *The new Palgrave: General equilibrium*, ed. John Eatwell, Murray Milgate, and Peter Newman, 43–61. London: Macmillan.

Gerschenkron, Alexander. 1962. *Economic backwardness in historical perspective*. Cambridge, MA: Harvard University Press.

Ghilarducci, Teresa, Michelle Holder, Jeff Madrick, Nikolaos Papanikolaou, and Jonathan Schlefer. 2008. Infrastructure for America's economy: Evaluating the evidence. In Schwartz Center for Economic Policy Analysis, *The promise of public investment*. New York: The New School.

Glyn, Andrew, Alan Hughes, Alain Piépitz, and Ajit Singh. 1990. The rise and fall of the Golden Age. In *The golden age of capitalism*, ed. Stephen A. Marglin and Juliet B. Schor. Oxford: Clarendon Press.

Goldin, Claudia, and Lawrence F. Katz. 2008. The Race between Education and Technology. Cambridge, MA: Harvard University Press.

Gordon, Robert J., and Ian Dew-Becker. 2007. Unsettled issues in the rise of American inequality. PowerPoint from paper presented at Realistic Growth Policy for Our Times: A Conference in Memory of David Gordon, New School, New York City, April 13.

Greenspan, Alan. 2000. Technology and the economy. Remarks at the Eco-
nomic Club of New York, New York (January 13). Online at www.federal
reserve.gov/boarddocs/speeches/2000/200001132.htm (accessed Nov. 16,
2010).

Greenspan, Alan. 2004. Risk and uncertainty in monetary policy. Remarks at
the Meetings of the American Economic Association, San Diego, Jan. 3.
Online at www.federalreserve.gov/BoardDocs/Speeches/2004/20040103/
default.htm (accessed Apr. 4, 2008).

Greenspan, Alan. 2008. A response to my critics. *Economists' Forum,* FT.com
(April 6). Online at blogs.ft.com/economistsforum/2008/04/alan-greenspan
-a-response-to-my-critics (accessed Feb. 13, 2010).

Hahn, Frank. 1984. *Equilibrium and macroeconomics.* Oxford: Basil Blackwell.

Harberger, Arnold C. 1959. The fundamentals of economic progress in
underdeveloped countries: Using the resources at hand more effectively.
*American Economic Review, Papers and Proceedings* 49.2: 134–146.

Heilbroner, Robert L. 1973. The paradox of progress: Decline and decay in *The
Wealth of Nations. Journal of the History of Ideas* 34.2: 243–262.

Heilbroner, Robert L. 1980. *The worldly philosophers: The lives, times, and ideas of
the great economic thinkers.* New York: Simon and Schuster.

Hilton, Boyd. 2006. *A mad, bad, and dangerous people? England, 1783–1846.*
Oxford: Oxford University Press.

Hodgskin, Thomas. 1825. Labour defended against the claims of capital: Or the
unproductiveness of capital proved with reference to the present combina-
tions amongst journeymen. Online version: New Haven: Yale Law School,
The Avalon Project. Online at avalon.law.yale.edu/19th_century/labdef.asp
(accessed May 18, 2009).

Hoppensteadt, Frank. 2006. Predator-prey model. *Scholarpedia* 1.10: 1563
(accepted: Oct. 16, 2006).

Howell, David R. 2002. Increasing earnings inequality and unemployment in
developed countries: Markets, institutions and the "unified theory." Working
Paper 2002–01, Schwartz Center for Economic Policy Analysis, The New
School, New York.

Jevons, William Stanley. 1888a. Preface to the second edition (1879). In
William Stanley Jevons, *The theory of political economy,* 3rd ed. London:
Macmillan. Available online through Liberty Fund, Indianapolis, at files.
libertyfund.org (accessed Jan. 14, 2010).

Jevons, William Stanley. 1888b. *The theory of political economy,* 3rd ed. London:
Macmillan. Available online through Liberty Fund, Indianapolis, at files.
libertyfund.org (accessed Jan. 14, 2010).

Johnson, George E. 1997. Changes in earnings inequality: The role of demand shifts. *Journal of Economic Perspectives* 11.2: 41–54.

Joskow, Paul, and Edward Kahn. 2001. Identifying the exercise of market power: Refining the estimates. Cambridge, MA: Harvard Electricity Policy Group, Harvard Kennedy School. Available at www.hks.harvard.edu/hepg/Papers/kahn-joskow%20market%20power%207-5-01.PDF (accessed Feb. 25, 2010).

Kareken, John H., and Neil Wallace. 1978. Deposit insurance and bank regulation: A partial-equilibrium exposition. *Journal of Business* 51.3: 413–438.

Kasper, Sherryl Davis. 2002. *The revival of laissez-faire in American macroeconomic theory: A case study of the pioneers.* Northampton, MA: Edward Elgar.

Katz, Lawrence F., and Kevin M. Murphy. 1992. Changes in relative wages, 1963–1987: Supply and demand factors. *Quarterly Journal of Economics* 107.1: 35–78.

Katzenstein, Peter J. 1985. *Small states in world markets: Industrial policy in Europe.* Ithaca: Cornell University Press.

Kennedy, Peter. 2008. *A guide to econometrics,* 6th ed. Oxford: Blackwell.

Keynes, John Maynard. 1937. The general theory of employment. *Quarterly Journal of Economics* 51.2: 209–223.

Keynes, John Maynard. 1953. *The general theory of employment, interest, and money.* New York: Harcourt Brace Jovanovich.

Kindleberger, Charles P. 1989. *Manias, panics, and crashes: A history of financial crises.* New York: Basic Books.

Kirman, Alan. 2008. Economy as a complex system. In *The new Palgrave dictionary of economics online,* 2nd ed., ed. Steven N. Durlauf and Lawrence E. Blume. Palgrave Macmillan. Online at www.dictionaryofeconomics.com/article?id=pde2008_E000246 (accessed Jan. 23, 2011).

Krueger, Anne O. 1974. The political economy of the rentseeking society. *American Economic Review* 64.3: 291–303.

Krugman, Paul R. 1990. Industrial organization and international trade. In Pau Krugman, *Rethinking international trade.* Cambridge, MA: MIT Press.

Kydland, Finn E., and Edward C. Prescott. 1996. The computational experiment: An econometric tool. *Journal of Economic Perspectives* 10.1: 69–85.

Lequiller, François, and Derek Blades. 2006. *Understanding national accounts.* Paris: Organisation for Economic Co-Operation and Development. Online at www.oecd.org/dataoecd/37/12/38451313.pdf (accessed Jun. 17, 2010).

Levy, Frank, and Peter Temin. 2007. Inequality and institutions in 20th-century America. NBER Working Paper 13106, National Bureau of Economic Research, Cambridge, MA.

Lucas, Robert E., Jr. 1972. Expectations and the neutrality of money. *Journal of*

*Economic Theory* 4.2: 103–124.

Lucas, Robert E., Jr. 1987. *Models of business cycles.* Oxford: Basil Blackwell.

Lucas, Robert E., Jr. 1996. Nobel lecture: Monetary neutrality. *Journal of Political Economy* 104.4: 661–682.

Lucas, Robert E., Jr. 2001. Professional memoir. Lecture given in the Nobel Economists Lecture Series at Trinity University, San Antonio, TX (April 5). Online at home.uchicago.edu/~sogrodow/homepage/memoir.pdf (accessed Nov. 24, 2008).

Lucas, Robert E., Jr. 2003. Macroeconomic priorities. *American Economic Review* 93.1: 1–14.

Lucas, Robert E., Jr., and Leonard A. Rapping. 1969. Real wages, employment, and inflation. *Journal of Political Economy* 77.5: 721–754.

Maddison, Angus. 2006. *A millennial perspective,* vol. 1 of *The world economy.* Paris: Development Centre of the Organisation for Economic Co-Operation and Development.

Mandler, Michael. 1999. *Dilemmas in economic theory: Persisting foundational problems of microeconomics.* Oxford: Oxford University Press.

Mankiw, N. Gregory. 1991. The reincarnation of Keynesian economics. NBER Working Paper 3885, National Bureau of Economic Research, Cambridge, MA.

Mankiw, N. Gregory. 2006. The macroeconomist as scientist and engineer. *Journal of Economic Perspectives* 20.4: 29–46.

March, Artemis. 1990. The future of the U.S. aircraft industry. *Technology Review* (Jan.), 26–36.

Marglin, Stephen A. 1984. *Growth, distribution, and prices.* Cambridge, MA: Harvard University Press.

Marglin, Stephen A. 1990. Lessons of the golden age: An overview. In *The Golden Age of Capitalism,* ed. Stephen A. Marglin and Juliet B. Schor. Oxford: Clarendon Press.

Marglin, Stephen A., and Amit Bhaduri. 1990. Profit squeeze and Keynesian theory. In *The Golden Age of Capitalism,* Stephen A. Marglin and Juliet B. Schor. Oxford: Clarendon Press.

Marshall, Alfred. 1920. *Principles of economics,* 8th ed. Philadelphia: Porcupine Press.

Marx, Karl. 1909. *Capital: A critique of political economy.* Chicago: Charles H. Kerr. Available online through Liberty Fund, Indianapolis, at oll.libertyfund .org (accessed Nov. 7, 2009).

Marx, Karl. 1978a. Capital, vol. 1. In *The Marx-Engels Reader,* 2nd ed., ed. Robert C. Tucker. New York: W. W. Norton.

Marx, Karl. 1978b. The German ideology. In *The Marx-Engels Reader,* 2nd ed., ed. Robert C. Tucker. New York: W. W. Norton.

McCandless, George. 2008. *The ABCs of RBCs: An introduction to dynamic macroeconomic models.* Cambridge, MA: Harvard University Press.

McCloskey, Deirdre. 2004. Interview. In *The changing face of economics: Conversations with cutting-edge economists,* ed. David Colander, Richard P. F. Holt, and J. Barkley Rosser. Ann Arbor: University of Michigan Press.

Meek, Ronald L. 1967. *Economics and ideology and other essays: Studies in the development of economic thought.* London: Chapman and Hall.

Milberg, William. 2008. It's not the budget deficit, stupid. In Schwartz Center for Economic Policy Analysis, *The promise of public investment.* New York: The New School.

Minsky, Hyman P. 1975. *John Maynard Keynes.* New York: Columbia University Press.

Minksy, Hyman P. 1982. The financial-instability hypothesis: Capitalist processes and the behavior of the economy. In *Financial crises: Theory, history, and policy,* ed. Charles P. Kindleberger and Jean-Pierre Laffargue. Cambridge: Cambridge University Press.

Misa, Thomas J. 1985. Military needs, commercial realities, and the development of the transistor, 1948–1958. In *Military enterprise and technological change,* ed. Merritt Roe Smith, 253–287. Cambridge, MA: MIT Press.

MIT Commission on Industrial Productivity. 1989. The US commercial aircraft industry and its foreign competitors. Paper prepared by Artemis March. In *Working papers of the MIT Commission on Industrial Productivity,* vol. 1. Cambridge, MA: MIT Press.

Morison, Samuel Eliot, Henry Steele Commager, and William E. Leuchtenburg. 1977. *A concise history of the American republic.* New York: Oxford University Press.

Musacchio, Aldo, and Jonathan Schlefer. 2010. Sherritt goes to Cuba (A): Political risk in unchartered territory. Harvard Business School case 711–001 (Sep. 17).

Musacchio, Aldo, Richard H. K. Vietor, and Regina García-Cuéllar. 2010. Mexico: Crisis and Competitiveness. Harvard Business School case 710–058 (revised June 30).

Nicholson, Walter. 1989. *Microeconomic theory: Basic principles and extensions,* 4th ed. Chicago: Dryden Press.

Nordhaus, William D. 1991. To slow or not to slow: The economics of the greenhouse effect. *Economic Journal* 101: 920–937.

Nordhaus, William D. 1992. Lethal model 2: The limits to growth revisited. *Brookings Papers on Economics Activity* 2: 1–43.

Organisation for Economic Co-operation and Development. 2011. *OECD*

*Economic Outlook*, vol. 2011, issue 1, no. 89.

Ormerod, Paul. 2009. The current crisis and the culpability of macroeconomic theory. Paper presented to the Annual General Meeting of the British Academy of Social Sciences, London. Version cited is dated Oct. 2009. Online at www.paulormerod.com (accessed May 5, 2010).

Pasinetti, Luigi L. 1974. *Growth and income distribution: Essays in economic theory*. London: Cambridge University Press.

Piketty, Thomas, and Emanual Saez. 2003. Income inequality in the United States, 1913–1998. *Quarterly Journal of Economics* 118.1.

Piore, Michael J. 1981. The theory of macro-economic regulation and the current economic crisis in the United States. MIT Working Paper (July), MIT, Cambridge, MA.

Piore, Michael J., and Charles F. Sabel. 1984. *The second industrial divide: Possibilities for prosperity*. New York: Basic Books.

Polanyi, Karl. 1944. *The great transformation: The political and economic origins of our time*. Boston: Beacon Press.

Rezai, Armon, and Lance Taylor. 2010. Business cycles in real and monetary terms. Draft. Schwartz Center for Economic Policy Analysis, the New School, New York.

Ricardo, David. 2005. *The works and correspondence of David Ricardo*, ed. Piero Sraffa with the collaboration of M. H. Dobb. Available online (from the 1973 edition published by Cambridge University Press) through Liberty Fund, Indianapolis, at oll.libertyfund.org/title/265 (accessed Sep. 28, 2009).

Robbins, Lionel. 1936. The place of Jevons in the history of economic thought. *Manchester School* 7.1: 1–17.

Robbins, Lionel. 1977. Introduction. In *Lectures on Political Economy*, vol. 1: *General Theory*, ed. Knut Wicksell. Fairfield, NJ: Augustus M. Kelly.

Romer, Christina, and Jared Bernstein. The job impact of the American Recovery and Reinvestment Plan. Jan. 9, 2009. Online at otrans.3cdn.net/ 45593e8ecbd339d074_l3m6bt1te.pdf. (accessed Nov. 26, 2009).

Romer, Christina D., and David H. Romer. 1989. Does monetary policy matter? A new test in the spirit of Friedman and Schwartz. *NBER Macroeconomics Annual* 4: 121–170.

Romer, David. 2006. *Advanced macroeconomics*, 3rd ed. Boston: McGraw-Hill/ Irwin.

Roubini, Nouriel, and Brad Setser. 2005. Will the Bretton Woods 2 regime unravel soon? The risk of a hard landing in 2005–2006. Paper presented at symposium on the Revived Bretton Woods System: A New Paradigm for Asian Development? organized by the Federal Reserve Bank of San Francisco and the University of California at Berkeley, San Francisco,

Feb. 4.

Roscini, Dante, and Jonathan Schlefer. 2011. How government debt accumulates. Harvard Business School Note 711-087 (April).

Rowthorn, Robert E. 1982. Demand, real wages, and economic growth. *Studi Economici* 18: 2–53.

Ruskin, John. 1885. *The stones of Venice: The sea stories*, vol. 2. New York: John B. Alden.

Samuelson, Paul A. 1946. Lord Keynes and the General Theory. *Econometrica* 14.3: 187–200.

Samuelson, Paul A. 1955. *Economics: An introductory analysis*, 3rd ed. New York. McGraw-Hill.

Samuelson, Paul A. 1966. A summing up. *Quarterly Journal of Economics* 80.4: 568–583.

Samuelson, Paul A. 1996. Interview. In *The coming of Keynesianism to America: Conversations with the founders of Keynesian economics*, ed. David C. Colander and Harry Landreth. Cheltenham, UK: Edward Elgar.

Samuelson, Paul A., and William D. Nordhaus. 1989. *Economics*, 13th ed. New York: McGraw-Hill.

Sargent, Thomas J. 2007. Evolution and intelligent design. Presidential address delivered at the American Economic Association, January 5, 2008, New Orleans (version dated Sept. 21, 2007). Online at www.econ.northwestern .edu/seminars/Nemmers07/Sargent.pdf (accessed Sept. 3, 2010).

Scarf, Herbert. 1960. Some examples of global instability of the competitive equilibrium. *International Economic Review* 1.3: 157–172.

Schlefer, Jonathan. 2008. *Palace politics: How the ruling party brought crisis to Mexico.* Austin: University of Texas Press.

Shaiken, Harley. 1990. *Mexico in the global economy: High technology and work organization in export industries.* Monograph Series, 33. San Diego: Center for U.S.-Mexican Studies.

Shapiro, Helen, and Lance Taylor. 1990. The state and industrial strategy. *World Development* 18.6: 861–878.

Skidelsky, Robert. 1986. *John Maynard Keynes*, vol. 1: *Hopes betrayed, 1883–1920.* New York: Viking.

Skidelsky, Robert. 1992. *John Maynard Keynes*, vol. 2: *The economist as saviour, 1920–1937.* New York: Penguin.

Smith, Adam. 1976. *An inquiry into the nature and causes of the wealth of nations,* ed. Edwin Cannan. Chicago: University of Chicago Press.

Smith, Merritt Roe. 1985. Army ordnance and the "American System" of manufacturing, 1815–1861. In *Military enterprise and technological change,* ed. Merritt Roe Smith, 39–86. Cambridge, MA: MIT Press.

Solow, Robert M. 1956. A contribution to the theory of economic growth. *Quarterly Journal of Economics* 70.1: 65–94.

Solow, Robert M. 2000. Toward a macroeconomics of the medium run. *Journal of Economic Perspectives* 14.1: 151–158

Solow, Robert M. 2007. Reflections on the survey. In David Colander, *The making of an economist, redux.* Princeton: Princeton University Press.

Spanos, Aris. 1986. *Statistical foundations of econometric modelling.* Cambridge: Cambridge University Press.

Sraffa, Piero, 1960. *Production of commodities by means of commodities: Prelude to a critique of economic theory.* Cambridge: Cambridge University Press.

Stigler, George J. 1958. Ricardo and the 93% labor theory of value. *American Economic Review* 48.3: 357–367.

Stigler, George J. 1994. *Production and distribution theories.* New Brunswick, N.J.: Transaction.

Stock, James H., and Mark W. Watson. 2003. Has the business cycle changed and why? In *NBER Macroeconomics Annual 2002*, vol. 17, ed. Mark Gertler and Kenneth Rogoff. Cambridge, MA: MIT Press. Online at www.nber.org/chapters/c11075 (accessed July 12, 2011).

Tarshis, Lorie. 1996. Interview. In *The coming of Keynesianism to America: Conversations with the founders of Keynesian economics*, ed. David C. Colander and Harry Landreth. Cheltenham, UK: Edward Elgar.

Taylor, James Stephen. 1969. The mythology of the old poor law. *Journal of Economic History* 29.2: 292–297.

Taylor, Lance. 1988. *Varieties of stabilization experience.* Oxford: Clarendon Press.

Taylor, Lance. 2004. *Reconstructing macroeconomics: Structuralist proposals and critiques of the mainstream.* Cambridge, MA: Harvard University Press.

Taylor, Lance. 2010. *Maynard's revenge: The collapse of free market economics.* Cambridge, MA: Harvard University Press.

Taylor, Lance. 2011. Growth, cycles, asset prices and finance. *Metroeconomica.* Onlinelibrary.wiley.com/doi/10.1111/j.1467-999X.2010.04117.x/full. First published online March 7.

Toye, John. 2008. Financial structure and economic development. In *The new Palgrave dictionary of economics online*, 2nd ed., ed. Steven N. Durlauf and Lawrence E. Blume. Palgrave Macmillan. Online at www.dictionaryof economics.com/article?id=pde2008_F000104 (accessed June 14, 2009).

Toynbee, Arnold. 1995. The chief features of the industrial revolution. In *Classic readings in economics*, ed. David Colander and Harry Landreth, 31–35. New Haven, VT: MaxiPress.

Varian, Hal R. 1992. *Microeconomic analysis*, 3rd ed. New York: W. W. Norton.

Walras, Léon. 1984. *Elements of pure economics, or, the theory of social wealth,* trans. William Jaffé. Philadelphia: Orion Editions.

Walton, Richard E. 1985. From control to commitment in the workplace. *Harvard Business Review* (March).Wicksell, Knut. 1977. *Lectures on political economy,* vol. 1: *General theory.* Fairfield, NJ: Augustus M. Kelly.

Williamson, John. 1994. In search of a manual for technopols. In *The political economy of policy reform,* ed. John Williamson, 9–48. Washington, DC: Institute for International Economics.

Williamson, John, and Molly Mahar. 1998. A survey of financial liberalization. Essays in International Finance, no. 211. Princeton: Princeton University Department of Economics.

Woodford, Michael. 1999. Revolution and evolution in twentieth-century macroeconomics. Paper presented at conference on Frontiers of the Mind in the Twenty-First Century, Library of Congress, Washington, DC, June 14–18. Online at www.columbia.edu/~mw2230/macro20C.pdf (accessed Feb. 6, 2010).

World Economic Forum. 2009. *The Global Competitiveness Report, 2009–2010.* Geneva.

World Bank. 1991. *The world development report 1991: The challenge of development.* Oxford: Oxford University Press.

World Bank. 2005. *Economic growth in the 1990s: Learning from a decade of reform.* Washington, DC: World Bank.

Wright, Gavin. 2006. Indexes of national productivity, by sector and type of input: 1929–1970. In *Historical statistics of the United States, earliest times to the present: Millennial edition,* ed. Susan B. Carter, Scott Sigmund Gartner, Michael R. Haines, Alan L. Olmstead, Richard Sutch, and Gavin Wright. New York: Cambridge University Press. Online at hsus.cambridge.org (accessed April 6, 2009).

**图书在版编目(CIP)数据**

经济学家的假设/(美)乔纳森·施莱弗著;邓春
玲,刁军,韩爽译. —上海:格致出版社:上海人民
出版社,2019.7
(反思经济学)
ISBN 978－7－5432－2972－3

Ⅰ.①经… Ⅱ.①乔… ②邓… ③刁… ④韩… Ⅲ.
①经济学-设想-研究 Ⅳ.①F0

中国版本图书馆 CIP 数据核字(2019)第 015478 号

责任编辑　张宇溪
封面设计　三　喵

反思经济学
**经济学家的假设**
[美]乔纳森·施莱弗 著
邓春玲　刁军　韩爽 译

出　　版　格致出版社
　　　　　上海人民出版社
　　　　　(200001　上海福建中路 193 号)
发　　行　上海人民出版社发行中心
印　　刷　常熟市新骅印刷有限公司
开　　本　635×965　1/16
印　　张　23.25
插　　页　2
字　　数　256,000
版　　次　2019 年 7 月第 1 版
印　　次　2019 年 7 月第 1 次印刷
ISBN 978－7－5432－2972－3/F·1202
定　　价　75.00 元